イスラーム経済の原像

ムハンマド時代の法規定形成から現代の革新まで

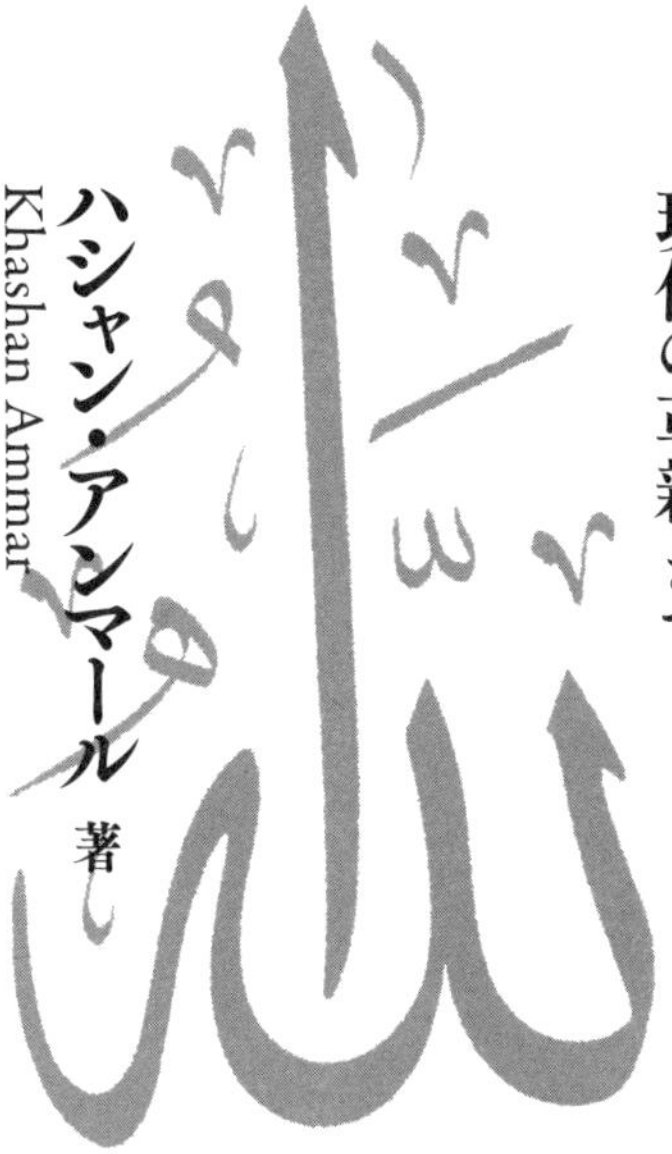

ハシャン・アンマール 著
Khashan Ammar

ナカニシヤ出版

はじめに

イスラーム世界について日本で研究する場合、日本人研究者が異文化であるイスラームについて、あるいはイスラーム世界に暮らすムスリム（イスラーム教徒）について研究をおこない、その成果を本書のような学術書の形で刊行することが普通と思われる。

筆者の場合、その事情はもう少し複雑である。筆者はシリアの北都アレッポに生まれ、首都でダマスカス大学に通った。大学院で修士課程を終えたあと、いくつかの事情が重なって日本に留学することになった。

ダマスカス大学ではイスラーム法学部でアラビア語の古典に親しんだが、しっかり学ぶためにはその言語の深みにしっかりと「潜る」ことが必要とされた。そのためもあって、筆者は何かを学ぶ時は、その「容器」である言語から入らなければならないという認識が深く身についた。日本では、まず日本語を学んだ。幸い、やがて博士論文を日本語で書くことができるようにもなったが、読者の皆さまもご存じのように日本語の読み書きは外国人にとって非常にむずかしい。「日本語で考える」ことを身につけるのも、なかなかに困難なことであった。

その後、祖国シリアで始めたイスラーム研究を続けたいと思い、京都大学の大学院で学ぶことになった。その結果、イスラーム圏のアラブ世界出身の筆者が、日本で日本語を用いながらテーマを考え、アラビア語古典を読み、東南アジアという見知らぬイスラーム圏の事例を調査しながら研究をおこない、さらに、それを日本語で表現するという曲がりくねった道を歩むことになった。

アラブ世界のイスラームを自分はよく知っているはずであるが、日本には日本のイスラーム研究の蓄積もあり、欧米の研究も参照しなければならず、アラビア語と日本語と英語では表現も論理も違うため、論文を書くことは最初に思った以上に複雑な作業となった。その成果としての本書が、独自の視点と有意義な研究結果を出せているかどうかは、読者の皆さまがご判断されることであるが、このように少し複雑な事情が背景にあることを知っていただけるとありがたいと思う。

本書は、イスラーム経済を主題としている。「イスラーム経済」という言葉には、二種類の意味がある。第一は、イスラーム世界で歴史の中でながらく実践されていた経済、つまり歴史的なイスラーム世界の経済である。もう一つは、二〇世紀半ばから始まったイスラーム復興と結びついた現代におけるイスラーム経済である。現代のイスラーム経済は、歴史の中のイスラーム経済と違って、独立した経済システムではない。イスラーム世界はすでに二世紀ほども世界的な資本主義に統合されてきた。その中で二〇世紀半ばにあらためて誕生したのが今日のイスラーム経済で、実践としてはまだ、無利子金融やハラール食品（ハラール食品はイスラーム経済の一部というのは筆者の主張であり、本文で詳述する）など一部にとどまっている。

歴史的なイスラーム経済と、現代のイスラーム経済は、どのような関係にあるのであろうか。それが本書で考えたい大きな課題の一つである。

そのために、歴史の中で発展したいろいろなことよりも、まずその誕生時にイスラーム経済がどのようなものであったのかを考えたい。イスラーム経済の誕生時とは、イスラームそのものの誕生時、つまり七世紀のマッカ（メッカ）、マディーナにほかならない。別な言い方をすると、預言者ムハンマドの時代である。

イスラームが当時のアラビア半島で、それまでになかった新しい理念や仕組みをもたらしたことはよく知られている。しかし、宗教や社会、政治について知られていることに比べると、経済面については意外に知られていない。本書では、史料をもとに、それを描き出すように努めた。

経済のすべての面を扱うことは困難であるので、イスラーム経済の特徴とも言える、食事規定の中の豚肉と酩酊物（酒）の禁止、リバー（利子）の禁止を主な対象として、それに関わるクルアーンの章句がどのような宗教・社会・経済的な文脈で登場したのか、その背景にあったのはイスラームのどのような社会構想であったのか、ということを検討した。

その過程で、日本ではこれまで扱われたことのない新しい史料として、「啓示の契機」、つまり、ムハンマド時代にクルアーンの章句がどのような機会に彼に「啓示」されたのかを記録した伝承を用いた。その意義については、本文を参照いただきたい。

そして、最後に、このようにして明らかになった初期イスラームの経済構想に照らして、現代のイスラーム経済がどの程度、その理念を実現しているのか、あるいはその理念を実体化するためには何がさらに必要なのか、ということを論じる。

この主題は、時代的にも空間的にも広がりが大きく、調べるべき史資料も多い。それに比すると、本書は比較的小著だと思われるかもしれない。ただ、筆者としては、出発点としてできるだけ大きな構想を打ち上げ、実証についてはまず代表的な部分について研究し、さらに詳論を今後積み上げていくという道を考えた。

読者の皆さまの忌憚ないご意見、ご叱正をお待ちしたい。

二〇二一年一〇月

ハシャン・アンマール

＊なお、筆者は日本に来て以来、日本語の名前の順で自分の名前を書いている。ハシャンが姓、アンマールが名である。

イスラーム経済の原像

――ムハンマド時代の法規定形成から現代の革新まで――

＊

目次

ローマ字転写等の表記とクルアーン等の翻訳について

一、本書におけるアラビア語等のローマ字転写方式は、大塚和夫ほか編『岩波イスラーム事典』（岩波書店、二〇〇二年）に従う。

一、クルアーンの章句は、先行の翻訳を参照しつつも、すべて拙訳とした。ハディースについては、一部は和訳があるものを引用したが、多くは拙訳による。クルアーンの章名は、アラビア語の標準版クルアーン（現在はマディーナ版が基本）での呼称（たとえば「食卓章」）に加えて、欧米や日本で読者の便宜のために使われている章番号を付した（例「食卓章（五）章」）。節番号は、標準版クルアーンによる。

イスラーム経済の原像

――ムハンマド時代の法規定形成から現代の革新まで――

序　論

1　主題と目的

本書では、近年発展がめざましいイスラーム経済について、初期イスラーム時代に生まれたそのビジョンと現代における実践を比較しながら、考察を進めていく。具体的には、総合的地域研究の方法論に基づいて、イスラーム世界の中でもイスラーム経済が発展してきたことで知られる二地域、すなわち中東と東南アジアを対象として、イスラーム経済に関わる重要な研究課題である「無利子金融」および「ハラール食品」を取り上げて考究するものである。

利子を否定するという特徴から「無利子金融」と呼ばれるイスラーム金融は、一九七〇年代からアラビア半島に位置する湾岸諸国でスタートし、エジプトやイランなどの他の中東諸国にも広がり、また東南アジアではマレーシアが先行し、インドネシアでも発展してきた。それ以前は、いずれの国でも近代的な通常の銀行が営業して、有利子の金融がふつうであったから、イスラーム法でリバー（利子）が禁じられているとして元利返済の原則を否定する「無利子金融」の主張が生まれたことは、二〇世紀後半の世界的なイスラーム復興と関わる大きな変化であった。七世紀に生まれたイスラームの聖典クルアーンでの利子禁止を二〇世紀になって実践しようとするその理念は、初めはアナクロニズムと考えられた。しかし、実際には、利子の禁止にこだわるだけではなく、イスラーム法のさまざまな契約形式を今日的に解釈して利用するという、きわめて現代的な内容を含んでいた。

もう一つのハラール食品とは、「イスラーム法の規定に合致する（すなわち合法な）食品」を食べようというイスラーム諸国での新しい動きと関わっている。ハラール（合法、適法）な食品を食べることはイスラームの基本的な戒律であり、特に現代的で新奇な問題というわけではない。しかし、近代的な食品産業の製品がグローバル化を通じて、非イスラーム圏からイスラーム諸国にも流れ込むようになり、かつての地産地消の時代にはなかったような問題がイスラーム世界の各地で見られるようになり、そこから「ハラール」を強く意識した食品として「ハラール食品」と「ハラール食品産業」が可視化されるようになった。

本書では、この二つの問題（あるいは問題群）を、金融と産業という二つの経済活動に関わるイスラーム法の規定という側面から、両方を合わせてイスラーム経済の主題として取り上げる。

リバー（利子）の禁止や、豚肉やアルコール飲料の禁止（ハラールでない食品の禁止）は、イスラームの戒律としてよく知られており、それがイスラーム金融とハラール食品の基礎となっていることとも、それなりに知られている。しかし、その一方で、なぜ、イスラームがその成立時にリバー（利子）を禁止したり、食品に関してハラール（合法）の重要性を強調したりするようになったのかの研究は、驚くほど少ない。多くの研究が、利子の禁止や豚肉の禁止を自明のこととして、そのイスラーム法の規定を前提として、現代においてそれがどう解釈されるかなどを論じているが、そもそも、その原則がどのような背景から生まれたのかという点はほとんど研究されていない。

筆者は常々、そのことに物足りなさを感じていた。つまり、このような規定が生まれた初期イスラームの背景を検討することなく、イスラーム経済の全体像を理解することはできないと感じていたからである。そこで、本書では、無利子金融とハラール食品に関わる法的典拠がどのような内容なのか、それがいかなる社会・経済的な背景から生まれたのか、それらの法的典拠をめぐる解釈がどのように歴史的・現代的に展開されてきたのかを考察していきたい。言いかえると、イスラーム法の典拠となっているクルアーン（聖典）とスンナ（預言者慣行）がどのような理念を内包しており、法学者たちの解釈がそれらの典拠にどのように依拠して、いかなる解釈が展開されてきたのかを、今日的なイスラーム経済論を見ながら批判的に検討していきたい。それを通して、イスラーム経済の全体像について、歴史と現代の事例を結び合わせた考察を展開するのがねらいである。

本書は、次の三つを目的とする。

第一に、イスラーム経済の法的典拠とその解釈について、「総合的コンテクスト分析」を用いた考察をおこない、イスラーム経済に関する理解を深化させる。この方法論については、第1章で詳述するが、法的典拠を個別の法規定の根拠としてだけ解釈するだけでは、初期イスラームにおいて構想されたイスラーム経済の全体像を把握することはできないというのが、筆者の確信するところである。その限界性を超えるような方法論的な提起をおこなっていきたい。

第二に、無利子金融やハラール食品に関する事例を、中東および東南アジアに関して検討し、これらの地域におけるイスラーム実践についての理解を深めたい。初期イスラームやその時代に生まれた法的典拠は、イスラーム世界のどの地域においても尊重され、今日でも実践に移されているわけであるが、解釈と実践というものには時代性や地域性がある。つまり、それを解釈する法学者たちやそれを実践する各地の社会は、それぞれが少しずつ違っている。それを理解することで、いわゆる「イスラーム世界の統一性と多様性」について、法的典拠の統一性と解釈と実践の多様性という形で、事例を付け加えたい。

第三に、現代において重要なイスラーム経済の考察を通じて、イスラーム学（特にタフスィール学、ハディース学、イスラーム法学など）の方法論と史資料を、地域研究に活用することをめざす。イスラーム世界の諸側面についての理解は、イスラーム研究、イスラーム地域研究、イスラーム世界論などの発展に従って、日本でも次第に深まっている。しかし、それに比して言うと、イスラームの知の体系としてのイスラーム諸学の理解については、まだまだ未開拓の部分が大きいと思われる。そのため、このような研究の営為を通じて、日本におけるイスラーム学の深化に寄与したいと願っている。

2　対象とする時代と地域

本書では、大きく言って二つの異なる時代と地域を対象とする。第一は、イスラームの基本が形成された時期であり、それはさらに二つに区分される。その一つは、「預言者ムハンマド時代」である。ムハンマドは、自らを預言者と自覚した西暦六一〇年頃から世を去る六三二年までの約二三年間にわたって、イスラームの確立と布教をおこなった。彼が預言者（すなわち「神の言葉」を預かる人）として、この二三年ほどの間に伝えた「神の言葉」が、イスラームの聖典クルアーンとなった。したがってこの時期は、イスラームが誕生し、次第にその教えの内容が明らかとなり、さらに具体的な諸制度が作られていった過程と言うことができる。クルアーンの章句を、本書の「総合的コンテクスト分析」の手法（後述）によって分析し、二三年の間のどの時代にどのような章句が生成したかを理解することで、研究対象となっているイスラーム経済に関わる規定がどのような意味を持っていたかを捉えることをめざす。

なお、この時代には、それに先立つ「ジャーヒリーヤ時代（al-Jāhilīya）」がある。その語源の「ジャーヒル（無知者）」とは、真の神を知らない、正しい教えを知らない、という意味で、イスラームが到来する以前の宗教・社会・文化の状態を指す。ムハンマドが預言者と名乗ったのは四〇歳の時とされるから、彼の生年（五七〇年頃）から四〇年間（ただし太陰暦で数えて）は、ジャーヒリーヤ時代に属する。では、預言者と名乗った時からイスラーム時代に入るかと言えば、そうとは言えない。「預言者ムハンマド時代」は、その大半においてイスラームが少数派で、社会全体はジャーヒリーヤ時代にあった。特に故郷であるマッカでの布教時代（約一三年間）は、マッカで抑圧されたり迫害されたりしていた。この時期は「マッカ期」と呼ばれる。六二二年にヒジュラ（聖遷＝マディーナへの移住）がおきた。ムハンマドとイスラーム側にとっては、これ以降は「マディーナ期」となる。この時にマディーナにイスラーム共同体が樹立されたが、その後もマディーナ以外のアラビア半島の大半はジャーヒリーヤ時代が主であった。アラビア半島のほぼ全土がイスラーム時代に入るのは、ムハンマドの最晩年である。

本書では、イスラームの形成をジャーヒリーヤ時代からイスラーム時代への変容として捉える。ジャーヒリーヤ時代の何がどのように、イスラームによって変化したのかに着目して、イスラーム社会の形成を考える。その意味では、研究対象となっているのは、ジャーヒリーヤ時代とイスラーム時代を合わせたムハンマドの生涯と言うことができる。

次に、イスラーム形成期の二つめの時期はイスラーム諸学の形成期であり、クルアーンの章句をめぐる情報や解釈などが書き記された時期である。ムハンマド時代にはクルアーンが誕生したが、それが書物の形にまとめられるまで二〇年ほどかかり、さらに、その後で啓典解釈学（タフスィール学）などが整備された。「総合的コンテクスト分析」のためには、クルアーンの外部にあたる史料やデータが必要とされる。それらが書き残されたのは、イスラーム誕生からおよそ三世紀ほどの間である。

場合によって、データ探索の結果、もっと後の時代に書かれた解釈書などを参照することもある。本書で使用する史料は西暦八世紀から、遅い場合は一三世紀まで達する。法学的な解釈などについては、もっと後の時代のものも、適宜、紹介する。

対象とする第二の時代は、現代である。イスラーム経済は、二〇世紀の半ばに誕生した。一九世紀までは、おおむね歴史的な連続性のある伝統的な「イスラーム経済」がイスラーム世界の各地にあったと考えられる。特に、西洋列強が世界経済を支配するようになる以前は、イスラーム世界が作り上げた国際的な貿易ネットワークや、それをモンゴル帝国が継承した経済ネットワークが大きな意味を持っていた。しかし、それを伝統的な「イスラーム経済」と呼ぶのであれば、それは西洋的な資本主義が世界を統一する過程で、各地方に残る商習慣などを除いて、大きく衰えたと考えられる。そのあとで、近代的な経済システムを前提とした上で、イスラーム的な原理に基づく経済を作り直そうとするのが、二〇世紀後半からの「イスラーム経済」である。

対象とする地域についても、二つの時代の間で大きく異なっている。イスラーム初期については、ムハンマド時代はもっぱらアラビア半島が対象である。その後のイスラーム諸学の形成期にあたる三世紀については、史料が書かれた地域という点では、対象地域はもっと広い。アラビア半島の外にイスラームが大きく展開した結果、東は今日のイラン、中央アジア、西は北アフリカからヨーロッパのイベリア半島まで、学者や著者たちの活動範囲が広がった。ただし、この当時の学者の共通語はアラビア語であり、本研究で用いる史料もすべてアラビア語で書かれている。その意味では、イスラーム初期の二つの地域は、いずれもアラビア語圏である。最初はそれがアラビア半島に限定されていたが、イスラームの広がりに従って、アラビア語圏も広がった。

現代については、対象地域は、さらに広い。ただし、イスラーム経済の試みが蓄積されているのは、アラビア半島・湾岸地域を中心とする中東、マレーシア、インドネシアを中心とする東南アジアである。本書では、この二地域を扱う。この二つの地域は、今日のイスラーム世界の中でも、イスラーム経済の理念と実践において先進的な地域と言うことができる。

3　先行研究と課題の所在

(1)　現代の無利子金融とハラール食品をめぐる先行研究

①リバー問題を中心とするイスラーム経済研究

イスラーム経済の研究は、過去二〇–三〇年の間に非常に盛んになった。とはいえ、すべての経済分野がその対象になっているかと言えば、そうとは言えない。「イスラーム経済」と称していながらも、経済の諸分野の中でごく一部が扱われているのが現状である。特に、金融の分野が発展してきた。その一因は一九七〇年代以降のイスラーム銀行の隆盛が、経済的現実としてのイスラーム経済ともそれに対する学術的研究としてのイスラーム経済論をも牽引してきたことによる。

実際に、イスラーム経済は「イスラーム経済学」という独自の分野なのか、イスラーム世界における経済（いわば一つの独自性を持った地域経済）に関する研究で、理論的には一般的な経済学に依拠しているのか、という議論もなされてきた［Ibrāhīm & Qaḥf 2000］。筆者は、どちらであるにしても、「イスラーム経済」と名乗る以上は、経済の諸分野に研究対象を広げていく必要があるとの立場をとっている。本書も、リバー（利子）をめぐるイスラーム金融の問題と、ハラール食品産業という生産部門の問題を合わせて論じることで、イスラーム経済研究の裾野を広げることを意図している。

イスラーム経済の分野における欧米での重要な研究としては、初期の作品として、ムハンマド・アブドゥル・マンナーンの『イスラーム経済論――理論と実践』［Mannan 1970］の価値が高い。リバーに関しては、二〇〇六年にイギリスのラウトレッジ社から出版されたアブドゥルカーディル・トーマス編『イスラーム経済における利子――リバーの理解』［Thomas 2006］があげられる。そこではアラビア語におけるリバーの語義からリバーの禁止の経済的な理由に至るまで、リバーに関する諸問題を取り扱った八論文が収録されている。リバー論について筆者が注目するのは、同書第七章「リバーの禁止の経済原理」執筆者のマフムード・エル＝ガマルである。彼が二〇〇六年にケンブリッジ大学出版から刊行した『イスラーム金融――法・経済学・実践』［El-Gamal 2006］は、非常に刺激的な議論を多く含んでいる。

リバーだけではなく、ガラル（取引や契約における不確実性）の禁止について、一九八六年にケンブリッジ大学出版からナビール・サーリフの『イスラーム法における不正取得と正当な利益――リバー、ガラルとイスラーム銀行』が出版されたのは画期的であった。利子とガラルの問題について、スンナ派とイバード派（スンナ派でもシーア派でもない、少数分派）の伝統的な解釈をはじめ、現代におけるイスラーム銀行とイスラーム金融システムの誕生に至るまで議論を展開している。なお、同書は一九九二年にBrill の Arab and Islamic Laws Series で増補再版されている。

利子をめぐる問題を含めて、初期イスラーム時代から二〇世紀に至るまでのイスラーム経済思想の歴史をまとめたのが、アフマド・エル＝アシュケルとロドニー・ウィルソンによる『イスラーム経済――歴史的概観』［El-Ashker & Wilson 2006］である。ウィルソンは早くからイスラーム経済に着目してきたイギリスの経済史家である。「イスラーム経済」という概念に疑義が出されるのに対して、資本主義は多様であり、イスラーム経済も独自の資本主義の一種であるという論陣を張った。

または、ダラム大学の教授でイスラーム経済・金融研究センター長を務めるメフメット・アシュタイが二〇一九年に刊行した『イスラーム的な開発――イスラーム的なモラル・エコノミーへのアプローチ』［Asutay 2019］は、今日のイスラーム経済が過度に金融部門に偏っていることを「金融化」として批判している。アシュタイはイスラーム経済を「モラル・エコノミー」の一つとして考究している。ダラム大学は大学院でイスラーム経済の若手を育てている世界的にも第一級のセンターであり、今後も注目に値する。

アメリカのムハンマド・カビール・ハサンは多作家で、いくつもの著作があるが、二〇二〇年刊行の共著『イスラーム銀行・金融入門』では、イスラーム経済の原理、イスラーム商法、イスラーム銀行業など取り上げ、通常型の経済活動と非常に明確な対照をおこなって、貢献している。

以上取り上げた先行研究は、古典イスラーム法学と現代イスラーム法学に基づいてイスラーム経済論を考察し、リバーやガラルの禁止だけでなく、現代イスラーム銀行・金融にサービスとして使われているサラム、イスティスナーウなどを詳細に検討している。この研究は、現代イスラーム銀行・金融における論争を論じている点で、非常に価値が高い。とはいえ、そのような論争がどのような典拠に基づいているかという点に重きを置く本研究の視点からは、やや物足りない。

日本における研究では、イスラーム銀行・金融の分野が注目されてきた。その中で重要な著作として、二〇一一年に名古屋大学出版会から出版された長岡慎介『現代イスラーム金融論』［長岡 2011］があり、イスラーム金融の展開とそのシステムについて広範な論究をおこなっている。ムダーラバ契約やムラーバハ契約など、イスラーム銀行・金融に利用されている取引についてだけでなく、利得、利子、ガラル（不確実性）などのイスラーム経済論に基づいた概念と規定が検証され、イスラーム法の規定と現代経済を結びつけている。きわめて有意義な研究であり、本書で考察を展開する上でも、イスラーム金融をめぐる基本的な視座として参照している。

リバー禁止やイスラーム経済をめぐる議論は、そもそもイスラーム世界において展開されてきた。英語圏での研究は、そのようなアラビア語の著作を参照している。アラブ圏ないしはイスラーム世界の知的共通語としてのアラビア語による著作を見ると、二〇世紀初頭からイスラーム復興によって、リバーやイスラーム経済思想に関わるクルアーンとハディース、その解釈とイスラーム法における扱いなどについての議論が盛んとなった。先駆者として重要なのは、イスラーム復興の始祖の一人とも言えるムハンマド・ラシード・リダー（Muḥammad Rashīd Riḍā, 一八六五－一九三五年）の著作である『イスラームにおけるリバーと取引』（*al-Ribā wa-al-Muʿāmalāt fī al-Islām*）であろう。これはリバーに焦点を当てた書で、イブン・カイイム・アル＝ジャウズィーヤ（Ibn Qayyim al-Jawziyya, 一三五一年没）のリバーに関する見解や多く引用したり、あるインドのハナフィー派法学者のリバーをめぐる長いファトワー（約五〇ページ）をも引用したりして、自分の見解のみならず、イスラーム世界で何が問題となっているかを紹介している〔Rashīd Riḍā 1986〕(1)。

リバー問題に対する議論はその後も続くが、これを経済論として展開し、銀行の歴史と現代のイスラーム金融の発展の可能性を考察したサーミー・ハンムード（Sāmī Ḥammūd）の『イスラーム法に沿った銀行システムの開発・改革・改善』〔Ḥammūd 1976〕は、先駆的な研究として異彩を放っている。

さらにリバー問題を扱った研究として、エジプトのイスラーム法学者であったムハンマド・アブー・ザフラ（Muḥammad Abū Zahrah, 一八九八－一九七四年）の『リバーの禁止は経済のシステム化』（Taḥrīm al-Ribā Tanẓīm Iqtiṣādī）〔Abū Zahrah 1985〕や『リバーに関する研究』〔Abū Zahrah 1987〕、近年のイスラーム経済・金融の研究について批判的に考察を進めたシリア人のイスラーム経済研究者ラフィーク・マスリー（Rafīq Yūnus al-Miṣrī, 一九四二－二〇二一年）の『イスラーム開発銀行、またはリバー・利子・銀行の再考』〔al-Miṣrī 1987〕、『リバーの源泉の総合的考察』〔al-Miṣrī 1991〕、『リバーとイスラーム経済における時間効用』（al-Ribā wa-al-ḥasm al-Zamanī fī al-Iqtiṣād al-Islāmī）〔al-Miṣrī 2009〕などが重要なものとしてあげられる。

さらに本書で参照しているのは、アブドゥッラー・ディラーズ（Muḥammad ʻAbd Allāh Dirāz, 一八九四－一九五八年）の『イスラーム法の観点から見たリバー』［Dirāz n.d.］や、ユースフ・カラダーウィー（Yūsuf al-Qaraḍāwī, 一九二六年－）の『銀行利子とは禁止されたリバーである』［al-Qaraḍāwī 2001］、アブドゥルアズィーム・アブー・ザイド（ʻAbd al-ʻAẓīm Jalāl Abū Zayd, 一九七二年－）の『リバー法学——現代的な適用に関する総合・比較研究』［Abu Zayd 2004］などである。

また、イスラーム経済思想家としてのムハンマド・ウマル・チャプラ（Muḥammad ʻUmar Shābrā, Umer Chapra）はイスラーム世界で「イスラーム経済の創設者」たちの一人と目されており、その研究と考察も欠かせない。パキスタン出身のチャプラは、サウディアラビアに帰化して、サウディアラビア通貨庁にながらく勤め、イスラーム経済研究にも貢献を続けている（ちなみに、サウディアラビアの「通貨庁」は同国の中央銀行にあたるが、「銀行」という語がリバーを含意するとして、このような名称が付けられた）。チャプラの『公正な通貨体制をめざして——イスラームに照らして見た通貨・銀行・通貨政策の考察』（一九八七年）、『イスラーム経済とは何か』（二〇〇〇年）、『イスラームから見た経済学の未来』（二〇〇四年）などは、本書でも参照している。

近年も、イスラーム経済や金融の研究は隆盛を見せている。アリー・カラダーギー（Alī Muḥyī al-Dīn al-Qarah'dāghī）は、イスラーム法学に基づいてイスラーム経済・金融を論じ、資本主義の経済・金融との比較も熱心に展開している。イスラーム経済への入門書とまとめた著作『イスラーム経済入門——クルアーン・スンナ・シャリーアの目的およびその法学的遺産に照らした根源的研究と通常経済との比較による考察』［al-Qarah'dāghī 2010a］は、本書のような歴史と現代をつなぐ研究にとってきわめて有益な視点を提供してくれる。二〇一〇年にレバノンで出版された『経済研究者必携』は一二巻に及ぶ大作で、イスラーム経済・金融に関わるありとあらゆる取引と問題を伝統的なイスラーム法学と現代のファトワーの視点から総合的に論じている［al-Qarah'dāghī 2010b］。

②ハラール食品産業の研究

目を転じて、ハラール食品およびハラール食品産業について見ると、この分野の社会的・経済的実体は、近年著しく発展している。しかし、学術的研究は非常に少ない。その中でも優れたものとして、M・N・リアズ（Mian N. Riaz）とムハンマド・チョウドリー（Muhammad M. Chaudry）の『ハラール食品生産』［Riaz & Chaudry 2004］や、二〇一六年にイギリスで出版された『ハラールは大事である：グローバルな視野から見たイスラーム・政治・市場』［Bergeaud-Blackler et al. 2016］があげられる。

国際的なシンポジウムや学会なども過去一〇年ほどの間に開催されるようになってきた。そこ発表された論文を収録したものとして、二〇一四年の国際ハラール・カンファレンスに基づく『グローバル・ハラール業界の現代的イッシューと発展』（*Contemporary Issues and Development in the Global Halal Industry*）［Manan et al. 2016］、二〇一六年の国際ハラール・カンファレンスに基づく『第三回国際ハラール・カンファレンス（INHAC 2016）・プロシーディング』［Hashim et al. 2018］が出されている（書籍として非常に高価であるのは、研究の発展にはマイナスのように思われる）。

ハラール産業の発展の結果として、このことがイスラーム世界の中でどのような意味を持つかではなく、経営学や技術的な側面からおこなう研究も生まれてきている。二〇一五年に出版された『イスラーム・規準・技術科学――グローバルなハラール・ゾーンにおいて』〔Fischer 2016〕は、その面で先駆的と言える。地域での産業発展に着目した著作としては、二〇二〇年に出版された『東南アジアにおけるハラール・ロジスティクスと供給チェーン管理』〔Aida Abdul Rahman et al. 2020〕をあげておきたい。

また、二〇二一年に『ハラール再考――系譜・現行の潮流・新しい解釈』が出版された〔Yakin, Christians et al. 2021〕。「再考」という題名は、ハラールをめぐる問題が一つの分野として成立しつつあることを、よく示している。

「ハラール」という用語自体がイスラーム法学の専門用語である（ムスリムたちの間で人口に膾炙するとしても）ことを考えると、イスラーム法学の側での研究も重要であろう。しかし、伝統的な法学では、この用語・概念、あるいはそれがどのような案件に適用されるかという純粋に法学的な議論は一貫して継続しているが、現代の経済現象となっているハラール産業については、ほとんど研究がない。その中で例外的なのは、アフガニスタン出身でマレーシアに拠点を置くムハンマド・ハーシム・カマーリー（Mohammad Hashim Kamali, 一九四四年－）であろう。彼はイスラーム法学や法源学、さらにイスラーム法と現代の諸問題が交差する論点について、英語で精力的に発表を続けている。ハラール産業については、二〇一一年に国際会議で報告した「ツーリズムとハラール業界――グローバルなシャリーアの視座から」〔Kamali 2011〕が非常に先駆的で、その後の議論に影響を及ぼす内容を含んでいた。さらに、二〇一三年には『ハラールとハラームの規準とハラール産業』〔Kamali 2013〕を著し、それをさらに拡張・発展させて、二〇二一年にオックスフォード大学出版から『シャリーアとハラール産業』〔Kamali 2021〕を世に出している。

以上のようなハラールに関する近年の研究では、ハラール食品産業に関する現状と問題がよく検討されるようになっている。イスラーム法学の古典にもそれなりの目配りがなされているが、ハラール食品産業側の視点が強く、化学的なアルコールや豚などの成分分析に関心が傾いている。本研究の視座から言えば、イスラーム経済の中でのハラール食品の問題が十分に考慮されているとは言えない。

(2) イスラーム経済における「典拠」と「解釈」をめぐる問題点

無利子金融論は、リバー(利子)を禁止するイスラーム法の規定を現代の金融にあてはめたものである。しかし、それを論じる専門家の多くは経済分野の専門家で、タフスィール学の専門家、イスラーム法の専門家は限られている。そのため、法的典拠の理解、その解釈が十分深くおこなわれているとは言えない。

法学者が無利子金融を論じた重要な文献として、ムハンマド・バーキル・アッ゠サドル(2)(Muhammad Bāqir al-Ṣadr, 一九八〇年没)の『無利子銀行』がある。サドルは、イラクのシーア派ジャアファル法学派の高位法学者であった。この書は、クウェートのイスラーム銀行であるクウェート・

ファイナンス・ハウスの専門家たちの依頼に応えて、無利子銀行の理念と方法を論じたもので、非イスラーム的な経済条件の中でイスラーム銀行ないしは無利子銀行がどのように機能するかというメカニズムを詳しく論じている。邦訳は『無利子銀行論』［サドル（バーキルッ＝サドル）1994］という題名であるが、原題には副題があり、「イスラーム法学に照らしたリバーの代替法の提案と銀行活動の全側面の考察」と狙いが明確に書かれている。サドルは『イスラーム経済論』を著して、資本主義経済、社会主義経済との比較考察の上でのイスラーム経済を論じており、『無利子銀行論』も資本主義における利子の意味をよく分析した上で、イスラーム銀行がどうあるべきかを明解に論じている。

しかし、シーア派法学者が展開したこの議論と比べてみると、多数派であるスンナ派では、古典と現代をここまで有機的に結びつけて論じた著作は見当たらない。近年の実体としてのイスラーム金融の発展のおかげで、イスラーム経済研究でもその実態を計量的に分析する研究が急増しているが、そもそも「イスラーム経済」とは何かという視点は弱まっていると思われてならない。

(3) 本書の意義

本書では、前節で述べたような問題点を解決し、研究上の空白を埋めるために、より広い視野から、イスラーム成立期の経済について考察し、それに基づいて現代のイスラーム経済推進活動を批判的に考察する。

イスラーム社会というものがシャリーアと結びつき、その法規定が人びとの生活と密接につながっている以上、経済分野だけを切り離して研究することはできないし、そのような方法論では、最初に構想され、それが歴史的現実の中で特定の姿をとってきたものとしてのイスラーム経済の全体像も得られない。本書では、古典的な史資料をできるだけ活用して、初期イスラームにおける経済や、最初のイスラーム経済構想を明らかにすることをめざす。それを通してイスラーム経済について、より大きな絵を描くことができれば、現代的な研究にも、これまでにない視座を提供することが可能となるはずである。

また、イスラーム成立期と現代を結びつけて考察することは、歴史と現代を架橋する点で、地域研究の方法論にとっても新しい視野を拓くことが期待される。アラビア語の史資料の活用にあたっては、聖典であるクルアーンの章句に対する解釈学（タフスィール学、啓典解釈学）を広く用い、特に「啓示の契機」という分野を日本では初めて紹介したい。これも本書に有力な意義を付け足すものと考えている。

イスラーム世界は長くて深い歴史を持っており、その理解なしに現代を理解することはできない。その面で、本書が大きな貢献をなすことができれば幸いである。

4　本書の問い

本書は「イスラーム経済」とは何か、その再構成は可能かということをめぐって、歴史と現代を結び合わせて考察するものである。

そのため、次の三つの問いを立てる――①イスラームの聖典であるクルアーンと預言者ムハンマドのスンナ（慣行）を典拠とするイスラーム経済を、この二つの典拠をめぐる史資料を用いて再構成することは可能か。可能だとすれば、そこから得られるイスラーム経済ないしはイスラーム経済構想は、どのような特徴を持つであろうか。②前項で得られたイスラーム経済の「原像」に照らして、現代におけるイスラーム経済論、特に無利子金融およびハラール食品産業の実態を検討するならば、どのような特徴と課題がわかるか。③本来のイスラーム社会、それを制御するシャリーアとその法規定が、社会や人びとの生活を包括するものであるとしたら、その視点から「イスラーム経済」を金融に偏重することなく、社会の経済活動全体を対象とすることは可能か。この問いは、特に、無利子金融論とハラール産業論を統合する「視座」を提示することが可能か、という問いでもある。

5　方法論

本書では、総合的地域研究の方法に基づき、理論的視座、原典研究、フィールドワークを組み合わせて、研究を進める。

理論的視座については、二つがある。第一は、初期イスラームの史料を扱うための研究視座である。イスラームの聖典であり、イスラーム成立期の最重要な史料である『クルアーン』について、「総合的コンテクスト分析」の方法を開発し、それを適用する。それをおこなうために、イスラーム学の分野として、特にタフスィール学、ハディース学、イスラーム法学を活用する。また、タフスィール学と結びついた重要な分野として「アスバーブ・アン＝ヌズール」（啓示の契機）を用いる。また、ヌズム・イスラーミーヤ論（イスラーム制度論）の理論と先行研究を活用する。

理論的視座の二つ目は、現代のイスラーム経済論の成果に負うところが大きい。特に、研究史とイスラーム金融商品の理論的な分析枠組については、長岡慎介『現代イスラーム金融論』〔長岡 2011〕に多くを負っている。また、アラブ世界の法学者たちの経済関係の法規定をめぐる解釈実践については、〔Qaḥf 1979, 2013；al-Qarah'dāghī 2001, 2010b, 2010a；al-Zuḥaylī 2007, 2011〕などから学び、吸収するところが大きかった。

原典研究については、アラビア語の史資料を活用する。特に、八－一三世紀における史料として、タバリーやワーヒディーなどを重視する。現代については、二〇世紀後半以降のアラビア語文献を用いる。

フィールドワークについては、さまざまな制約要因（祖国シリアの戦乱ほか）のため、中東地域については実践できなかったが、現代イスラーム経済については、マレーシア、インドネシアで調査をおこなった。また、京都大学とダラム大学（英国）およびＵＫＭ（マレーシア国民大学）との共同シンポジウム、また立命館大学アジア・日本研究所での国際ワークショップなどの機会を利用して、各国の研究者からそれぞれの地域での事例の聞き取りや理論的な問題についての意見交換をおこなって、本書の研究に役立てた。

6　本書の構成

本序論に続き、第1章では、理論的視座や史料の活用について検討をおこない、「総合的コンテクスト分析」の方法の提案をおこなう。

第2章では、イスラーム経済、特に金融の問題に焦点を当て、イスラーム成立期におけるリバー（利子）の禁止などがどのような歴史的文脈で起きたのか、その意義は何であったのかを、多様な史料を用いて論じる。

第3章では、イスラーム経済の中でも、ハラール食品に関する問題に焦点を当て、イスラーム成立期における豚肉や飲酒の禁止、あるいは特定のと畜方法をイスラーム式として提示することなどが、どのような歴史的文脈で生まれたのか、その意義は何であったのかを、多様な史料を用いて論じる。

第4章では、第2・3章での考察をもとに、二〇－二一世紀におけるイスラーム金融、ハラール食品についての問題点を検討し、その問題点を解決しうるイスラーム経済の全体的な把握を試みる。

結論では、以上の議論を総括し、結論を述べる。

第1章　理論的な考察
――啓典とイスラーム法における法規定とその解釈――

はじめに

本章では、イスラーム経済の法的根拠とその解釈の問題を、歴史的・現代的に考えるために必要な理論的な諸問題について、方法論的な考察をおこないたい。

このことは、たとえば日本で「経済的ないろいろな事項について法規定を当てはめる」と言った場合に想定されるようなこととは、非常に異なっている。法の概念も、法規定がどのように生み出されるかも、日本や欧米の場合とはまったく異なっており、その異なった法や社会のあり方をどのような観点から考えるべきかという視座の問題が最初にある。日本では主権者である国民がいて、その国民が選挙で選んだ国会議員たちが立法府としての国会で法律を定めれば、それが主権者の意思となる。経済に関する事柄については、そのように定めた法律を使って、経済行為を律していけばよいことになる。

しかし、イスラーム法の場合は、そうはなっていない。イスラームはまず、絶対的な唯一神のみを神と認める一神教である。この唯一神をアラビア語で「アッラー」という。「アッラーのほかに神なし」が、イスラームの第一の原則となっている。預言者ムハンマドも一人の人間に過ぎないし、諸預言者の神格化もありえない。特定の人間を「神の子」と認めることも許されない。そのため、最も純粋な一神教と言われる。

そして、そこでの「主権者」は唯一神なのであり、主権者の意思を体現するのが聖典クルアーンである。ここから、法学者たちが聖典を典拠として「主権者の意思」を発見するのが法解釈（イジュティハード）という解釈行為となる。その解釈を経て、具体的な法規定が定められる。この場合の「定められる」ということも、国家で制定されるのとは違って、法学者たちの解釈を通じて社会全体がその法規定に服することを意味する。

とはいえ、法学者たちが活躍するのはムハンマドが世を去ってからのことである。ムハンマド時代には、クルアーンのほかに、それを補完するものとしてムハンマドが出した具体的な指示があった。イスラームの教えが預言者ムハンマド時代にその基本が定められたというのは、具体的には、「啓典」すなわち神の啓示とされる聖典『クルアーン』（al-Qurʾān, 以下ではクルアーンと記す）と、ムハンマド自身の言葉であるハディース（ḥadīth, 預言者伝承）が生まれたことを意味している[1]。

法的な典拠としては、クルアーンの章句と、ムハンマドの言葉としての「ハディース」に含まれている「スンナ」（sunna, 預言者慣行）である。クルアーンについては、その内容はムハンマドの生前に確立され、第三代カリフ・ウスマーンの時代に書物の形で正典化された（西暦六五〇年頃）。ハディースについては、真正の伝承を確認するための学問としてのハディース学の発展とともに、およそ三世紀の間にその内容が確立された。なお、ハディースは、ムハンマドの言行を記録したものすべてを指すが、その内容がすべて法的な要素を含んでいるわけではない。彼がいつもおこなったスンナ（慣行、慣例）と呼ばれるものが、規範性を持っており、法的な典拠ともなる。それ以外のハディースは、神学的な意味はあるが行為の規範性はない語りや、彼が一度だけおこなったことなど、法規定とは関係がないことが多い。

クルアーンの内容をどのように理解するかをめぐって、「タフスィール学」（ʻilm al-tafsīr, 啓典解釈学とも訳される）、すなわち啓典解釈学が発展した［al-Dhahabī 1976］。クルアーンの章句はアラビア語で述べられているが、ただアラビア語を知っているだけでは、その内容を正確に理解することはできない。精確な理解のための学問が、タフスィール学である。本書でタフスィール学の文献を用いて、どのような歴史的プロセスの解明をおこなうかについては、後述する。

さて、「イスラーム法」と本書で記しているのは、シャリーア（al-Sharīʻa）である。シャリーアは「宗教の教え」を意味するもので、これを「イスラーム法」と訳すると誤解が生じるという指摘もある。先に触れたように、イスラームの法規定は国会で制定するようなものではなく、法学者の解釈行為を経て「発見される」特徴があるが、「イスラーム法」と言ってしまうと、日本や欧米における法律と同じようなものという誤解が生じる可能性がある。シャリーアの特徴をきちんと理解するためには、すぐに「イスラーム法」と訳さずに、シャリーアの概念が何であるかを論じるべきかもしれない。しかし、ここでは、その点を指摘するにとどめる。

シャリーアの具体的な法規定（hukm）に関する学問としては、法学（ʻilm al-fiqh）が発展した。これもムハンマド時代の後、三世紀ほどで大きく発展をした。タフスィール学、ハディース学、法学は、おおむね並行的に発展したと言うことができる。

法学の専門家は、法学者（faqīh）である。法学の典拠としてのクルアーン、ハディースと、最終的に導き出される法規定の間には、法学者による解釈の行為が介在する。法学者は、クルアーンとハディースに基づいて、個別の問題に対する法規定を「発見」する。

さて、ここから本書で考えるべき課題が生まれる。法学者の解釈は、その時代の社会的ニーズや社会の実態をも踏まえてなされるから、たとえば九世紀なり一二世紀なりの解釈が現代にそのまま当てはまるかと言えば、決してそうではない。特に、現代のイスラーム経済などは、前近代に存在しなかった問題を扱うため、いっそうこの問題が大きくなる。

そこで、イスラーム経済やハラール問題について全体的な考察をおこなう本書では、法的典拠となるクルアーンの章句やハディースの語りがなされた時代において、それが何を意味していたのかを、再考する必要があると考える。

そのため、イスラーム成立期である預言者ムハンマド時代にさかのぼって、経済におけるリバー（ribā, 利子）、ガラル（gharar, 不確実性）、マイスィル（maysir, 賭矢、または賭博一般）が禁止されたことの意味、あるいはハラール食品に関わって豚肉や飲酒が禁止されたことの意味や、なぜイスラーム式と畜法などが定められたのかなどを考察したい。そのための方法論を、以下で検討する。

1 「啓示の史的展開」の分析方法

（1） 啓示の史的展開

本章では、三つのコンテクスト分析を合わせた「総合的コンテクスト分析」を提起する。そのために、まず三つのコンテクスト分析のそれぞれについて述べたい。

第一は、「啓示の史的展開」というコンテクストからクルアーンを理解する方法である。クルアーンは、ムハンマド時代に生まれた。預言者としてのムハンマドに対して「神の啓示」が順次下り、彼の最晩年にクルアーン全体ができあがった。それぞれの章の中身は、「節（アーヤ）」という単位で示される［小杉 2002］。章はそのものが「スーラ」と呼ばれて、アーヤとスーラについてのアラビア語の由来と呼び方の理由については、学者たちの間でいくつかの見解がある。(2)

各章の内容（節と章句）が確定され、章の配列が第三代正統カリフ・ウスマーン時代に確定された。(3)

カリフ・ウスマーンは、これを書物の形にして主要都市に送り、聖典の正典化に寄与した。書物の形のクルアーンはムスハフ（mushaf）と呼ばれる［小杉 2009］。

ムスハフが成立してから、クルアーンは書物としても認識されるようになったため、クルアーンの章句の理解は、ムスハフをもとにしておこなわれることが多い。

しかし、クルアーンの形成期をムハンマド時代にさかのぼって見ると、それらの章句はおよそ二三年間にわたって、徐々にムハンマドに啓示されたものである。(4) たとえば、ハムル（khamr, 酒、酩酊物）の禁止は、第2章で論じるように、いくつかの段階を経て、全面的な禁止となった。ということは、初期の段階では、後の段階の章句は存在していない。ところが、ふつう書物としてクルアーンを読む時は、全段階の章句がそこに存在する形で読む。その読み方をすると、ハムル禁止がどのようにして展開したかが判然としない。そこで本書では、初期の段階には、その後の段階の章句はまだ存在していないという前提で、初期の章句を理解するような方法を取りたい。

これが、「啓示の史的展開」というコンテクストを踏まえることであり、それを前提とした分析は「史的展開のコンテクスト分析」となる。

その場合、ある章句を理解するには、その章句以前の社会の状態と、その章句の後の社会の状態をよく考える必要がある。本書がイスラーム以前の「ジャーヒリーヤ時代」の経済活動がどのようなものであったか、それが預言者ムハンマド時代に入ってどのように変化したかを重視するのは、そのためである。

では、章句の「史的展開」、つまり特定の章句の前後関係が簡単にわかるかというと、決してそうではない。というのは、書物の形となっているクルアーンの配列は、時系列的ではないからである。そのため、章句の時系列的な関係についての研究もなされてきた。イスラーム学者もそれについて著述しているし、西洋の東洋学者も著述している。おおむねの時系列的な流れはわかっている。しかし、すべてについて、確定的な説があるわけではない(5)。

さらに、「イスラーム経済の規定」というような特定のカテゴリーや特定の主題について、「啓示の史的展開」を研究した論文があるわけではない。本書は、その点で、まったく新しい試みをおこなう。そのために、これまであまり研究されてこなかった史料を用いる。それは、「アスバーブ・アン＝ヌズール（啓示の契機）」である。

(2) 考察のための史料

「アスバーブ・アン＝ヌズール（asbāb al-nuzūl, 啓示の契機）」とは、直訳すれば「ヌズール＝（章句が）下ること」の「アスバーブ（理由、原因）」である［Dhahabī 1976 : vol. 1 : 45, 198］。「アスバーブ」は複数形で、単数形は「サバブ（sabab）」である。英語では、アスバーブ・アン＝ヌズールを、occasions of revelation などと訳している［Rippin, EI2］。

この分野の文献群の中で最も有名なのは、ワーヒディーの著作、すなわち、『アスバーブ・アン＝ヌズール（Asbāb al-Nuzūl）』である。彼の著作名が後にこの分野の名称となるほど、その作品には先駆性や重要性があった。

ワーヒディー（Abū al-Ḥasan ʻAlī b. Aḥmad b. Muḥammad b. ʻAlī b. Mattūya al-Mattūyī al-Naysābūrī al-Shāfiʻī al-Wāḥidī, ヒジュラ暦四六八／西暦一〇七六年没）は、イラン北部のサーワに定住したアラブ人の家系に属し、ニーシャープールの町に生まれ、ここで高齢で亡くなった。ウラマーなどの事績については、歴史家・伝記作家のザハビー（一三四七年没）の記述が引用されることが多いが、その『貴顕伝』でも、正確な生年は不明とされている。また、現代に書かれた歴史人名辞典としてはズィリクリーの『人名辞典』が信頼性が高いが、ここでも生年は不明である。ズィリクリーは、ワーヒディーに対するザハビー「啓典解釈学者たちの長（イマーム）」という評価を紹介している［al-Ziriklī 2002, vol. 4：255］。

ワーヒディーは、アラビア語学・預言者伝の学者として著名なサアラビー（al-Thaʻlabī, 一〇三五年没）のもとでアラビア語文法、啓典解釈学を学び、法学ではシャーフィイー学派の学者となった。啓典解釈学の著作をいくつも著したが、彼の名を知らしめたのは『啓示の契機』であった［al-Dhahabī 1976, vol. 1：163；al-Dhahabī 1985, vol. 18：339–342；Sellheim, EI2］。

それまでの啓典解釈学の著作の中にも、「啓示の契機」に相当する内容は見られる。しかし、それだけを一つにまとめたのは、彼の貢献であった。それによって、「啓示の契機」という分野が解釈学の単なる一部としてではなく、独立の分野として成立したと言っても過言ではない。

他の具体的な文献としては、この分野を含むタフスィール学の文献がある。「啓示の契機」がよく言及されているものとして、ワーヒディー以前の啓典解釈学者であり、最も初期のタフスィール学の文献を著したタバリー（ヒジュラ暦二二四－三一〇／西暦八三九－九二三年）がいる。彼の著作にも、「啓示の契機」に相当する記述が多く含まれている。

タバリー（Abū Jaʻfar Muḥammad b. Jarīr al-Ṭabarī）はフルネームを「アブー・ジャアファル・ムハンマド・イブン・ジャリール」と言い、カスピ海南岸のタバリスターン地方（現在のマーザンダラーン州）の州都アーモルの出身で、アッバース朝時代の乱世のときに生きた。タバリスターン地方の出身という意味で「タバリー」と呼ばれることが多いが、イブン・ジャリールの名でも知られている。長い歴史の中で「タバリー」という名のウラマーはほかにも多くいたが、今日単に「タバリー」と言えば彼を指すほど高名である。啓典解釈学者、ハディース学者としても名をなしたタバリーは、イスラーム諸学が成立する時代に生きていた。当時は各地の学者を訪れて知識を「収集」するのが活発であった。学者たちは自分の出身地域に限らずイスラーム学を求めてあらゆる地域を回った。タバリーは、最後は首都のバグダードに定着し、ここで亡くなった［al-Dhahabī 1985, Vol. 14, 267–282；清水和裕 2002］。

たくさんの作品の中で「タバリーの歴史」として知られる『諸使徒と諸王の歴史』、啓典解釈学の分野の大作『クルアーン章句解釈に関する全解明』が最も有名である。この二つは、当時から現代に至るまで、イスラーム学の研究者にとって必要不可欠な参照文献である。イスラーム法学については、初めはシャーフィイー学派であったが、後に独立してジャリール学派ないしはタバリー学派を作ったため、法学に秀でていたこともわかる［Morony 1985, vol. 1：5–134］。ただし、彼の学派は後には「消滅した法学派」の一つとなった［小杉 2009：317–318, 405］。

タバリーの重要性は、その先駆性にある。彼の著作によって、タフスィール学が成立したとみなされる［小杉 1994］。この解釈書は、普通の本とは違ってタバリーが直接に書いたものではなく、八九六～九〇三年の間に門下生たちがタバリーの言葉を書き取る形で作られた。そのあと九二一年頃に改めてタバリーに読み聞かせて、最終版となったと言われる。タバリーの解釈書は、一部英訳されて、オックスフォード大学出版局によって出版されている［Cooper 1987］。

タバリーと比べると後代になるが、他の解釈者にも大きな影響を与えた啓典解釈学者として、クルトゥビー（Abū ʻAbd Allāh Muḥammad b. Aḥmad b. Abī Bakr b. Faraḥ al-Anṣārī al-Khazraji, 一二一四－一二七三年）がいる。名前に「アンサーリー」「ハズラジー」とナサブ名（名前の中で系譜を示す部分）が入っていることからわかるように、マディーナのハズラズ部族出身でムハンマドの直弟子（アンサール、援助者の意）となった者の子孫で、アンダルス（イスラーム時代のイベリア半島南部）のコルドバに生まれた生粋のアラブ人であった。アラビア語の文法学、修辞学、クルアーン学、イスラーム法学を修めた。各地を遊学し、晩年は上エジプトに定住し、そこで亡くなった［al-Dhahabī 1976, vol. 2：336–340；R. Arnaldez, EI2］。

本書にとって重要なのは、彼のクルアーン解釈書である。それは『クルアーンの諸規定とスンナおよびクルアーンの章句に含まれる明証の集成』で、英訳も出ている［al-Qurṭubī (Tr. Bewley) 2018］。長い題名なのでふつうは「クルトゥビーの解釈書（Tafsīr al-Qurṭubī）」あるいは「クルアーンの法規定集成」と呼ばれている。彼自身がハディース学者で、この解釈書の中でも多くのハディースを用いている。そのため、ムハンマドの直弟子である「教友」と彼らに続く二世代から伝わるクルアーン解釈や「啓示の契機」を多く含むのが彼の著作の特徴であり、本書にとっての有用性である。

2　章句の相関性のコンテクスト分析

（1）時系列とは異なるテクスト全体の相関性

二番目のコンテクストは、前節で述べた史的展開とは異なる。ムハンマド時代が終わってクルアーンが完成すると、今度は、それに立脚して法的な解釈がなされるようになった。この時には、クルアーンの全章句が揃っている。

前項で論じたような史的展開を見る場合には、たとえば関連する章句が三つある場合、二つ目が啓示された時点では、先行する一つ目はあるが、三つ目はまだない状態となっている。その場合に、やがて三つ目が来ると予想することはできない。

ところが、クルアーンが完成した後では三つの章句はすべて存在する。たとえば、第2章で論じるように、リバー（利子）の禁止に関する章句がいくつかあるが、それらを解釈する時は、啓示された順番（史的展開）だけではなく、章句の相関性、相互関係が問題となる。つまり、クルアーンが描き出すイスラーム社会全体の中において、その章句がどのような意味を持つかが重要なのである。
これを理解するためには、タフスィール学の文献が非常に重要となる。また、章句を典拠として解釈がなされている法学の文献も非常に重要となる。前節で論じた「アスバーブ・アン＝ヌズール」とは、史料の種類が少し異なる。特定の主題やトピックについての章句を集め、それらを相関させながら検討するタフスィール学の文献は、「主題別タフスィール（tafsīr mawḍūʿī）」である。

（2）考察のための史料

本書で参照するのは、初期イスラーム時代の再構成にあたってはタバリー、クルトゥビーなどの古典タフスィールである。その一方で、現代のイスラーム経済を考える上では、現代的な解釈書も重要となる。

主題別タフスィールは、様式そのものが現代に誕生したもので、伝統的なタフスィールが先行する世代の見解を援用したり言語学的な解釈をするのに対して、それらを総合して、「特定の主題に沿って章句を集め、解釈を施すものである。この場合には、解釈には内容上の一貫性がある」［小杉 1994］。つまり、クルアーン全体の関係性の中で各章句の位置づけが考慮されている。本書では、リバー禁止、ハムル禁止、豚肉禁止に関する章句を取り出して、分析をおこなう。

このような近現代の解釈方法は、イスラーム法の目的（マカースィド・アッ＝シャリーア Maqāṣid al-Sharīʿa）と結びつけられることが多い。主題別解釈の専門家ムスタファー・ムスリムによれば、主題別タフスィールは、特定の主題をクルアーンのマカースィド（全体的目的）により検討する解釈学である［Muslim 2009：16］。このような視点から、現代的な解釈として、著名な二つの解釈書があげられる。すなわち、マシュリク（東方）を代表するムハンマド・ラシード・リダー（Muḥammad Rashīd Riḍā, シリア出身[6]）の「マナール解釈」と、マグリブ（西方）を代表するイブン・アーシュール（Muḥammad al-Ṭāhir Ibn ʿĀshūr, 一八九七－一九七三年、チュニジア出身）の解釈書である。

ラシード・リダーは一九世紀後半以降に登場した「イスラーム改革」の指導者の一人で、エジプト人のムハンマド・アブドゥフ（Muḥammad ʿAbduh, 一八四九－一九〇五）の弟子であった。アブドゥフは、その師ジャラールッディーン・アフガーニー（Jamāl al-Dīn al-Afghānī, 1839–1897）とともに、パリで改革のための機関誌『固き絆』を刊行したことで知られる（一八八四年三月－一八八四年一〇月）。これは近代的なプリントメディアを改革運動が用いた最初期の例であった。リダーは『固き絆』に共鳴し、アフガーニーが没した直後にエジプトに移住して、アブドゥフの弟子となり、『固き絆』のミッションを継ぐ『マナール（灯台）』誌を創刊した。四〇年近くにわたって刊行された『マナール』はイスラーム世界に大きな影響を与えた。「マナール解釈」は、アブドゥフの講義とそれにリダーの解釈を加えて、この雑誌に連載したものである（のちに解釈書として単独で何度も刊行されてきた）。

チュニスに生まれたイブン・アーシュールは、裁判官からムフティーへと様々な重責を果たした。一九二三年に書き始めた彼の解釈書は、一九六一年に完成した。その他にも、マカースィド論など種々の著作がある［Ibn ʿĀshūr 1984, vol. 1：6］。イブン・アーシュールのクルアーン解釈は、イスラーム法の全体を「法の目的（マカースィド）」から統合的にとらえる視座に立脚するのが特徴で、その面できわめて大きな貢献をなした。彼の解釈書については多くの研究論文が書かれている［Isma'il 1995；Rashwānī 2009；Mohammad & Shahwan 2013：79–80］。

本書では、リバー禁止、ハムル禁止、豚肉禁止に関する章句群がクルアーン章句の相互関係というコンテクストの中で、どのように解釈されるのかについて、主題別タフスィールの視座を導入し、また二つの現代的な解釈書も素材として、考察を進めたい。

3　ヌズム論による分析

（1）ヌズム論の登場とその意義

三番目のコンテクストは、初期にイスラームが確立されて以降の、いわば「その後の史的展開」に関わる。

ムハンマド時代においてイスラームが確立された後、ムスリムたちは、クルアーンの教えに基づきながら、具体的なイスラームの制度化をおこなった。それに関わったのは、法学者だけではなく、他のイスラーム学者や、統治者あるいはムスリム社会全体である。この制度化の過程について、預言者時代に始まったイスラームの教えが、その後の歴史の中で精緻化されたり、制度的に発展したりした、と表現することもできる。実際の社会の中でその制度化がおこなわれた以上、社会的現実が影響を与えたであろうし、学者たちのクルアーン理解や法学的な指導だけではなく、統治者がどのように新しいイスラーム社会を治めようとしたか、その政策も影響を与えたと考えられる。

つまり、最初はクルアーンやスンナのテクストだけだったものが、それを具体化する制度ができる過程で、そこに含まれている意味、意義、含意などがはっきりした形に顕在化したと理解することができる。しかし、その時にテクストの中の意味、意義、含意が具体化・顕在化したとだけ言えば、少し一面的である。具体的な制度ができたから、彼らがテクストから読み出した理解が目に見えるようになった面があるからである。

それを分析するのは、比喩を使えば、できあがった家から元の設計図を復元するという方法である。もちろん、イスラーム社会の諸制度の場合、初めに設計図があったわけではなく、あったのはビジョンであろう。元になるビジョンがクルアーンのテクストに含まれていたとしても、それを具体的な設計図にしていく過程では、法学者や統治者の解釈も重要であったし、さらに新たに征服した土地（サーサーン朝ペルシアやビザンツ帝国の旧領）の制度を参考にして、ビジョンの具体化が進められることもあったであろう。

テクストと制度の間を考察することには、史料の解析に基づく推測が必要であり、その推測を可能にする理論的な基盤が必要である。その基盤として本書が援用しようとしているのは、「イスラーム的制度論」である。これは、イスラームの制度をめぐって二〇世紀半ば以降に発展した研究領域で、アラビア語では一般に「ヌズム論」（al-nuẓum al-Islāmīya, イスラーム的制度）と呼ばれる。

ヌズム（nuẓum）は二ザーム（niẓām）の複数形の一つである（アンズィマ anẓima やアナーズィーム anāẓīm も複数形として使われる）。イブン・マンズール（Ibn Manẓūr, 一三一一年没）の著名な辞典『リサーン・アル＝アラブ』を引くと、ニザームとは真珠の珠が首飾りとして美しく整えられたイメージに示されるように、均一的に一貫性をもって整理されたものを意味し、混乱や異常な状態の反対語となっている［Ibn Manẓūr, 1993, 12：578］。

現代に発展したヌズム論では、イラク人の歴史研究者アブドゥルアズィーズ・ドゥーリー（一九一九－二〇一〇年）の功績がよく知られている。ドゥーリーは著名な教育者であり、バグダード大学学長なども務めた。何よりも歴史学の専門家として、アラブ歴史学に人生を捧げたことで知られる。特に『イスラーム初期史序説』（原著一九四五年刊行）［al-Dūrī 2005］は大きな影響を与えた。その後、アラブ史で数々の著作を世に送った。晩年は、アラブ通史の大著を著す意図もあったと伝えられる［al-Riyāḍ, 2012/1/17］。一九八六年には、彼の功績に対して、キング・ファイサル賞[7]が授与された。

彼の『イスラーム制度論』［al-Dūrī 1950］は、アラブ史研究に制度という観点を導入して、大きなインパクトを与えた（英訳は、［al-Dūrī 2011］）。その内容は、副題が「カリフ制・宰相制・財政制度・行政制度」となっていることから明らかなように、国家の諸制度を中心に論じるものであった。

ドゥーリー以前の先駆的研究としては、一九三九年にハサン・イブラーヒーム・ハサン、アリー・イブラーヒーム・ハサンの共著として『イスラーム制度論』［Ḥasan 1962］が刊行されている。副題は「全時代におけるムスリムたちの政治・行政・財政・司法制度・奴隷制度に関する考察」となっており、やはり国家の諸制度が中心である。そこに奴隷制度の問題が加わっているのは、当時の欧米からの批判が背景にあると思われる。

ヌズム論の背景となっているイスラーム学の伝統的な文献を見るならば、マーワルディー（Abū al-Ḥasan ʻAlī ibn Muḥammad al-Māwardī, 一〇五八年没）の『統治の諸規則』からイブン・ハルドゥーン（ʻAbd al-Raḥmān ibn Muḥammad ibn Khaldūn, 一四〇五年没）の『歴史序説』に至るイスラーム的な国家や行政に関する論考をあげることができる。そこで論じられているような政治制度や行政、経済制度、司法機構などに関する規定は、すべてヌズム論に包摂される［Ḥasan 1962：4］。ただし、イスラーム諸王朝のもとでの諸制度を論じる古典的な文献には、今日の「制度論」の理論的基盤はない。

さらに、このようなヌズム論はイスラーム国家を中心に論じられているため、イスラーム的制度と政治理論が入り混じる可能性がある。ドゥーリーもそれを指摘して、先行研究の欠点として言及している。彼は、統治の諸規則や租税の文献だけに限らず、あらゆる史料をヌズム論に取り込むべきと論じている［al-Dūrī 1950：2–3, 2008：10–11］。

その後もヌズム論の研究は発展し、今日ではサウディアラビアやそのほかのイスラーム諸国でも大学の科目として学ばれている。今日のヌズム論の概念は、ドゥーリーが提起したものよりもさらに広い意味で使われており、シャリーア全体の制度論という面も持っていると言っても過言ではない［Duḥayyān 2002：7–22］。しかし、具体的な制度の歴史的な発展の枠組みがもっぱら使われており、初期イスラームのビジョンやイスラーム法の理念との結びつきが弱い点は、本書の立場から見れば、一つの限界と思われる。

（2） 本書におけるヌズム論の活用

本書で活用されているヌズム論の概念は、先に検討したヌズム論とは三つの点で異なっており、その部分は新奇性となっている。

まず、時代的な対象として、これまでのヌズム論が正統カリフ時代以降を対象としているのに対して、本書はイスラーム的制度の形成期、つまりムハンマド時代のマッカ期とマディーナ期を対象として、それらの制度の萌芽やビジョンをも含めて論じている。

第二に、これまでのヌズム論が、イスラーム王朝のもとで法学者たちが関わって編み出された諸制度を論じているのに対して、本書でめざしているのは聖典クルアーンやスンナにおいて（少なくとも理念型が）提示された制度である。

第三に、従来のヌズム論と比較して、本書ではより広範囲で包括的にイスラーム法の諸分野を捉えている。たとえば、礼拝のようなイバーダート（信仰儀礼）はこれまでヌズム論の一部と考えられていなかったが、本書は社会の制度として宗教や信仰に関わる部分までにも配慮している。

そのため、従来のヌズム論が国家や統治の制度を基盤として、他の諸制度を論じてきたのに対して、本書は社会の側ないしは共同体の中で暮らす信徒の側に力点を置いて考える。政治中心の見方においては、イスラーム国家なしにはイスラーム的諸制度も機能しないと考えられることが多い。その点は、社会生活と経済を中心とする本書の趣旨とは必ずしも合わない。本書では、より広く弾力的なヌズム論の活用をおこないたい。

小括

以上に述べた三つのコンテクストを総合して、それぞれの章句とその解釈について、より全体的で、より包括的な形で分析するのが、「総合的コンテクスト分析」である。

なお、ハディースについては、本書ではある程度史料として用いているものの、クルアーンの章句のような詳細な検討をおこなっていない。理論的には、ここで述べたような方法論を用いることは可能であるが、ハディース集は短い言葉の集積である上、ハディース集の数も多く、クルアーンのようにはテクストが限定的ではない。そのため、「総合的コンテクスト分析」の対象とするためには、別な研究をおこなう必要がある。

第2章　イスラーム初期における社会・経済と宗教倫理

――リバー禁止をめぐって――

はじめに

今日のイスラーム経済論では、リバー（利子）禁止(1)が主たる原理であるとされている。イスラーム銀行がしばしば「無利子金融」（アラビア語では「無リバー金融」、Bank lā-Ribawī）と呼ばれることは、それをよく示している。実際に、国際経済と関わる現代イスラーム経済・金融の発展の中で、リバーをいかに排除すべきかが中心的に論じられてきた。しかし、西洋的な経済システムが持ち込んだリバーを排除する議論が盛んになされたにもかかわらず、そもそも、イスラーム形成期においてリバーがいかに禁止されたか、それが当時のイスラーム社会の形成やイスラーム経済の成立とどのような結びつきを持っていたかは、それほど研究されていない。

イスラーム経済の目的が、資本主義が支配的である現代において「本来のイスラーム経済」を再生しようとするものだとすれば、初期のイスラーム経済の実体を十分に研究し、理解し、それがいかにして可能であるのかを考察しなければならないであろう。

本章では、第1章で述べた「総合的コンテクスト分析」の方法を、リバー禁止をめぐる問題に適用して、考察を進めたい。具体的には、イスラーム以前の時代である「ジャーヒリーヤ時代（無明時代）」から預言者ムハンマド時代まで、特にムハンマド晩年にリバーが全面的に禁止されるまでにわたって、リバーをめぐる章句の内容が段階的に展開したことを検討する。そして、その段階的なリバー禁止を見ると同時に、ジャーヒリーヤ時代、ムハンマド時代のマッカ期、さらにマディーナ期へと、社会・経済の大きな枠組みがどのように変化したのか、またリバーがこの大きな文脈の中でどのような意義を持っていたのかを論究したい。

なお、リバーは今日では「利子」と訳されることが多いが、イスラーム成立期のリバーは通常「高利」であった。また、当時の商慣行では、リバーはもっと広義で、金を貸す際に非経済的な条件をつけること（たとえば特定の者同士の婚姻）もあり、それもイスラーム法ではリバーとして禁じられるようになった。現代のリバー論でも、高利だけがリバーに相当するもので、低金利は含まないという議論がある。しかし、一九七〇年代以降のイスラーム銀行の展開の中で、銀行利子は利率に関わりなくすべてリバーに相当するという立場が強まり、今日では、現代のリバー論において、利率の高低ではなく、ビジネスの成否にかかわらず利子が固定されていることが「リバー」の特徴であるという解釈が優勢となっている。現代のリバー論については、第4章で論じる。本章はイスラーム成立期を扱うため、リバーの実態として高利が主流であったことを念頭に置いておきたい。

1　マッカ期の社会・経済におけるリバー

（1）商業都市としてのマッカ

マッカは世界で最も大きな半島、アラビア半島の東部に位置している。アラビア半島自体は三方を海洋の水に取り囲まれているが、半島東部のヒジャーズ地方、特にマッカは水資源がきわめて少ない。さらに山々に取り囲まれた盆地に位置しているマッカは、高温であり、人間はおろか植物でも生き続けることが難しい場所であった。雨が降っても植物を育つ土壌が作られる以前に、しばしば大きな水害がもたらされた。周囲の山々から吹き下ろす風は、谷間のマッカにとって強風となった。このような生態環境の下、マッカではごくわずかしか農業ができなかった［al-Sibāʿī 1999, vol. 1：21］。

その一方で、マッカは当時のアラビア半島で最大の商業都市であった。アラビア半島は古代世界において、商業的な要所であった。北はアジア大陸、南西はアフリカ大陸とスエズ地峡によってつながり、西欧とは地中海を通してつながっていた。古代ペルシア帝国とローマ帝国が出会う地点でもあった。

カアバ聖殿は、最古の時代からあるとクルアーンに言明されている（イムラーン家〔三〕章九六節）。

聖殿を建立したとされるイブラーヒーム（アブラハム）の時代が紀元前二〇世紀とすると[3]、その頃から、マッカに人が居住するようになったと考えられる。

クルアーンの中では、イブラーヒームが次のように祈っている――「主よ、私は子孫〔の一部〕をあなたの聖なる館近くの耕せない谷間に住まわせました。主よ、彼らが礼拝の務めをしっかり守り、人びとの心が彼らに引き付けられるようにし、彼らに果実をお授けください。おそらく彼らは感謝するでしょう」（イブラーヒーム〔一四〕章三七節）。「耕せない谷間」という言葉が、農耕に適さないマッカをよく表している。

このような場所であったが、息子のイスマーイール（イシュマエル）の代には泉が湧き出し、あちこちから人々がマッカにやってくるようになったという [al-Ṭabarī 2000, vol. 17 : 21 ; Ibn Kathīr 1988, vol. 1 : 178]。農産物がないマッカの人びとは、周りの地域から生活物資を買わざるをえなかったこともわかる。特にアラビア半島東南部のイエメン、湾岸に面した東部のバハレーン、東北部のオマーンなどが、水が豊富で農作物を産する地域であった。アラビア半島のすべてが過酷な生態環境だったわけではない。紅海沿岸部のヒジャーズ地方が厳しい生態環境にあったのに引き換え、他地域は農作物や畜産物などがそれなりに豊富であった。

マッカが商業都市となったのは、このような生態環境の影響が大きい。アラビア半島はさらに、三つの大陸の要に位置している。インド洋と地中海との間に位置しており、東はアジア大陸、西・南はアフリカ大陸、北・西はヨーロッパ大陸である。いずれの地域も独自の生態環境から独自の産物を産しており、それを流通させると他地域からの商品がどこでも珍しさから高価に取引された。アラビア半島は、結節点として中継貿易の要の立場を果たした［al-Dūrī 2005：39–40］。

マッカは、カアバ聖殿の存在によって、イスマーイール時代から一神教の巡礼地となり、それによって巡礼期の商売も盛んになったとされる。しかし、時代が下ると一神教の信仰が弱まり、特に西暦五世紀頃から偶像崇拝が広がった。この偶像崇拝は、マッカの商業にとって大きな役割を果たした。つまり、一神教に比べて、多神教のほうが巡礼の季節が多くなるからで、いろいろな偶像を取り入れることが商業振興にも役立ったと考えられる［al-Nābulusī 2002：17–18］。そのため、ラート、ウッザー、マナートなど、クルアーンにも名があがっている偶像が崇拝された［Ibn al-Kalbī 2000：7］。

この時代を研究したサッハーブによれば［Saḥḥāb 1992：230］、アラビア半島に偶像崇拝を導入したのはアムル・ブン・ルハイという人物であるが、彼は宗教的な動機だけから偶像をシャーム地方（歴史的なシリア地方）から持ち帰ったわけでなく、マッカ巡礼が寂れたことと、交易に際しての隊商の安全性が弱みとなったことがその背景にあった。つまり、マッカへの巡礼を栄えさせる新たな要因が必要であり、それに成功すれば隊商の安全性も確保できるという考えである。したがって、マッカにおける指導者たちにとって、偶像は経済的な理由からも重要性を持った［al-Nābulusī 2002：60］。マッカの人びとにとってカアバ聖殿の重要性は変わらず、経済的競争も継続していた。そこで、彼らはカアバ聖殿に多くの偶像を擁して巡礼者を引き込み、地域貿易および国際貿易での優位性を保つのに成功した。

宗教的な季節としての巡礼が、商売と交流の機会になっただけでなく、文化交流の機会ともなった点は見逃せない。マッカの人びとは、四つの月を聖なる月として、戦いを禁じた。つまり年間の三分の一が巡礼の季節とされた。この聖なる月は、イブラーヒーム時代に指定されたとされ、後にイスラームでも認められた（クルアーンの悔悟〔九〕章三六節）。この聖なる月は、アラブ諸部族の市場の季節と切っても切れない関係にあった［al-Afghānī 1974：70–80, 149；ʻAlī 2001, vol. 17：112–113］。つまり、当時は部族が互いに攻撃し合う社会であったから、隊商は聖なる月以外におこなうことは危険だったのである。聖なる月は、もともとは巡礼者と巡礼そのものの安全のために設置されたが、市場の活動にも大きな役割を果たした。聖なる月の間は、戦争や暴力などが禁止され、商売にも安全な時期でもあった。偶像礼讃を導入するとともに、当時のアラブ人はこの聖なる月を勝手に変えたり延長したり、自分の商業の利益のために改変した（悔悟〔九〕章三七節）。彼らは、聖なる月をマッカの経済活動の活発化に役立てるためにいろいろな工夫をした。たとえば、大巡礼と小巡礼を一緒におこなうことは大罪とされた。それをすると市場の活力が低下するからである。ここから、マッカのさまざまな市場を活かすために、宗教的な迷信までをも作ったことがわかる。

国際的な政治も、このようなアラブ人の貿易に影響があった。直接に関わった要素に少し触れたいと思う。当時のインド以西における主な国際的勢力はビザンツ帝国（東ローマ帝国）とサーサーン朝ペルシアであった。アラブ人たちは、国際的な勢力としてはごく小さかった。六世紀はじめにビザンツ帝国とペルシアの間の激しく長い戦争が続いたため、シルクロードの国際貿易に被害が出て、アラビア半島の西側に交易路が変更された［Saḥḥāb 1992：241；'Alī 2001, vol. 4：311；al-Kharābishah 2011］。それによって、マッカを含めてアラビア半島が国際貿易に大きな役割を果たすことになった。しかし、いくつかの理由で、やがてこの交易路も衰えることになった。一つは、五六一年の両帝国の平和条約によって東側の路線に安全性が戻ったことであり、もう一つは西ローマ帝国の滅亡である。

当時、国際的に盛んに交易されたのはルバーン（乳香）である。キリスト教のローマ帝国は五－六世紀にはルバーンを香として使う儀式をおこない、クライシュ族は彼らとの交易から受益した。この二世紀間に、ローマとギリシアへのルバーン輸出だけでも、年に三千トンあったと計算されている［Saḥḥāb 1992：241–243］。

ルバーン以外の当時の商品を、見てみよう。他の諸地域から隊商によって運ばれ、マッカの市場で流通した商品は、次のようなものであった［Saḥḥāb 1992：231–233］。

・シャーム（シリア）・パレスチナ・エジプトから：皮革（衣裳の材料）、器具・武装具、織物、綿、グラス、ワイン、オイル、小麦粉、レーズン、砂糖。
・イラク、バハレーン（アラビア半島東岸部）から：ナツメヤシ、穀物。
・エチオピア（アフリカ）から：奴隷、黒檀（建築材料）、皮革（衣服用）、ブラド（イエメンから当時の衣装類）、香・沈香、香水、バルサム（薬）、金、銀、宝石、ダチョウの羽根（枕と飾り物に使われていた）、象牙、トウガラシ属（香辛料）、シナモン。

・インド・中国・東南アジアから：香辛料、絹、ショウガ（インド）、中国産のシナモン（薬として）、スンブル（＝ラベンダー、薬・香水用、インド）、香木（インド）、トウガラシ（香辛料）、クスノキ（インドとスリランカ、薬として）、琥珀（スリランカ）。
・ペルシア（イラン）から：宝石、琥珀。
・アラビア半島：チーズ、バター、レーズン、スィンア（薬）、アラビアガム、シナモン。
・イエメンから：ハティル（化粧）、サブル（薬、ソコトラ島産）、ゲッケイジュ、トウガラシやクローブ（香辛料）、銀、宝石、琥珀、香水。

以上の品々が流通していた。ルバーンに加えて、特に没薬とトウガラシの交易は、アラビア半島が本場であった。

この時代には、マッカの市場も他地方の市場も盛んであった。詩にも史料にも、その様子が語られている。特に、ウカーズ、ミジャナ、ズー・アル＝マジャーザなどの市場が有名で、マッカの人びとにとって市場の経営は巨大な経済資源をもたらした。この影響によって、当時は富の力が部族的系譜や家柄にも優越していたことがわかる。この市場の中では、ティジャーラ（商売、交易）の名の下でたくさんの取引がなされた〔al-Afghānī 1974：49；75；80〕。ラフン〔質〕契約、ムダーラバ〔協業〕契約なども実践されていたが、それだけではなく、後にイスラームによって禁じられる商行為も多く存在した。たとえば、ガラル（不確実性、投機性）を含む取引や、貿易に際して資金を貸し付けてリバーを取ることも盛んにおこなわれていたのである［'Alī 2001 vol. 14：124］。

（2）クライシュ族の国際盟約（イーラーフ）

マッカのクライシュ族は、地の利を活かして交易に大きな役割を果たしていた。前述の両帝国による戦乱と国際的な混乱によって、五世紀から族長ハーシムの指導下で、マッカの貿易的な立場がさらに強くなり、巡礼のみならず年間を通した貿易が生まれた。つまり、年に二回におこなわれる隊商が組織され、それは巡礼の時期に限らなかったため、隊商の安全を図ることが必要不可欠になった。

そこで、当時の族長ハーシムが果たした役割について述べたい。マッカ住民をクライシュ族と総称してきたが、実際には、純然たるクライシュ族、ハリーフ（ḥalīf，複数形はフラファー ḥulafā'，同盟者）と呼ばれる人びと、そして、マワーリー（mawālī，解放奴隷）の三者がクライシュ族の構成員であった。この中では、純然たるクライシュ族、特にその支族の中の名家が支配権を握っていた。支族の名家の中の傑出した者が、クライシュ族全体を率いる族長の役割を果たした。ハーシムは、そのような族長であった。「クライシュ」の意味についてはいくつも説があるが、「商業」と結びついた「タクリーシュ（taqrīsh）」（所得する）が語源という説が興味深い［Ibn Manẓūr 1993, vols. 6：334］。

五世紀にクライシュ族をハーシム・イブン・アブドゥマナーフ（五二四年没）［al-Ziriklī 2002, vol. 8：66］が率いるようになってから、マッカの商業に関わる三つの出来事があった。第一は、マッカで飢饉が起き、餓死者さえ出たことであった。このため、第二の出来事として、ハーシムの提案で、年二回の隊商が組織された。ハーシムが隊商路沿いの諸部族と「イーラーフ」と呼ばれる国際盟約を締結して、マッカからの隊商貿易を「冬と夏の隊商」という二つに整理し、安定した隊商貿易を展開するようになった。その時は、その利益を隊商に参加した富豪たちと彼らの部族内の貧窮者が分けあって苦難を超えたとされる〔Ibn Saʻd 1990, vol. 1：62–65；al-Nuwayrī 2002, vol. 16：33；al-Ṭabarī n.d., vol. 24：619–623〕。ただし、飢饉が去ると、助け合いも終わり、富豪たちは自分たちの富を増大することに熱心になった。

「冬と夏の隊商」は成功し、マッカは商業都市として大きく発展した。商人の部族としてのクライシュ族も、大きな力を持った。この隊商では、冬に、アラビア半島南東部のイエメン、エチオピア、イラクへ隊商が出された。そして、夏に、地中海沿岸のシャーム（シリア）地方に隊商が出された。夏の隊商は、今日のアンカラ（アナトリア中央部）にまで達したとする研究者もいる。ハーシムは、各地の部族や政治的な有力者に対して中立の立場をとり、隊商路の途中に位置する部族の長などから、クライシュ族の隊商道に対する保護契約を得た。

この国際商業は、ハーシムを中心とする四人の兄弟が指導的な役割を果たした。ハーシムはシャーム地方、アブド・シャムスはエチオピア、ムッタリブはイエメン、ナウファルはイランとの交易を担当した。イーラーフ（国際誓約）によって、彼らの隊商は誰にも襲われることがなかった。それについては、クルアーンにも「クライシュ族のイーラーフのゆえに。彼らの冬と夏の隊商のためのイーラーフのゆえに。この館〔カアバ聖殿〕の主を崇拝しなさい。〔主は〕飢えに際しては彼らに食物を与え、また恐れに際してはそれを除いてくださった」（クライシュ族〔一〇六〕章一―四節）と述べられている。

このように国際的な交易路の安全を確保して以降、彼らの商業は盛り上がってきた。そして、第三の出来事が起きた。それはアラブ人の伝承の中で「象の年（Ām al-Fīl）」と呼ばれている。これは、当時イエメンを治めていたエチオピアの総督アブラハが、象を率いる軍隊とともにマッカを攻めた事件であった（五七〇年とされる）。当時の族長は、ハーシムの直系の孫にあたるアブドゥルムッタリブであった。また、彼はこの年に生まれるムハンマドにとって父方の祖父にあたる。

アブドゥルムッタリブの指導下のマッカは、ほとんど防衛力を有していなかったが、天佑（天然痘の流行ともされる）によってエチオピア軍が壊滅し、それ以降、聖地としてのマッカは、宗教的な地位がいっそう上がることになった。また、この出来事の少し前に、いったん涸れたザムザムの泉（マッカの主要な水源）をアブドゥルムッタリブが再採掘に成功する出来事もあった。

クルアーンの中に「無花果とオリーブにかけて、シナイ山にかけて、また平安なこの町にかけて〔誓う〕」（無花果〔九五〕章一―三節）と述べられている。「平安なこの町」とはマッカのことである。マッカが安全を享受する都市であったことは、他の章句にも言及が見られる（物語〔二八〕章五七節、蜘蛛〔二九〕章六七節）。

このように、聖地のおかげでマッカの人びとは周りのアラブ諸部族に対して指導的な立場に立った［Ibn Sa'd 1990, vols. 1: 64］。しかし、飢饉から時がたつと、マッカの富豪たちはハーシムがイーラーフと「冬と夏の隊商」を作った理由を忘れ、自分たちの利益をひたすら追求するようになり、倫理的に退廃したという。

イーラーフ以外にも、クライシュ族の商業が有利となる状況が生じた。当時のイラク地方はビザンツ帝国に従属するアラブ人のガッサーン朝が治めていたが、これが六三八年に滅びたため、イラク地方が不安定となり、ユーフラテス流域の商業にマイナスの影響が出た。エチオピアがイエメンに侵攻し（五二五－五九九年）、イエメンのヒムヤル王国の支配がなくなったことは、マッカの支配力を強めた。エチオピア自体が政争や戦争にかまけて商業がおろそかになったことも、マッカの貿易にとって有利であった。

「貿易都市」となったマッカでは、たいへんな富豪が生まれた。たとえば、サイード・イブン・アースィーは、二〇万ディナールの財産を有していたという。当時のディナールは、ビザンツ帝国で用いられていた金貨または四・二五グラムの金を意味したから、二〇万ディナールは八五〇キロの金に相当する。ワリード・イブン・ムギーラは、一〇万ディナールの財産を有していたとされる。このような富豪たちはリバーの取引によって儲けた。ある研究者の計算によれば、マッカの商業は年間二五万ディナールほどであったという。彼らはティジャーラ（商売）を自慢し、その成功が人間の価値基準になったほどであった［Mu'nis 1988：249］。彼らの中でもリバーによる商売で知られたのは、ウスマーン・イブン・アッファーン、アッバース・イブン・アブドゥルムッタリブ、ハーリド・イブン・ワリードなどであった［al-Wāhidī 1992：93；al-Khāzin 1995, vol. 1：211］。

後述のように、クルアーンには、信仰をめぐって商売、利益、損得などのわかりやすい用語を使った議論がいくつも出てくる。来世などの抽象的な文脈についても、そのような損益のロジックを用いて、クライシュ族が理解できるよう議論したのである［ʻAlī 2001, 13：229］。

(3) ジャーヒリーヤ時代のリバー

ムハンマドは最晩年に、のちに「別離の巡礼」と呼ばれる巡礼をおこなったが、その際の説教において、「ジャーヒリーヤ時代のリバー」の語を用いてから、この表現が広く使われるようになった(4)。ジャーヒリーヤ時代は前述のように、イスラーム以前の時代を意味し、日本語では「無明時代」と訳されている。おおよそイスラーム誕生以前の一世紀半－二世紀を指す。

それがどのような時代であったか、考察したい。ただし、イスラーム以前のリバーの諸形態は、それほど明確に伝わっているわけではないので、これは簡単に述べられるわけではない。なぜそうなのかという点も、本論が論ずべきことの一つである。

まずクライシュ族の商業活動から、リバーについて推測したい。たとえば、バドルの戦いの前のある隊商の規模について、「その隊商は一〇〇〇頭のラクダだった。隊商は、膨大な価値を持つ商品を運んでいた。マッカの人びとは男でも女でも、多少にかかわらずこの隊商に出資していた。ある人は、この隊商に五万ディナールを投じた……」［al-Maqrīzī 1999, vol. 1：85］と伝わっている。ここから、非常に多くのマッカの人びとが隊商に資金を投じていたこと、隊商の資本金が少数の富豪だけではなく、より広範な参加によって成り立っていたことがわかる。もちろん、隊商に参加した人びとが全員資本金を所有しているわけではないので、使用人（被雇用者）として隊商に参加した人も、借金をして参加した人もいると考えられる。

このような隊商ビジネスによって、皆が富んだわけではない。マッカの市場とクライシュ族の商業が活発になる一方で、貧窮者の階層も広がっていた。その理由は、主に二つある。一つは、貸し手が資金を借り手に貸付け、取り立てる際には「倍にしまたも倍にする」リバーのゆえである。二つ目の理由は、クライシュ族の富裕層が貿易を占有して、自分たちに有利なようにビジネスを展開したためであった。

当時のマッカでリバーが広がっていたことを示す事件を見てみよう。それは、西暦六〇四年頃と推測されるが、水害によって破損したカアバ聖殿を、クライシュ族が修復しようと望んだ時のことである。その時、クライシュ族の族長で、ムハンマドの伯父でもあったアブー・ワフブ・イブン・ウマイルが次のように述べたという――「クライシュ族よ、このことために清らかなお金だけを使いなさい。売春で儲けた金やリバーの取引や不正に儲けた金などは避けなさい」[al-Māwardī 1989：213]。この表現から、彼らの間でもリバーに対して否定的なイメージがあったことがわかる。

ヒジャーズ地方におけるリバーの起源を、何人かの歴史家は、ヒジャーズ地方にユダヤ教徒が入ってきたことに求めている。つまり、イエメンから北方に移動してきたユダヤ教徒がマッカから遠くないターイフの町に定住し、それ以来金貸しを業としてやっていたのである。クルアーンは、彼らに対して次のように述べている――「啓典の民〔ユダヤ教徒・キリスト教徒〕の中には、あなたが千金を託してもこれを返す者もあれば、あなたが不断に催促しない限り、一枚の銀貨を託しても返さない者もある。それは彼らが「無知の者たちについては、私たちに責めはない」と言うためである。彼らは故意に、アッラーについて虚偽を語る者である。」（イムラーン家〔三〕章七五節）。

リバーによって、ターイフにおけるユダヤ教徒にしても、マディーナにおけるユダヤ教徒にしても莫大な富を築いたと言われる。返済のできないアラブ人の家族を債務奴隷とするほどであった。クルアーンは次のように述べている――「あるユダヤ教徒の不義な行いのために、〔もともと〕合法であったよい〔食べ〕ものを、われ〔アッラー〕は彼らに禁じた。〔これは〕彼らが多くの者をアッラーの道から妨げたためであり、禁じられてもいたリバーを取り、不正に他人の財産を貪ったためである。われは彼らの中の不信心な者のために、痛ましい懲罰を準備している」（女性〔四〕章一六一－一六二節）。

イエメンとの境界に位置しているナジュラーン地方にも、類似の事例があった。ナジュラーン地方は農業地帯であると同時に、隊商路にも位置していた。その居住者はキリスト教徒であった。リバーに関して、彼らはユダヤ教徒ほどではなかったものの、リバーを取っていたことがいくつかの歴史的な証拠からわかる。ムハンマドは晩年に、このキリスト教徒たちとの条約を結んだ。その条約の条項の中には、リバーをやめることが含まれていた。しかし、彼らがこの条件に違反したため、第二代正統カリフ・ウマル時代に彼らはナジュラーン地方から追放されることになった［Abū ʻUbayd n.d. 224;

Ibn Ja'far 1981：272〕。

クライシュ族の富豪たちがリバーの取引をおこなっていたことも事実である。

史料からリバーについて、以上のような概観は得られるものの、細かな状況は確定しがたい。現代の研究者も、歴史の分野でもイスラーム法の分野でも、当時のリバーについてより詳しいイメージを述べている〔al-Qaraḍāwī 2001：35；Sālūs 2002：129〕。しかし、史料的には確定的に言いがたい面があるように思われる。

第二代正統カリフであったウマルは、次のように述べている――「最後に啓示されたのは、リバー〔禁止〕の章句である。アッラーの使徒〔ムハンマド〕は詳しく説明する前に世を去ったので、リバーとその類似物を避けなさい」。また、彼は「三つの課題を、アッラーの使徒に明示してもらいたかった」とも語っている。三つの課題の中に、リバーが含まれている。また、ほかの機会も次のように述べている――「我々はリバーを避けるために、リバーに関する警告を十倍にも増加してしまわないかと恐れた」。または「リバーに陥らないために、許された取引を九割ぐらいも捨ててしまわないかと恐れた」〔Ibn Abī Shaybah 1989, vol. 4：449〕。

言うまでもなく、ウマルはジャーヒリーヤ時代から生きていたし、クルアーンの禁止の対象はジャーヒリーヤ時代のリバーである。もし「ジャーヒリーヤ時代のリバー」の形が一目瞭然であれば、ウマルもこのような困惑をしなかったと思われる。ウマルの言明に似た言葉は、イスラーム法学者からも相次いで残されている。たとえば、クルアーンの解釈者・歴史家・ハディース学者・法学者であったシリア人イブン・カスィール（一三七三年没）は「イスラーム法学者にとって、法学の諸課題の中でリバーが最も曖昧である」[Ibn Kathīr 1999, vol. 1：710] と述べている。アンダルス出身のアラビア語学者・法源学者シャーティビー（一三八八没）も「資格ある解釈者たちにとっても、リバーについては決然とした結論が出しがたく、隠れたもののリバーは現在までも判然としない」[al-Shāṭibī 1997, 4：382] と述べている。

このような困難があることを確認した上で、「啓示の契機」やクルアーンの解釈書などの史料から、クライシュ族が実践していたリバーの形を考察していきたいと思う。

まず、リバーの語がアラビア語の原義では何を意味しているのか、そして、商業・売買の文脈で起きる場合はどのような時か、さらに、クルアーンの解釈者たちがジャーヒリーヤ時代のリバーをどのようにとらえているかなどを、論じたいと思う。

まず意味論的に見ると、リバー（ribā）は、名詞または自動詞である。意味は「増加した部分」または「増加する」ことを指す [al-Farāhīdī n.d., vol. 8：283；al-Jawharī 1987, vol. 6：2349]。原義は、経済分野以外も使われている。たとえば、クルアーンの章句に「一族が〔外の〕一族よりも数多くなった（arbā）ために」（蜜蜂〔一六〕章九二節）と言われているのは、人の人数が増えたことを意味している。または「かれ〔アッラー〕の印の一つを、あなたは荒れ果てた大地に見る。われがその上に雨を降らせると、動きだし、盛り上がる（wa rabat）」（解明〔四一〕章三九節）では、この動詞は植物が成長することを意味している。原型での「増す」は rabā（未完了形 yarbū）で、ここから「ラブワ

（rabwa）」＝「高い場所」という言葉があり、山ほどは高くないが、周りの土地より盛り上がっている場所が「ラブワ」という名詞で呼ばれていることがわかる。辞書を引くと「ラブワ」は「高い土地」や「二つの原野の間に盛り上がった土地」を示している［al-Farāhīdī n.d., vol. 8 : 283 ; ʻUmar 2008, vols. 2 : 852–853］。クルアーンでも、この意味で使われている――「またわれ〔アッラー〕は、マルヤム〔マリア〕の子〔イエス〕とその母〔マリア〕を徴となし、両人を安全で泉が涌き出る丘〔ラブワ〕の上に住まわせた」（信徒たち〔二三〕章五〇節）。イブン・アッバースは、ラブワを「周りの地より盛り上がった場所」と説明しているという［al-Ṭabarī 2000, 19 : 38］。

クルアーンはリバー禁止以前の章句では、この動詞が高利のリバーと経済的な意味での増加の両方を指して用いられている。それはマッカ期の啓示で、クルアーンの中で初めて経済的な増加が言及されている例である――「あなたたちが他の人の財産〔で自分の財産〕を殖やそう〔ヤルブー〕とリバーをとって人に貸し与えるもの〔貸付金〕は、アッラーのもとでは何も増えない〔ラー・ヤルブー〕。〔それに対して〕アッラーの顔〔満悦〕を求めてザカートを出す者たちは〔報償が何倍にも〕増加される人びとである」（ルーム〔三〇〕章三九節）。「ヤルブー」「ラー・ヤルブー」は経済的な意味で「増える」「増えない」を意味している。この章句の中の「リバー」についてはいくつかの解釈がある。最初期のクルアーン解釈者の一人であるムジャーヒド(5)によれば、ここでの「リバー」は贈り物の意に解され、「自分から贈り物を与えて、よりよきもの〔お返し〕を望んでいるのだから、それには報奨はない〔＝アッラーのみもとでは、いささかも増えない〕」と解される［al-Ṭabarī n.d, vol. 20 :

104–105]。ムジャーヒドの師で「クルアーン解釈学の父」とも言われるイブン・アッバース(6)はこの章句について次のように概括したと伝えられている――「リバーには二種類ある。一つは、禁止されたリバーである。それは売買におけるリバーである。そしてもう一つは、許されたリバーである。それはより良いもの〔お返し〕を望みながら〔他人に〕あげる贈物である」[Ibn Kathīr 1999, 6：318]。これと対照的に、ここのリバーは贈物ではなく、サキーフ部族またはクライシュ族の取引における高利を意味しているとの解釈もある。いずれの解釈でも、贈り物や高利の目的が「財産の増加」であることが、この動詞の原義とつながっている。

解釈者のムジャーヒドは、「ジャーヒリーヤ時代のリバー」とは次の章句に言及されているリバーのことと解釈している[Mujāhid 1989：223]――「信仰する者たちよ、倍にしたり何倍にもしたりしてリバーを貪ってはならない。アッラーを畏れなさい。おそらく、あなたたちは成功するであろう」(イムラーン家〔三〕章一三〇節)。この章句は、ウフドの戦いに言及する章句の間に挿入されている(7)。つまり、マディーナ時代の啓示であるが、意味の解釈を見ると、「ジャーヒリーヤ時代のリバー」と呼ばれるリバーを指していることがわかる。借金の期間を延長すると倍にして返さないといけないメカニズムのゆえに、破綻する借主が増えるのは当然であった。この場合は、返済不能に陥った借り手は債務奴隷として売られることにもなった。

後のイスラーム経済の理念では、このような場合はリバーの部分のみならず、借金の元本をも帳消しにするのが善意の行為として望ましいものとされる。雌牛章のリバーに関する章句の最後の部分は、次のようである――「彼〔債務者〕がもし困難〔窮状〕にあるならば、容易となる〔窮状を脱する〕まで猶予しなさい。もしあなたたちが〔何がよいことか〕分かっているならば、〔元本をも帳消しにして〕喜捨することがあなたたちのために最もよいことである」（雌牛〔二〕章二八〇節）。

それでは「倍にしたり何倍にもしたり」のリバー、つまりジャーヒリーヤ時代のリバーはどのようだったのであろうか。その状態を最もよく描写しているのは、タバリーの解釈書である。そこにはザイド・ビン・アスラム（七五三年没）の言葉で、次のように説明されている――「ジャーヒリーヤ時代のリバーは、〔借りたラクダの〕年齢や金額が倍増するものであった。たとえば誰かに残っている借財があるとき、〔期限が来ると〕貸し手は借り手のところに来て、「返済か、増加か」と聞く。もし借り手が返済できるならば返済するが、できない場合は、借りた時点でのラクダの年齢より一歳成長したラクダで返済することになる。借りた時点で一歳だったラクダは二歳のラクダで返し、二歳であれば返済の時に三歳のラクダを返す、三歳のラクダは四歳のラクダに引き換える、というように年齢〔ラクダの成長〕におけるリバーであった。物品の場合のリバーは〔期限が来ると〕貸し手が借り手のところに来て、借り手は返済できないと、次の年には倍にして返済することになった。もし一〇〇〔ディナール〕であれば翌年には二〇〇〔ディナール〕になる。二〇〇〔ディナール〕になった後でまだ返せないと、次の年には四〇〇〔ディナール〕を支払うことになる。このように、毎年倍になる……」[al-Ṭabarī 2000, vol. 7 : 205]（8）。

シーア派の一二イマーム派であるアラビア語学者・啓典解釈学者のタバルスィー（Abū Naṣr al-

Ḥasan b. al-Faḍl al-Ṭabarsī, ヒジュラ暦五四八／西暦一一五三年没［al-Ziriklī 2002, vol. 5：148］）は、「倍にしたり何倍にもしたり」するリバーの意味について、二つの解釈ができると述べている。一つは上述と同じで、「貸したものを倍にしたり何倍にもしたりする」という意味で、もう一つは、貸し手の全財産を倍増、何倍増と増やすことを意味しているという［al-Ṭabarsī 1983, 2：388］。

一〇世紀において優秀なハナフィー法学者と解釈者であるジャッサース（Abū Bakr Aḥmad b. ʻAlī al-Rāzī, ヒジュラ暦三七〇／西暦九八〇年没［al-Ziriklī 2002, vol. 1：171］）も次のように述べている――「アラブ人の間で周知であった、あるいは彼らが実践していたリバーは、ある期間までに返済できないと、借り入れた分量よりも多く、契約者たちが同意した増加分を払うものであった」［al-Jaṣṣāṣ 1994, vol.1：563］。

上述のザイドの説明は、ジャーヒリーヤ時代のリバーの標準的な形とみなしてよいであろう。この理由でハンバル法学派の名祖アフマド・イブン・ハンバル（八五五年没）は、明確な形のリバーについて聞かれた時に、「貸し手が借り手に、返済するかリバー（増金）をするかと問い、返済しなければ増額され、期間が延長される〔のがリバーである〕」と回答したという［Rashīd Riḍā 1929, vol. 30：665］。

ところが、前述のムジャーヒドが伝えている別の解釈もある［al-Qurṭubī 1964, 4：202］。それは借金のことではなくて、ジャーヒリーヤ時代のリバーは売買時におけるものという説である。ムジャーヒドは次のように述べている――「当時（ジャーヒリーヤ時代に）彼らは売買をおこない、代金の支払いを引き伸ばし、期限が来たら価格を上げて支払い期限を延長しました。この理由で「あなたたち信仰する者よ、倍にしたり何倍にもしたりして、リバーを貪ってはならない」が啓示されました」。このような契約は、もとは売買契約であるが、結果的に債務として増額されることになる。

その後の時代になって神学者・法学者・啓典解釈学者のファフルッディーン・ラーズィー（一二〇九年没）あたりから、先に述べたジャーヒリーヤ時代のリバーの二つの形とは異なる説明方式が流布し始めた――「リバーには、二つの種類がある。ナスィーア（返済期間の延長）のリバーとファドル（同質の交換の時における増加）のリバーである。ナスィーアのリバーはジャーヒリーヤ時代に広くおこなわれたリバーである。彼らは期限に確定された増加分を取る上に、借金の元本はそのままに残る。元本の返済時がきたら、元本を払うよう求めて、借り手が清算できないと金額を増額して期間を伸ばした」[al-Rāzī 2000, vol. 7：72]。

このような解釈に基づいて、後代のイスラーム法学者はリバーを三つに分類した。一つは、貸し付けにおけるリバーで、「増加」を意味する。すなわちナスィーア（延滞金）のリバーである。他の二つについては、次節でマディーナ期を検討する中で、詳しく論じたいと思う。

2　マディーナ期の社会・経済におけるリバー

（1）　生態環境によるマディーナの経済資源

ムハンマドとその弟子たちは、ヒジュラ（聖遷）によって、マディーナへ移住した。そこでは、経済資源として二つが重要であった。農業と商業である。これが基本的な収入源で、そのほかに付随的に工芸や畜産なども あった。

マッカでは、初期からムハンマドに従った人びとは下層の者が多かった。マッカ時代のクライシュ族の富豪の指導者たちは、下層の者たちの間でイスラームを受け入れる者が増え、人間は平等という思想が広まると自分たちの支配権があやうくなると恐れた。そのため、ムハンマドとその弟子たちに対して激しい迫害を加えた。

マッカにいられなくなったムハンマドは、移住先を探し、マディーナ（ヒジュラ以前の名前はヤスリブ）に新しい支持者を見出すことになった。マディーナの住民の中の二大部族である、ハズラジュ部族とアウス部族の代表が巡礼の際にマッカのムハンマドを訪れ、イスラームを受け入れてムハンマドを支持することを誓ったのである。誓いは二度あり、第一のアカバの誓約（ムハンマドが預言者となった「召命」から数えて一一年後）と、その二年後の第二のアカバの誓約である。後者で彼らはムハンマドを守ることをも誓い、聖遷へとつながった。六二〇年頃にムハンマドは弟子たちがマディーナへ移住することを許可し、六二二年にはムハンマド自身がマディーナへ移住した[9]。この移住をヒジュラ（聖遷）と呼ぶ。それ以降、マディーナにイスラーム共同体が樹立され、イスラーム経済や金融を含めて、イスラーム法の特徴が姿を現し始めた。

新しい社会を建設するためには、その基本原則（現代的に言えば憲法）が必要である。マディーナの新社会は、「ウンマ（共同体）」として、いわゆる「マディーナ憲章」によって規定された［小杉 2006：34–36］。マッカから移住した人びとは「ムハージルーン（al-Muhājirūn, 移住者）」、マディーナで彼らを受け入れた人びとは「アンサール（al-Anṣār, 援助者）」と呼ばれ、両者がイスラーム・ウンマの主要メンバーとなった。また、マディーナにはユダヤ教徒の部族が居住していたが、彼らもマディーナ憲章を認めて、いちおうムハンマドを指導者として認める形となった。多くの移住者を受け入れたマディーナの人びとは経済的な負担も負ったが、それを負担と思わずに、むしろ善行であり誇りの源泉であるとして受け入れた。

マッカでは、ムハンマドは約一三年間布教をおこなった。その間にイスラームの教えが啓示され続けた。その内容は信仰上の事柄が多く、信仰儀礼（イバーダート）や家族のあり方などが中心であった。リバーをめぐる経済的な規定や売買・契約などに関わるいわゆる相互行為（ムアーマラート）の規定は、マディーナに移住してから現実性を持ち始めた[10]。つまり、イスラーム経済に関する教えは、イスラーム共同体に社会的な実体が生まれたマディーナ時代になってこそ、語りうるものである。リバー問題はマッカ期に始まったが、マディーナ時代になってイスラーム経済がしっかり導入されると、その教えも充実した。

マディーナにおけるリバーの形を考察するために、まず当時のマディーナにおける主な収入源を考えてみたい。マッカでは過酷な生態環境に条件付けられて主たる生業は商業であったが、マディーナの生態環境では経済の基礎は農業にあった。

商業都市マッカでは、剣士など商業に関わりのない仕事や収入源は見下されていた［ʻAlī 2001, 7 : 314］。逆に商業は非常に尊ばれ、そのためにリバーも当時の商習慣と結びついておこなわれていたと見ることができる。それに対してマディーナとその周辺では、水資源が豊かな生態環境によって農業が盛んであった。たとえば、マディーナから遠くないハイバルの盆地の一つ、ナターだけでも四万本ほどもナツメヤシの木があったという。このような状況下で、マディーナの人びとの多くは農業に投資した。

マディーナは、東のワキムという火山岩地帯と西のワブラという火山岩地帯に挟まれ、気候のよい谷間に囲まれて、あらゆる方向から水が流れている。火山大地がもたらした肥沃な土壌と豊富な水資源に加えて、適度な気候のおかげで、一年に二期作も可能であった。マディーナの地下水も豊富でこのあたり一帯の水資源をまかなっていた。一五の井戸を擁するマディーナは、そのうちの七つがきれいな真水で知られていた。移住後には、ムハンマドもこの七つの井戸の真水を好んだため、預言者の井戸（アーバール・アン＝ナビー）と名づけられた。現在でも、この七つの井戸の遺跡が残っている。肥沃な土壌と豊かな水資源のおかげで、上に挙げたハイバルのナツメヤシはもちろんのこと、マディーナのナツメヤシも良質さで名が高かった［Ibn Hishām 1955, 1 : 451–452］。ナツメヤシ以外にも、果物などの栽培が盛んであった。

地理的に見ると、マディーナはシャーム地方への商業路の結節点に位置しており、マッカの商人たちにとっても重要な位置づけであった。後に、マディーナのイスラーム勢力との対立が激化すると、彼らの隊商貿易にも影響が出始める。

居住者を見ると、マディーナには、主にアラブ人の諸部族とユダヤ教徒の諸部族が共存していた。ユダヤ教徒は最初、マディーナの良い生態環境の魅力に惹かれて、イエメンから移住してきたとも言われる。

当時マディーナにいたユダヤ教徒には、カイヌカー部族、クライザ部族、ナディール部族という三つの集団があった。この三つの主要部族以外にも、バフダル部族やアウフ部族などユダヤ教徒の小さな集団があった。アラブ人は、前述のようにハズラジュ部族とアウス部族がいた。ユダヤ教徒はアラブ系なのか（アラブ人がユダヤ教徒となったのか）、イスラエルの民の一部がアラブ化した人びとなのか、あるいはほかの出自を持つのか、いろいろな議論があるものの、確定的な定説はない。ローマ帝国の虐待を逃れてパレスチナから移住したとの説も、そのような理由はなく移住してきたとの説もある［al-Balādhurī 1988：25］。本章では、とりあえずイエメン起源説を述べたが、証拠が十分あるとは言えない。マディーナのユダヤ教徒は一般に農業に従事していたが、金貸しでリバーを扱っている者も多かった［ʻAlī 2001, vol. 14：110］。アラブ人のハズラジュ部族とアウス部族は、イスラームに加わる以前は互いに終わりのない抗争の状態にあったが、新しい指導者としてムハンマドを迎えて、イスラームの下で連合していくようになった。

ユダヤ教徒は、二方面に分かれてマディーナに在住した。マディーナの最も肥沃な地域である東のワキム地にはナディール部族が定住していた。この地域は標高が高いためアワーリー（高い地域）のユダヤ教徒と呼ばれていた。西南の地域には、カイヌカー部族などが居住していた。この地域はサーフィラ（低い地域）のユダヤ教徒と呼ばれていた。それ以外のユダヤ教徒の諸部族は、マディーナの各地にバラバラに分散していた。農業地域を支配したおかげで、ユダヤ教徒は他のマディーナの人びと、つまりアラブ諸部族より財を蓄えることができた。農業以外にも、ユダヤ教徒は金工と鍛冶など、いくつかの工芸で知られていた。マディーナの周りも事情は変わらない。ユダヤ教徒の部族はハイファル、タイマーウ、ファダクなどに居住し、彼らには、そこを通行する隊商に飲食など供給する事業への投資もあった。ユダヤ教徒は流動資本を持ち、市場の動きも支配していたと言える。

マディーナ以外では、ユダヤ教徒の存在は小さなものであった。マッカがアラブ人、特にクライシュ族の商業的な首都であったとしたら、マディーナはユダヤ教徒の商業的な首都と言うことができる。ただし、ユダヤ教徒はアラブ人に比するほど人口があったわけではない。マッカとマディーナの比較は、それぞれの経済的な力に関する比喩である。

農業に関する仕事や投資にも、ユダヤ教徒は関わってきた。上に述べたマディーナにおける井戸も、多数がユダヤ教徒の所有であった。ナツメヤシは乾燥地に強いが、ふつう実るまで一〇年ほどかかるとされ、例外的に早くても三年と言われる。ところが、マディーナの沃地では、一年間で実ったと言われている。

ナツメヤシの本場としてのヒジャーズ地方では、農産品としてのみならず、主食や代価・代金の代わりにも用いられていた。ナツメヤシの実以外にも、ナツメヤシの木は、建築材料や飼料などとしても使われた。ほかの農産品としては、小麦、果物、麦藁などの農業も盛んであった。マディーナの近くにあるハイバル地域の一部だけで八〇〇〇ワスクのナツメヤシ（実）の生産量があったと言われる。ハイバル全域では四万ワスクと推計されている。「ワスク（またはウィスク wasq / wisq）」は、ナツメヤシや穀物を量る単位で、ヒジャーズ地方では一ワスクは六〇サーウに相当したとされる［Ibn Manẓūr 1993, vol. 10：378–379, ʻUmar, 2008 vol. 3：2440］。他方、小麦、麦藁はおよそ一万サーウが生産されていたという。現代の量としては、一サーウは一三キログラムと概算されている［ʻUmar 2008 vol. 2：1335］。ワスクとサーウの換算率を用いて計算すると、ナツメヤシの実はハイバル全域で三七トンに及ぶ生産量があったことになる。このような数字を見れば、当時のマディーナに膨大な産物があったことが想像できるであろう。ナツメヤシ、穀物のほかに、レモンやバナナなどの果物、野菜や豆類いろいろな種類が植林されていた［Ibn Hishām 1955, vol. 2：349］。

しかし、これほど盛んな農業活動にもかかわらず、当時のマディーナは自給自足だったわけではない。シャーム地方やイエメンなどから、足りない食料を輸入していた。農業活動については、自ら耕作することもあったが、小作人を雇うことも多く、全畑地または畑の一部について収穫を分ける契約で他人に耕作を任せることもあった。この最後の取引は、後のイスラーム時代に規定ができ、現代イスラーム経済でもムザーラア（農業契約）として論じられている［Hakimi 2013］。

農業が盛んであったため、マディーナの人びとはユダヤ教徒を中心に、農産品の取引でも活躍した。ユダヤ教徒の中でも生態環境に恵まれなかったカイヌカー部族は、農地を持たない代わりに商業と金工に優れていた。前述のように、ヒジャーズ地方が国際的な商業の中で重きをなすにつれて、マッカが大きく受益することになった。マディーナは夏の隊商路（北方のシャーム地方との通商）に位置するものの、この交易にそれほど参与できたわけではなかった。しかし、少なくとも、隊商の休息所または補給地点であったことは確かである。マディーナの周りの町や遊牧民の畜産者たち（アウラーブと呼ばれる）との取引もなされていた。

マディーナは優れた農業のおかげで、農産物の交易だけでなく、農産品を用いる手工業がヒジャーズ地方のどこよりも盛んとなった。その中に、酒造業も含まれる。マディーナ産のナツメヤシを用いた酒類の製造がおこなわれていた。当時の詩を見ると、酒類はジャーヒリーヤ時代でもイスラーム初期に入った頃でも必要不可欠な飲料であり（イスラーム初期には飲酒は許されていた）、酒造業がマディーナでも経済的に重要であったことが分かる。

酒類以外では、ナツメヤシの木とマディーナの西北で繁っていたギョリュウという落葉小高木から作られた家具や道具も有名であった。農具として、鎌や鋤、斧などを作る工房もあった。そのような道具は、社会的に上流の人びとではなく、マワーリー（解放奴隷）や奴隷身分の者が労働する際に用いた。首飾りなどのアクセサリーの金細工は主として富裕な顧客に対して、ユダヤ教徒が独占的に制作していた。カイヌカー部族の金細工は歴史的に有名であった。もう一つ、ユダヤ教徒が専門とした分野として、武器・武具の生産があった。剣や矢、鎧などの生産に優れたユダヤ教徒の技術は、預言者ダビデから受け継いだという説も流布していた。紡織やナメシなど衣服に関する手工業もあった。

門戸や窓や家具などの必要不可欠な工作だけでなく、それらに金属を用いた象嵌ないしは貝殻を用いた螺鈿を施すような贅沢な細工についても記録が残されている(11)。

農業と商業のおかげで、マディーナの人びと、特にユダヤ教徒は膨大な財を築くことができた。ムハイズィークという名のユダヤ教徒はイスラームに改宗した時に、蓄えた財をムハンマドにサダカとして捧げたと伝えられる。その一方で、窮乏も広がっていた。ジャーヒリーヤ時代の詩を見ると、貧富の格差の広がりを批判する作品が見られる。

ムハンマドは新社会の指導者として、農業に関わる取引などをいろいろと改善したり、新たに規則を定めたりした。リバーをめぐっても、穀物やナツメヤシなどの不等価交換を禁じる彼の指示がハディースとして残されている。さらに農業の振興のために、使用されていない死地の開墾などについて、さまざまな新しい契約の方式を作り出した。また、独占を禁止し、公有と私有の境界を定めて、公有物の売買を禁止するなど、いくつもの新しい経済の原則を定めた。

政治面では、数の少ないマディーナの軍勢が来襲するマッカの大軍を打ち破った「バドルの戦い」(六二四年。その経緯は後述)の後に、ムハンマドたちの勢力増大に危機感を覚えたユダヤ教徒の部族はイスラームに敵対的な動きを始めた。マディーナ憲章によって、ユダヤ教徒を含めて、マディーナの人びとはすべて外の敵に対して団結してあたると定められていたにもかかわらず、ユダヤ教徒の大商人で部族の指導者でもあったカアブ・イブン・アシュラフは、マディーナ憲章に違約し始めた。

ユダヤ教徒の部族がイスラームに敵対した背景として、政治的指導権をめぐる争いや経済的な利害の対立のほかに、信仰上の問題も指摘されている。彼らは新しい預言者の到来を待っており、その預言者は自分たちの間から到来すると信じていた。それにもかかわらず、多神教徒のアラブ人であるクライシュ族の間からムハンマドが登場したため、失望して反感を抱いたとされる。それに加えて、マディーナに新しい社会が建設されるにしたがって、長い間ユダヤ教徒たちが支配していたマディーナ経済が徐々に他の人びと（ムスリム）の手に渡るという懸念が生じ始めた。商業に長けたクライシュ族のムスリムが移住してきたことも、彼らにとって懸念材料となった。そのため、彼らは外側からマディーナを攻撃するクライシュ族と連携し、ムスリムたちとの盟約を破棄する方向に舵を切った。これはムスリム側からは、マディーナ憲章への違反ないしは裏切り行為とみなされることになる。

(2) イスラーム経済の新規定——戦利品と喜捨

①戦利品（ガニーマとファイウ）

マディーナにイスラーム社会が形成されることによって、それまでにない経済的な要素が生じた。その中でも重要なのは、戦いの結果としての戦利品の獲得と貧者救済のための喜捨であろう。

イスラーム以前の時代にも、アラブ諸部族は時に他の部族やその隊商を襲って、食物や商品などを奪うことがあった。巡礼と市のための季節が「聖月」とされて、そのような行為が禁じられていたことは前述した。言いかえると、聖月でない月には、それぞれの部族には抗争が認められていて、実力で自らを守る必要があった。

しかし、マディーナにムハンマド指導下のイスラーム国家が成立すると、この国家はシャリーア（イスラーム法）によって運営されるようになり、対外的な行為についても法規定を設けた。マディーナを攻撃するマッカ軍との戦いは、かつてのような部族間の「私闘」ではなく、国家としての防衛戦となったのである。したがって、その結果得られる「戦利品」も恣意的に配分されるべきものではなく、公的なルールに従って取り扱われるものとなった。ムハンマド時代の後も、一世紀以上にわたって「大征服」の時代が続くため、戦利品は必ずしも一時的なものではなく、イスラーム社会にとって継続的に大きな経済的な意味を持った。

イスラーム法学上では、「ガニーマ（ghanīma）」や「ファイウ（fayʾ）」という用語で、戦いによって得られた物品、土地、捕虜などについて論じるが、クルアーンでの最初の言及は「アンファール（anfāl）」という語によってであった。単数形はナフル（nafl）であり、もともとは増加を意味し、まさに「リバー」の語義と共通の意味を持っていた。つまり、もともとムスリムに属していない所有物が戦争によって増加することが含意されている。

ムハンマドがマッカにいる間にクライシュ族に求めたのは、ただ、一神教のメッセージを受け入れることだけであった。クライシュ族がそれに反対した理由には、伝統的な多神教という宗教の問題もあったが、それ以上に自分たちが持っている経済的な権力を失うことを恐れたのであった。そのことは、クルアーンにも示唆されている――「彼らは言う、「私たちが、もしあなた〔ムハンマド〕とともに〔イスラームの〕導きに従うならば、私たちはこの土地から追われることになろう」と」。つまり、彼らはイスラームに従うことが自分たちの権益を失うことにつながると言って、拒絶しているのであった。クルアーンは続けて言う――「われ〔アッラー〕は、彼らのために安全な聖域を設け、われのもとからの糧としてすべての果実をそこで与えたのではなかったか。しかし、彼らの多くはそれがわからない」（物語〔二八〕章五七節）。

ムハンマドたちがマディーナに移住して、新しい共同体と国家を樹立したために、マッカのクライシュ族はムハンマドに宣戦布告して、自分たち宗教である多神教を守り、生まれたばかりの一神教を破壊することをめざした。これ以上、一神教が拡大しないうちに、またムスリムが軍事的脅威、ひいては経済的な脅威とならないうちに、ムハンマドとムスリムたちを打破しようと考えたのである。

他方、マッカからマディーナに移住したムスリムたちは、マッカに残した財産などをクライシュ族の他の人びとに奪われてしまった。その損害を回復し、またマディーナでの生活を成り立たせるために、当時の部族間の略奪の慣例に従って、ムスリムたちはクライシュ族の隊商などを狙い始めたのであった。ただし、マディーナ側は、初めは戦いに不安があり、軍事的な衝突を避けることが勧められていた［al-Ṭabarī 2000, 8：547］。

また、マディーナには、住民の大半がイスラームに入信したために、やむをえず形式的にイスラームを受け入れた人びとがいた。彼らはクルアーンの中で「ムナーフィクーン（munāfiqūn, 偽善者たち）」と呼ばれているが、それはムハンマドに従うように見せかけて、背後でマッカ勢と連携していたことが原因であった。このような中でいつまでも宥和は続かず、やがて啓示によってイスラームの敵と軍事的に対決することが許可された〔Ibn al-ʻArabī 1967, 3：299–300〕――「戦いをしかけられた者に、彼らが不義を受けたゆえに〔戦闘が〕許された。アッラーは彼ら〔ムスリム〕を助けるに全能である」〔巡礼〔二二〕章三九節〕。クルアーンのこの章句は、「戦闘許可の節」と呼ばれる。戦闘が許可されることによって、それはイスラーム国家の正当な行為となり、それに伴って戦利品が新しい収入源となった。

「ガニーマ」は戦闘の結果得られた「戦利品」を指す。それに対して、「ファイウ」は実際に対戦することなく、敵の降伏によって獲得された戦利品である。この二つの新しい概念が、クルアーンによって区別されている。

ガニーマについて、次の章句が明確に述べている――「知りなさい、戦いで戦利品として得た物は何であれ五分の一はアッラーと使徒〔ムハンマド〕、〔使徒の〕近親者、孤児、貧者、旅人のものである、と。もしあなたたちがアッラーを信じ、また識別の日、両軍が会戦した日〔バドルの戦いの日〕に、われ〔アッラー〕がわがしもべ〔ムハンマド〕に啓示したものを信じるならば。まことにアッラーはすべてにおいて全能である」〔戦利品〔八〕章四一節〕。

戦利品の五分の一はさらに五等分され、アッラーと使徒（つまり国庫の収入あるいは公的な資金となり、ムハンマドが采配権を持つ）、ムハンマドの近親者、孤児、貧者、旅人の福利に当てられる。残りは戦闘に参加した者たちの間で分配されるのである。

これに対して、戦闘による直接の戦利品ではないファイウについては、クルアーンは次のように述べている――「またアッラーが彼らから〔取り上げて〕かれの使徒〔ムハンマド〕に与えた物〔ファイウ〕は、あなたたちが馬やラクダを駆りたてて手に入れたものではない」（集合〔五九〕章六節）。戦闘がない以上、戦士たちが参加して分配を受けることはできない。

またそのようなファイウの分け方について次の節に詳しく規定されている――「アッラーが〔敵である〕諸邑の民から〔出させて〕使徒〔ムハンマド〕に与えたものは、アッラーと使徒〔ムハンマド〕、近親者、孤児、貧者、旅人のものである。それは、あなたたちの中の富裕な者の間で循環させるためのものではない。使徒があなたたちに与えたものは、それを取りなさい。彼が禁じたものは、それをやめなさい。アッラーを畏れなさい。アッラーは〔違背する者を〕処罰するに厳格である。〔ファイウはまた〕貧しい移住者たち〔ムハージルーン〕のものである。彼らは〔マッカにあった〕自分たちの家と財産から追われ、アッラーの〔現世での〕恵みと〔来世でのアッラーの〕満悦を求めて、アッラーとその使徒〔ムハンマド〕を助けている。これらの者こそ誠実な者たちである」（集合〔五九〕章七－八節）。

また、マディーナで移住者を助けたアンサールについても、その次の節（集合〔五九〕章九節）で好意的に語られている。

部族間の戦いと戦利品は、イスラーム以前のジャーヒリーヤ時代にも存在した。アラブ諸部族にとって、敵対する部族を打ち破り、大きな戦利品を獲得することは、経済的な意味だけではなく、名誉の源の一つとして大きな意味があった。しかし、イスラームによって、いずれの概念にも大きな変化が生じた。戦争や戦闘は部族を主体とした部族のためのものではなくなり、ジハードの大きな概念の下に「イスラーム社会のための戦い」という新しい意義が付与され、それに関わるすべてのものが新しい見方で見られるようになった。

前述のように、ヒジュラ（聖遷）によってマディーナにイスラーム国家が成立すると、マッカ側はクライシュ族の隊商を標的とすることを考えるようになった。クラィシュ族の商業はマディーナとの対立のために、安全がいつまでも続く状態ではなくなった。ヒジュラ後しばらくして、マディーナに定住したムハージルーン（マッカからの移住者）の中から、アブドゥッラー・イブン・ジャフシュが率いる八人ほどの偵察隊がマッカに向けて出発した。同じ頃に、北方のシャーム地方からクライシュ族の小さな隊商が戻ってくるところであった。かつてはイーラーフ（安全契約）のおかげでクライシュ族の隊商は守られていたため、彼らの隊商が誰かに襲われるなどとは想定せず、警護も厳重ではなかった。しかも、その時はラジャブ月という戦闘が禁止された月であった。そのため、ジャフシュ隊も行動するかどうか迷った。しかし、絶好の機会と判断した結果、この小さな隊商を襲撃したのであった。マッカ側の隊商は一人を殺されて、二人が捕虜となり、隊商の商品がマディーナに持ち帰られた。

この事件が、戦利品であるガニーマとファイウの始まりであった。戦闘が禁止されている月に行動したジャフシュ隊は、いったんはムハンマドに批判され、隊商の商品を獲得したことも不正と判断された。ところが、これをきっかけとしてクルアーンの章句が下り、聖なる月の中であっても、クライシュ族による追放などのよりひどい侵害行為に対して、ジャフシュ隊の襲撃が認められることが明らかとなった。マッカの敵を放置する時代の終わりが啓示され、自衛戦の時代の始まりが告げられたのであった。クルアーンには、こう述べられている――「彼らは聖月中に戦うことについて、あなた〔ムハンマド〕に問うであろう。〔その回答として〕言いなさい、「聖月中に戦うことは重大〔な罪〕である。〔しかし〕アッラーの道を妨げ、かれ〔アッラー〕を否定し、聖なる礼拝所〔カアバ聖殿に行くこと〕を妨げ、その民を追放することは、アッラーの目にはもっと重大〔な罪〕である。迫害は、殺害より以上に悪い」と。彼らはできるものなら、あなたたちが信仰から背くまで戦いを止めないであろう。あなたたちの中で信仰に背いてそのまま死ぬ者があれば、これらの者は現世でも来世でもその行いは失われる。これらの者は火獄の輩で、永遠にその中に住むであろう」（雌牛〔二〕章二一七節）。

これ以前には、ガニーマに関して、イスラーム法の規定はなかった。小さな隊商の商品を得たに過ぎないこの事件は、経済的にはさほどのものではなかった。しかし、クライシュ族側から考えるときわめて象徴的な大事件であり、彼らを動揺させたと考えられる。さらにジャフシュ隊の事件の後、一か月半ほどたつかたたないかのうちに、シャームから戻ってくるクライシュ族の大きな隊商の知らせがムハンマドに届き、彼はムスリムたちに対応を呼びかけた。

大きな隊商の商品を戦利品とすることができれば、マッカに残して没収された財産の代わりに、マディーナのイスラーム社会にとって大きな経済的な支えになると考えられた。隊商自体は、マディーナからの襲撃を想定していなかったので、戦備も警護の人数もほとんどなかった。マッカからの隊商にはマッカ商人の多くが投資しているため、マディーナからの攻撃の可能性を知ると、マッカ側ではこの隊商を防衛するために大きな軍を編成することになった。

実際には、クライシュ族のこの隊商は無事に逃げおおせて、襲撃されずにマディーナ周辺を通り過ぎることができた。隊商を守るために結集したクライシュ族の連合軍にも、彼らが動く前に、隊商が難を逃れたというニュースが届いた。それにもかかわらず、軍を率いる指導者アブー・ジャフルは、他のアラブ諸部族に対してクライシュ族の面目を取り戻すために、あるいはより強い名誉を築くために、マディーナに向けて軍を進めて、威力を示そうとした。マッカの人びとは、クライシュ族のみならず、味方の諸部族からも軍勢を集めることができたので、マディーナ側の三倍以上の軍勢であった。

こうしてマッカ軍とマディーナ軍のイスラーム史上はじめての会戦が、マディーナの南に位置するバドルの地で起きた。多勢にもかかわらず、マッカ軍の指導者のアブー・ジャフルが戦死し、クライシュ族の連合軍は完敗した。クライシュ族にとっては、経済的な損害より、名誉が破壊される事件であった。

マディーナ側にとっては、そもそも最初の目標であった隊商を逃したことと比べると戦利品は小さいが、軍事的な大勝利を得たのに加えて、一万人ほどもいたクライシュ族連合軍の軍用品を得たことが大きな成果であった。マディーナ軍が少数であったことを考えるとありえないような勝利であったが、その意義を忘れ、戦利品の割り当てについてムハンマドに提訴するムスリムもいた。それに対して啓示されたクルアーンの章句によって、本当にアッラーに帰依しているのであれば、金品についての議論が起こるわけはない、と彼らは批判されている。章句は、ガニーマはアッラーと使徒であるムハンマドの取り分で、まずアッラーに真剣に帰依して、またあなたたちの間柄を直しなさいと指示している〔戦利品〔八〕章一節〕。

後に、ガニーマをめぐる法規定が啓示されたが、イスラーム経済と信仰の結びつきや、その関係の特徴が現れ始めた。また、バドルの戦いの際の捕虜七〇人については、ムハンマドは弟子たちと協議し、アブー・バクル（後の第一代正統カリフ）の意見にそって、身代金を取って解放した。しかし、クルアーンはイスラームが安定するまでそのようなことはしてはいけないと、その決定を批判した。

ここで信仰と経済の関係だけではなく、政治までもが結びつけられたのであった。ガニーマに関しては、イブン・イスハークの『預言者伝』が伝えるところでは、ムハンマドはバドルの戦いのガニーマを参戦したメンバーの間で等分したが、後で啓示された章句によって、バドルの戦いから、ガニーマは主に戦闘員の間で分けるが、五分の一はアッラーとムハンマドの取り分として、つまり公的なものとして、ムハンマドが采配する分のほかに、孤児や貧者などの救済に使われることになった。

ここを見ると、信仰と結びつけてあらゆる経済問題を検討するのがイスラーム経済論の基盤であり特徴であることがわかる。戦利品の扱いも、イスラームによってそれ以前とは大きく変わった。

戦利品の獲得は、イスラーム以前は戦争の主な目的の一つであった。しかし、バドルの戦いから、イスラーム共同体の防衛が第一の目的となった。バドルの戦いがきっかけで下された章句から、ウンマの団結、ムスリムたちの関係の安定などが優先され、イスラーム以前とは戦う目的も路線も修正されたのであった。

バドルの戦いの結果、戦利品の獲得が目的ではないとしながらも、ムスリムたちはクライシュ族の商業をひどく脅かすようになった。この経済的な圧迫は、クライシュ族の指導者たちを困惑させた。その一人であったサフワーン・イブン・ウマイヤの言葉によれば、「ムハンマドたちが我々の商業を妨げた。海岸から離れたルートを通れないので、どうすればよいかわからなくなった。さらに海岸沿いの住民もムハンマドの味方になって、どのルートを取ればよいか、私達に苦難が与えられた。もし貿易をやめたら、資本がどんどんなくなってくる。今まで生きてきたのは、夏のシャームとの貿易、冬のハバシャ〔エチオピア〕との貿易のおかげである」[al-Afghānī 1974 : 37]。

以上のように、ガニーマやファイウは新しい経済にとって大きな柱になり、かつてのマッカでの商業に優るとも劣らない収入源となった。それと合わせて、やがてリバーによる収入を否定することを考えるならば、イスラームはそれまでのクライシュ族の経済的な立場を完全に崩すものであったと解釈することができる。

②ザカートとサダカ

ガニーマについて指摘したように、クルアーンは、ウンマの唯一性や信仰などを基礎としてイスラーム経済の理念を立ち上げ、イスラーム経済に関する法規定を示すものであった。それが次に明らかになったのが、ザカート（喜捨）の規定である。善を広めるウンマという概念を深く伝える機会として、また、宗教的な同胞が実践する一つの義務として、イスラーム法学者はザカートを位置づけている。

ヒジュラ後第二年まで、ザカートは義務とされていない。それは一見すると遅いようにも見えるが、イスラーム経済の全体とウンマ社会の発展と結びつけて考えると、その理由が明白となる。金銭的な取引や債務に関する視点から見ると、次のような三つの段階に分けることができる。

まずクライシュ族が用いていたリバーを取る借金が、不正に基づく債権・債務として禁止された。次に、イスラームによってリバーなしの借金が、正当な債権・債務として、奨励された。最後に、「アッラーへの貸付け」、つまり無償でザカートやサダカを困窮者などに与えることが奨励された。

リバーがザカートと一緒に言及されているのは、二か所である。一つはマッカ期である――「あなたたちが他の人の財産〔で自分の財産〕を殖やそう〔ヤルブー〕とリバーをとって人に貸し与えるものの〔貸付金〕は、アッラーのもとでは何も増えない〔ラー・ヤルブー〕。〔それに対して〕アッラーの顔〔満悦〕を求めてザカートを出す者たちは〔報償が何倍にも〕増加される人びとである」（ルーム〔三〇〕章三九節）。なお、マッカ期はリバーについてはこの章句のみである。

この文脈で使われている「ザカート」という表現は、後に定められた「ザカート（義務の喜捨）」のことではなく、広義の「サダカ（任意の喜捨）」の意である。マッカ期は一般的な喜捨を指す語彙がザカートで、マディーナ時代になるとサダカがそのような喜捨を指す語となった。

マディーナ時代には、リバーについての最終的な規定の文脈で、サダカが出てくる――「彼〔債務者〕がもし困難〔窮状〕にあるならば、容易となる〔窮状を脱する〕まで猶予しなさい。もしあなたたちが〔何がよいことか〕分っているならば、〔元本をも帳消しにして〕喜捨することがあなたたちのために最もよいことである」（雌牛〔二〕章二八〇節）。ここに使われた表現はサダカであり、解釈者の間では、これに関して主に二つの意見がある。借り手が払えない時は借金の返済を求めずに返金をサダカとして免除するのが奨励されている、というのが一つの解釈である。もう一つは、ここでのサダカは比喩的な意味で、払える時までに猶予する、という解釈である［al-Bayḍāwī 1998, vol. 1: 163］。

ザカートは「義務の喜捨」と和訳されることが多いが、イスラームの「五柱」と呼ばれるムスリムの基本的な義務行為の一つで、信徒が果たすべき経済的な義務としては最も重要なものとなっている。リバーの問題とザカートは、クルアーンやハディースでよく結びつけられている。そのことの趣旨をめぐって、いくつかの論点について考えたいと思う。

両者の結びつきについての伝統的なアプローチは、主たる趣旨はリバー禁止の強調であり、五大義務（ザカートはその一つ）にも優るとも劣らないほど重要な規定だとみなしている［Abū Zahrah 1987: 17］。しかし本書では、以下のように、異なるアプローチから見てみたい。

第一に、イスラームでは、人間が利益を得るために努力が必要不可欠とされている点である。ザカートを見ると、人間の努力で灌漑する場合は五％が義務である。天水による農産物は作物に対して一〇％の提供が義務とされる(12)［al-Bukhārī 2001, vol. 2: 126］。また、鉱物のように人間の努力が採掘に限られるものからの利益については、義務は五分の一（二〇％）までも上がる(13)［al-Bukhārī 2001, vol. 2:

129]。つまり、利益を得る努力が下がれば下がるほどザカートの義務分が上がって、貧困者・困窮者を支援する義務が大きくなる。これをリバーと比べると、論点が明確になる。リバーは自分で財を活用することなく、他人に貸して利益をあげる行為として否定されているのである。

第二に注目すべきは、イスラームがなぜ喜捨を勧めるかである。人間には所有欲があり、人間にとってこの世の中で最も好ましい物の中に自分の財産があることは、イスラームに限らず、どの文化圏でも認められている。そこから他者に喜捨するのは、むずかしいのが当然である。ジャーヒリーヤ時代の物質的な考え方では、あこぎな高利貸のような商売でさえ肯定されていた。ところがイスラームでは、取るよりも与えることを重視するメンタリティーを育てようとした(14)。その代わりに、それに対して、来世において大きな報奨が与えられるという、神とのティジャーラ（商売）という哲学を広めたのである。このような哲学から、高利貸という不労所得、つまりリバーを否定するようになったと見ることができる。

第三に注目したい点は、宗教的な要素と経済的な活動を一体化する傾向である。つまり、クルアーンにおけるザカートを見ると、礼拝と共に言及される例が非常に多い。たとえば、「礼拝を確立し、ザカートを支払い、頭を垂れて〔神に〕祈る者たちとともに頭を垂れなさい」（雌牛〔二〕章七節）。ハディースにも、礼拝してもザカートの義務をおこなわなくては礼拝の意味はないと述べられている。リバーの禁止は、前述のようにサダカの推奨と組み合わされて言及されている。

経済論の観点からリバーとザカートとの関係について注目したい最後の点は、イスラーム法はザカートの規定とリバーの禁止によって、投資を奨励していることである。投資によって財を増やさなければ、ザカート支払いによって資本がどんどん減っていくことになる。またリバーというものは、貸し手が投資の動きに参加せず、社会・経済の動きに対して消極的な立場を取っているとみなされる。財を自ら用いないことによって利子を得る以上、それが禁止されるならば、積極的に投資し、財を活用せざるを得ない。このように、ザカートの義務とリバーの禁止は、投資を促す役割という視点から考えることができる。

3　リバーの禁止へ

(1)　マッカ期のリバーからマディーナ期のリバーへ

ここまで議論してきたのは、いわゆる「ジャーヒリーヤ時代のリバー」、つまりマッカで広く実践されていたリバーである。このリバーは一般に貸与された時間に対する返済の増額であることがわかる。これはイスラーム法の用語では、クルード（qurūḍ, 貸し付け）またはドゥユーン（duyūn, 債務）のリバーとして論じられている。要するに資金あるいは金銭の貸借に伴うリバーであり、リバーを「利子」と訳すならば、このリバーはそれに当てはまる。法学では、リバーがなぜ生じるかという観点から「ナシーア（nashī'a, 期限）のリバー」とも呼ばれる。以下では、ジャーヒリーヤ時代のマッカで主流であったこのリバーを「期限のリバー」と呼ぶ。

マディーナ期に移ると、これとは異なるリバー、つまり農業やイスラームの市場や日常の取引の中で生じる別の種類のリバーが論じられるようになった〔Ahmad and Hassan 2007〕。この種類はブユーウ（buyūʻ，売買）のリバーまたはファドル（faḍl，剰余）のリバーとして知られる。売買に伴う財の交換において生じるリバーで、貸借に伴う「期限のリバー」とは異なっている。後にこれは法学的な議論の中で、同時に財を取引する際に等量・等質の交換となっていない場合を指すものと定義されるようになった〔al-Zuḥaylī 1984, 5：3699；長岡 2011：57〕。取引の際に剰余を付加するのがリバーにあたるという意味で「剰余のリバー」と呼ばれるため、以下では、マディーナ期に問題とされるようになったリバーを「剰余のリバー」と呼ぶ。

剰余のリバー禁止の典拠であるハディースを見ておこう。

①金と金は同じ重さで同じものを、銀と銀は同じ重さで同じものを〔交換しなさい〕。それより多くを与えるか、多くを取る者は、リバーを扱ったのである。〔al-Nasāʼī 2001, p. vol. 7：278〕

②金と金、銀と銀、コムギとコムギ、オオムギとオオムギ、ナツメヤシとナツメヤシ、塩と塩は、同等のものを手から手に〔直接に取引しなさい〕。もし増加をするか、あるいは増加を求めるならば、〔その者は〕リバーを扱ったのである。そこにおいて〔リバーを扱う点では〕取る者も与える物も同じである。〔Muslim ibn Al-Ḥajjāj n.d., p. vol. 3：1211〕

③金と金、銀と銀、コムギとコムギ、オオムギとオオムギ、ナツメヤシとナツメヤシ、塩と塩は、

同等のものを手から手に〔直接に取引しなさい〕。もし増加をするか、あるいは増加を求めるならば、〔その者は〕リバーを扱ったのである。ただし、色〔種類〕が異なる場合を除いて〔その場合の取引はかまわない〕。〔Muslim ibn Al-Ḥajjāj n.d., p. vol. 3：1211〕

②と③のハディースに上がっている六品目は「リバーの六品目」として知られるようになり、リバーの対象となる財という意味で「リバー財（amwāl raibawīya）」とも呼ばれる。ハディースでは、一見したところ、不等価交換が禁じられているように見える。リバー財が六品目に限られるのか、その他にも及ぶのかは法学者の議論も分かれている。詳しくは後述するが、いずれにしても、「剰余のリバー」が貸借における利子とはまったく異なる性質を持つことは明らかであろう。

リバー論の議論が、イスラーム法学においても、現代のイスラーム経済論においても複雑な様相を見せる一因は、一言で「リバー」と言っても、このように「期限のリバー」と「剰余のリバー」という大きく性質の異なるリバーが存在するためである。「利子」という訳語にストレートになじむのは「期限のリバー」であるが、「剰余のリバー」は剰余を付加せずに等価交換をするよう求めるもので、必ずしも通常の「利子」の概念にはそぐわない。その上、剰余のリバーが生じうる財が何であるかについて、学派によって見解が異なる。さらに、等量で等価の交換という場合も、重量系（重さを量る財）と体積系（体積を量る財）では財の扱いが異なり、これも学派によって解釈が異なる面がある。「剰余のリバー」については、ジャーヒリーヤ時代の「期限のリバー」と異なるため、それを規定したハディースについて、最初はリバーが比喩的に使われたと解釈されることも起きた。しかし、時代が進むとこのハディースの場合も、比喩的ではなくリバーを直接に指しているとみなされるようになった［Al-Dihlawī 2005 2：165；Thānvī 1993 14：544］。このように二つの異なるリバーがリバーという一つのカテゴリーの下に置かれることになり、リバーを一つの定義で表現するのがいかに難しいか、現代の研究者によっても論じられている［Al-Su'ud 1957：12；Miṣrī 2009：9–10］。

このことを考えると、リバーが資本主義の文脈で使われる利子と類似しているかどうかを論じる前に、イスラーム経済の構想において、二つのリバーを合わせて「リバー」と呼んで禁止する背景にどのような考え方があるのかを考える必要がある。それによって初めて、リバーとは何か、なぜイスラームはリバーと総称されるものを禁じたのか、それを禁じることでどのような経済のあり方を構想したのかを、理解することができるであろう。

（2）マディーナにおけるリバー禁止の史的展開

リバーはどちらの種類についても、マディーナ期にそれを規制する法規定が定められたことが明らかである。マッカ時代には、商行為を規制するような章句はなかったし、仮にあったとしても、それを実践できるような社会・経済的な力はムスリムたちにはなかった。史料からはヒジュラ後二年ほどして、ハディースによって剰余のリバーについて定められたことがわかる。期限（貸借）のリバーについても、ヒジュラ後三年くらいの規定であろうと論じている解釈者がいる。しかし、クルアーンにおける最終的な決着は、ムハンマドのごく晩年である。ブハーリーの『真正集』に収録されているイブン・アッバースの言葉によれば「ムハンマドに最後に啓示された章句はリバーである」［al-Bukhārī 2001, 6：33］。さらにイブン・マージャの『スンナ集』が伝えるところによれば、ウマルは次のように語っている――「リバーの章句は最後に啓示された。アッラーの使徒〔ムハンマド〕はこの章句を説明・解釈せずに亡くなってしまったので、〔あなたたちは用心して〕リバーと疑義〔疑わしい場合〕を避けなさい」［Ibn Mājah 2009, vol. 3：380 no. 2276］。また別の機会の伝承では、ウマルが「預言者ムハンマドに亡くなる前に説明してほしかった」と述べた三つの課題にリバーが含まれている［al-Bukhārī 2001, vol. 7：106］。このことは、前述した（五八頁）。

クルアーンにはリバー問題を取り扱った章句が四か所あるが、本書で採用している「啓示の契機」を用いた年代順の配列をおこなうことは、それほど簡単ではない。古典的な啓典解釈書を見ても、リバー禁止はハムルの事例ほど明確に段階的になされたとは解釈されていない。段階性があったとする見解でも、段階の区分についてはそれほどはっきりとはせず、また段階性の理由も、信徒が禁止を受け入れやすくなるよう配慮した漸進策との一般論が強い。しかし、歴史的な過程としても啓示の流れとしても、リバーの問題に対する立法過程が段階的だったと考えるに十分な証拠はある。

また、単に二段階で禁止されたとする意見もある。現代イスラーム法学者や研究者でこの説を取る代表として、二〇世紀中葉に最も影響力があったエジプトの法学者アブー・ザフラがあげられる［Abū Zahrah 1987：15–18］。リバー禁止について全体的な段階論を初めて明確に説明したのは、ムハンマド・アブドゥッラー・ディラーズである。彼は一九五一年八月にパリでのイスラーム法の会議でアズハル大学の代表としてフランス語で発表した際に、ハムル禁止と並べてリバー禁止を段階論で論じた〔Darāz n.d.: 9–12〕。その後は、いろいろな研究者がリバー禁止は段階的になされたという説を展開してきた。

本書では、クルアーンの章句の「啓示の契機」によって時系列的な順序を検討する手法を用いているが、総合的な考察の結果、リバー問題は以下の四つの段階を経たと見ることができる。

第一の段階：ネガティブに取り扱われたリバー

この段階では、リバーに対して報奨が否定される一方、ザカートとして喜捨された場合はいく倍もの報奨があることが明示される。クルアーンの章句はマッカ期に次のように述べている――「あなたたちが他の人の財産〔で自分の財産〕を殖やそう〔ヤルブー〕とリバーをとって人に貸し与えるもの〔貸付金〕は、アッラーのもとでは何も増えない〔ラー・ヤルブー〕。〔それに対して〕アッラーの顔〔満悦〕を求めてザカートを出す者たちは〔報償が何倍にも〕増加される人びとである」（ルーム〔三〇〕章三九節）。

この章句の啓示の契機や対象について、二つの意見がある。

一つは、タービウーン（tābi'ūn）、つまり「ムハンマドの死後に生まれた世代」の一人であるイスマーイール・イブン・アブドゥッラフマーン・スッディー（七四六年没）による解説である。スッディーによれば、この章句はアラビア半島のターイフ（マッカにほど近い町）の住人であったサキーフ部族について特に啓示されたものである。また、リバーの取引で知られたクライシュ族の行動も指すとされる。サキーフ部族やクライシュ族のリバー取引が、この章句によって暗に批判されていることははっきりしている。しかし、この段階では、リバーはまだ禁止はされていない［al-Suddī 1993：379；Ibn ʻAṭīyah 2001, 4：399；al-Ālūsī 1995, 11：45］。本書では、こちらの説に依拠して、「人に貸し与えるもの〔貸付金〕」と和訳している。

これに対してもう一つの解釈として、タバリーがこの章句で用いられた「リバー」の語を、通常の借金における増加（利子）ではなくて、贈り物を与えることを指すと解釈している。その贈与は、それに対する返礼として、さらにいいもの、あるいはより高価なものが相手から贈与されると期待して、贈り物を相手に渡すものである。つまり渡した贈り物と返礼として望んでいるより良いものとの差分ないしは増加分がリバーとして表現されている。この説を採用するならば、この章句のリバーの語は比喩的に使われていると結論される。イブン・アッバースやサイード・イブン・ジュバイル、ムジャーヒドなどの説に基づいたこの解釈は、タバリー以降にもこの章句に対する主流の解釈として取り扱われてきた［al-Ṭabarī 2000, 20：103–106］。この説に従うならば、この章句の上記の訳は「リバーをとって人に与えるもの〔贈与〕」とする必要がある。

贈与を指しているとする説でも、その中にさらに細かな見解もある。たとえば、イブラーヒーム・イブン・ヤズィード・ナフイー（七一五年没）とイブン・アッバースの見解によれば、この章句は、親戚や親しい人に金を融通する際に、アッラーのためではなく、何か将来の利益やサービスなどを得る下心を持って与えることを指している。なお、親しい者やムスリム同士の間で贈り物をすることは、後のイスラーム法でも善行とみなされるから、贈与説であれば大きな問題はない。ただここで言われているのは、そのような下心を持った行為より喜捨をしなさいということである。なお、貸借の場合でも、リバーはあらかじめ決められていることが一つの構成要素であるから、借金を返す際にお礼の気持ちで贈与分を追加しても、それはリバーにはあたらない。

さらにタービウーンの中の解釈学者として知られたダッハーク（七二四年没）によれば、この章句は一般のムスリムたちに対する啓示でなく、ムハンマドに特定された内容である。ただし、この見解をタバリーは脆弱としている。

第二の段階：ユダヤ教徒の先例によるムスリムへの寓意的な教え

この段階では、ユダヤ教徒の高利貸についての批判がなされている。ユダヤ教徒によってアラビア半島にリバーが導入された説は、前述の通りである。次の章句は、直接的にはムーサー（モーセ）時代のユダヤ教徒についての語りで、マディーナ期のユダヤ教徒のリバーについて論じているわけではない。しかし意味を見れば、マッカでクライシュ族に支配された金融業と、ユダヤ教徒が操ってきたマディーナの金融業に対する間接的な批判も、そこには含まれている――「ユダヤ教徒の中の一部の不義な行いのために、かつてわれ〔アッラー〕が合法としたよきものをわれ〔アッラー〕は彼らに禁じた。彼らが多くの者をアッラーの道から妨げたためであり、禁じられていたリバーを取り、不正に人びとの財産を貪ったためである。われ〔アッラー〕は彼らの中の信仰を否定する者に痛罰を準備している」（女性〔四〕章：一六〇－一六一節）。

ムハンマド時代のユダヤ教徒の取引に関して、別の章句がある。彼らはマディーナにいるアラブ人相手に金融をおこなっていたと考えられる。彼らの考え方ではユダヤ教徒以外から高利を取っても、不正のカテゴリーには当てはまらない。クルアーンにおいてユダヤ教徒の取引の不正さについて、次のように述べられている――「啓典の民の中には、あなたが大金を託してもこれを返す者もあれば、あなたが不断に催促しない限り、一枚のディーナールを託しても返さない者もある。それは彼らが「文字を知らない者たち〔非ユダヤ教徒〕については、私たちに責めはない」と言うためである。彼らは故意に、アッラーについて虚偽を語っている」（イムラーン家〔三〕章七五節）。つまり、ユダヤ教徒同士の間ではリバーの取引が不正とされても、ユダヤ教徒以外とであれば正当な取引とする二重基準があったのである。

旧約聖書の中で次のように書かれている――「もし、あなたとともにいる、わたしの民の貧しい人に金を貸すなら、彼に対して金貸しのようであってはならない。利息を取ってはならない」（聖書、出エジプト記二二章二五）。

また、「もしあなたの同胞が落ちぶれて、あなたのもとで暮らしが立たなくなったら、彼をあなたのところに在住している寄留者のように扶養し、あなたのもとで生活できるようにしなさい。彼からは利息も利益も得てはならない。あなたの神を恐れよ。同胞があなたのもとで生活できるようにしなさい。彼に金を貸して利息を取ってはならない。また、食物を与えて利益を得てはならない」（聖書、レビ記二五章三五－三七）。

第三の段階：リバーの部分的な禁止

この段階では、高利または利子としてのリバーの問題が直接的に取り扱われている。何倍にも増加されるようなリバーについて、その一部が禁止された。

ヒジュラ後三年におこなわれたウフドの戦い（六二五年頃）に関する言及の中で、リバー問題を取り扱った章句が次のように述べられている――「おお、信仰する者たちよ、倍にしたり何倍にもしたりしてリバーを貪ってはならない。アッラーを畏れなさい。おそらく、あなたたちは成功するであろう」（イムラーン家〔三〕章一三〇節）。

アンダルス（いわゆる「イスラーム時代のスペイン」）のハディース学者でクルアーン解釈者であるイブン・アティーヤ（一一四六年没）は、この章句の契機に関する目立った伝承はないと述べている［Ibn ʻAṭīyah 2001, 1：506］。タバリーは、アター・イブン・アビー・ラバーフ（七三二年没）からの伝承によって、この章句はサキーフ部族およびクライシュ族のムギーラ家のリバーに対して啓示されたものと述べている［al-Ṭabarī 2000, 7：204］。

啓示の契機について、シャーフィイー学派の法学者で啓典解釈学者としても知られたアブー・バクル・カファール〔九七六年没〕の見解によれば、ウフドの戦いで、イスラームの敵であるクライシュ族の軍営ではリバー取引で儲けた金が多く使われたため、ムスリム側が後に同じことをしないように、あらかじめ注意されたと解釈される［al-Rāzī 2000, 9：363］。

第四の段階：リバー問題の決着

イブン・アッバースが「最後の啓示」と述べているリバーに関する第四段階の章句は、すべてのリバーを厳禁するものであった〔七節にわたるが、個別の節について解釈が後出するので、節番号も付す〕――「〔二七五〕リバーを貪る者は、〔審判の日に〕シャイターン〔悪魔〕がとりついた者が〔墓から〕起きあがるような起き方しかできないであろう。それは彼らが「売買はリバーのようなもの〔売買も高利貸も商売のうち〕」と言うからである。〔しかし〕アッラーは売買を許し、リバーを禁じた。〔この〕主からの訓戒が下った後、〔リバーを〕止める者の事〔決済〕は、アッラーにまかされる〔その者は許されることであろう〕。〔リバーへ〕戻る者は火獄の輩で、永遠にその中に住む。〔二七六〕アッラーは、リバー〔の価値〕を消滅させ、喜捨〔サダカ〕を〔報奨によって〕成長させる。アッラーは〔恩寵を〕否定する者、罪深い者を愛さない。〔二七七〕まことに信仰して善行をおこない、礼拝を確立し、定めの喜捨を差し出す者には、彼らの主〔アッラー〕のもとで報奨が与えられ、恐れも憂いもない。〔二七八〕おお、信仰する者たちよ、あなたたちが信仰者であるならば、アッラーを畏れ、リバーの残額を帳消しにしなさい。〔二七九〕もしあなたたちがそうしないのであれば、アッラーとその使徒〔ムハンマド〕から戦いが宣告されよう。あなたたちが悔い改めるならば、あなたたちの元金はあなたたちのものである。〔そうすれば〕あなたたちは不正をおこなうこともなく、不正を受けることもない。（二八〇）彼〔債務者〕がもし困難〔窮状〕にあるならば、容易となる〔窮状を脱する〕まで〔返済を〕猶予しなさい。もしあなたたちが〔何がよいことか〕分かっているならば、〔元本をも帳消しにして〕喜捨することがあなたたちのために最もよいことである。（二八一）あなたたちがアッラーへと還る日を畏れなさい。〔その日には〕すべての魂は自らが稼いだものを獲得し、誰ひとり不当に扱われることはない」（雌牛〔二〕章二七五－二八一節）。

この章句が最後の啓示だとわかり、ムハンマドはそのあと数日で亡くなったとされる。クルトゥビーは、この啓示後どれほどムハンマドが生きていたかについて、さまざまな説を紹介している。最長で九日間、最短で三時間とされる［al-Qurṭubī 1964, 3：375］。

二七八節の啓示の契機としてワーヒディーは、三つの見解を伝えている［al-Wāḥidī 1992, 93–94］。

①イブン・アッバースによれば、この章句はサキーフ部族のアムル・イブン・ウマイル家とクライシュ族のマフズーム家の支族ムギーラ家に関する啓示である。ムギーラ家はサキーフ部族の顧客からリバーを取っていたが、リバーが禁止されたためサキーフ部族の顧客がムギーラ家に返金するよう求めたため、「リバーの残額を帳消しにしなさい」と命じるこの節、または猶予と帳消しを勧める次の二七九節が啓示された［al-Wāḥidī 1992：93］。

②アターウとイクリマの伝えるところによれば、この章句の契機は、ウスマーン・イブン・アッファーンとアッバースのリバーの取立てであった。彼らがナツメヤシ農民に出資して、刈り入れ時が来て刈り入れたところ、返金の時に刈り入れた量と借金が等しいものであったという。そのため借り手は「もし借金を全部返したら自分の家族を食べさせることができないので、まず半分だけ戻して、残金は繰り延べた上で二倍にして払う」と約束した。次の期限が来た時、ウスマーンとアッバースがこの残金とリバー（増加分）を取り立てようとしたため、「リバーの残額を帳消しにしなさい」と啓示されたという［al-Wāhidī 1992：93］。

③スッディーによれば、この章句はアッバースとハーリド・イブン・ワリードの高利貸について啓示されたという。彼らはジャーヒリーヤ時代から交易に対して金貸しをしており、リバー取引で膨大な富を得ていたのである［al-Wāhidī 1992：93–94］。

続いて、二八〇節の啓示の契機として、カルビーの伝えるところによれば、アムル・イブン・ウマイル家がムギーラ家に、刈り入れ時までの借金返済の延長を頼んだ際に、この章句が啓示されたという［al-Wāhidī 1992：94］。

二七八節に「リバーの残額〔マー・バキヤ＝残った部分〕を帳消しにしなさい」と述べられている「残った部分」が何を指しているのかについても、見解は分かれている。イブン・アッバース、イクリマ、ダッハークによれば、当時はリバー取引がほとんど廃されており、サキーフ部族に対するリバーだけが残っていた。つまり、この「残った部分」はサキーフ部族の負債に対するリバーを指している。これに対して、貸し手がイスラームに入信する前に貸し出した金がまだ戻らないことを指すとの見解もある。つまり、この見解では、イスラーム入信後に入信以前からまだ残っているリバーの取立てが禁止になったのである。

また、二七九節の「あなたたちの元金はあなたたちのものである。〔そうすれば〕あなたたちは不正をおこなうこともなく、不正を受けることもない」という部分から、リバー禁止は不正や不義を廃止するためであったと解釈されている。

このようにして、リバー禁止は確定的なものとなった。

次項では、マディーナ期のリバーとその禁止について検討を加えたい。

(3) マディーナ期のリバー（ハディースにおけるリバー）

マッカ期の「ジャーヒリーヤ時代のリバー」、すなわち「期限のリバー」は、アフマド・イブン・ハンバルの言葉を借りると、その種類は禁止にあたる一つのみである［Rashīd Riḍā 1934, vol. 31 : 37］。これに対して、マディーナ期にリバーとして知られるようになった「剰余のリバー」にはいくつも種類があり、その典拠のハディースに対する解釈もイスラーム法学者によってさまざまである。サハーバ（教友）の時代以降は、六種の品目に関するハディースについて、どのような解釈がされる場合でも六品目はリバー禁止の対象とされたが、それ以外の物品についてはウラマーの議論が続いた［Ibn

Taymīya 1996：609–622］。

なお、ここで注意が必要な点は、ハディースで禁止された取引と類似性があるにもかかわらず、ムハンマドが許可した例外的な取引もあることである。それはサラム取引（salam, 引渡し契約）と呼ばれる取引で、サラフ取引（salaf, 先渡し取引契約）としても知られている。これは取引の時点では現物がなく、後日引き渡す取引である。例外として認められている代わりに、内容、代金、引渡し日などが厳密に決められていることが条件となっている。

マディーナ期の終盤にあたるハイバルの戦い後の六三〇年頃にも、剰余のリバーの取引がまだあったようで、アブー・フライラは次のように伝えている――「アッラーの使徒〔ムハンマド〕はある男をハイバルに年貢の徴収のために代理として遣わした。彼は任務を終えて上等な乾燥ナツメヤシの実を持ち帰った。そこでアッラーの使徒は彼にこう尋ねた、「ハイバルの乾燥ナツメヤシの実はすべてこのような〔上質の〕ものですか？」すると、その男はこう答えた――「いいえ、アッラーに誓って、アッラーの使徒〔ムハンマド〕よ、私たちはこれを手に入れるために、一サーアに対し二サーア〔の他のナツメヤシ〕を、二サーアに対しては三サーア〔の他のナツメヤシ〕を払っても、手に入れるでしょう〔それほどの価値があります〕」。それに対して、アッラーの使徒〔ムハンマド〕はこう言った――「そのような取引はいけません。まず〔あなたの持っている〕質の落ちる乾燥ナツメヤシの実をディルハム（銀貨）で売りなさい。そしてその銀貨で高級品質の乾燥ナツメヤシの実を買いなさい」」（［ムスリム・ビン・アル＝ハッジャージ n.d. 2：631–632］、一部改訳）。

このハディースをどう位置づけるかについては、ヌズム論の観点からの検討の部分で、後述したい。

（4） ジャーヒリーヤ時代のリバーをめぐるハディース

ハディースの中では、リバー問題を扱っているものが多数あるものの、ジャーヒリーヤ時代のリバーを語っているハディースは、「別離の巡礼（Ḥajja al-Wadāʿ）」の説教のハディースだけである〔Abū Zayd 2004：87〕。

「別離の巡礼」と呼ばれるのは、ムハンマドが世を去る少し前に実施した巡礼で、彼が指揮した巡礼はこれ一つである。「～の巡礼」と名づけられた巡礼がほかにもあるわけではない。この巡礼において「別離の説教（Khuṭba al-Wadāʿ）」と後に名づけられた説教を、彼はおこなった。その説教の最後で（ブハーリー『真正集』によれば）、彼は一堂に会している信徒たちに向かって「あなたたちは〔審判の日に〕私について問われたら、何と答えますか？」と尋ねたという。つまり、彼が預言者としての使命を果たしたかどうかを尋ねたのである。それに対して、信徒たちは「彼らは「私たちは、あなたが確かに〔啓示を〕伝達し、〔使命を〕果たし、〔私たちに〕助言なさったと、証言いたします」と答えたという。するとムハンマドは、人差し指を天に向けて立て、次いでそれを人びとに向けて、「おお、アッラーよ、〔この光景を〕ご証言ください」と三度繰り返した」とこのハディースは伝えている〔小杉 2019：194–195〕。その後ほどなくして世を去ったため、この説教は総仕上げの説教であり、ムスリマたちに別れを告げるものであったと、後に理解されるようになり、「別離の説教」「別離の巡礼」の呼び名が成立した。

その説教の中で、彼は「ジャーヒリーヤ時代のすべては、私の足下で廃絶されました。ジャーヒリーヤ時代の血讐[15]も、廃絶されました。私たちの血讐の中で私が最初に廃絶するのは、イブン・ラビーウ・イブン・ハーリスの血讐です。彼はサアド部族に育ち、フザイルに殺されました。ジャーヒリーヤ時代のリバー〔利子〕も廃絶されました。私たちのリバーの中で私が最初に廃絶するのは、アッバース（イブン・アブドゥルムッタリブ）のリバーで、それは全廃されました」と宣告した〔小杉 2019：193–194〕。

（5）リバーの「罪悪」とは何か

イスラームの観点から見ると、リバーにつながる道がすべて否定されるのは、それが経済的な不正であり宗教的な罪につながっているからである。その点では、リバーそのものを取らなくても、リバーの取引に関わっている者はすべて同じ罪を犯していることになる。それを例証するハディースは、次の通りである。

ジャービルは次のように伝えている――「アッラーの使徒〔ムハンマド〕はリバーを貪る者とそれを支払う者とそれを書き留めた者と二人の証人に災いあれと言って厳しく非難した。また使徒は「彼等は皆同類である」ともいった」〔『ムスリム n.d. 2：636』、一部改訳〕。ここから、リバーを取ることが悪いだけではなく、支払うことも禁じられていることがわかる。

リバーは、宗教的に見て最大の罪行の一つとしてもあげられている。次のようなハディースがある――アブー・フライラによると、アッラーの使徒〔ムハンマド〕は「七種の罪行を避けなさい」と言った。人びとが「それらは何ですか」とたずねると、彼〔ムハンマド〕は次のように述べた――「アッラーに何ものであれ同位者をおくこと、魔術を信じること、正当な理由もなくアッラーの禁ずる殺人をおこなうこと、孤児の財産を横領すること、リバーを取ること、軍隊の進撃に参加しないこと、貞淑な女性信者を軽率に中傷することである」（[ムスリム n.d. 1：74]、一部改訳）。(16)

また、リバーが禁止される一方で、支払能力がある者が借金返済の支払い延期をすることも禁止されている。リバーを排除した後は、どのような契約でも双方の正当な権利が守られなければならない。また、借金の肩代りの有効性について、裕福な者は借金の肩代わりを頼まれた場合は、それを引き受けることが望ましいとされる。これは経済的な権利を保障する公正の原理というよりも、どちらかと言えば宗教的な善行に属することであろう。

リバー禁止は、経済的な公正を求めるものとはいえ、宗教的な善行の務めや悪行の忌避とも深く結びついていることは確認しておきたい。

(6) リバー禁止をめぐる総合的コンテクスト分析

預言者時代のリバーについて、これまで細かな検討を加えてきたが、本節ではなぜリバーが禁止されたのか、その目的ないしは初期イスラームの経済構想の中での意義について、考えてみたい。

まず、これまでの議論から判明したことの一つは、リバー禁止の理由について、クルアーンにもハディースにも明示されていないことである。実のところ、リバー禁止に限らず、イスラーム法の規定の理由や禁止の原因などが典拠に明示されることは、決して多くない。理由や原因は、「啓示の契機」史料の中で示されるか、法学者たちの解釈書で論じられるものである。

リバー禁止の背景をなす世界観について、リバーについて議論する中で、啓典解釈学者ラーズィーは次のように述べており、二〇世紀中葉の碩学イブン・アーシュールもその説を支持している――「リバーの禁止は、典拠によるものである。あらゆるイスラームの法規定の裏にある〔神の〕叡智は人間の理解を超越している。しかし、理由が理解できなくても、リバー取引が禁止されているということについては、疑義は生じる余地は全くない」〔al-Rāzī 2000, vol. 3：74；Ibn ʿĀshūr 1984, vol. 3：85〕。

しかし、これが神の叡智をめぐる神学的な議論として妥当だとしても、あるいは神の命に従う人間のあり方をめぐる人生論として穏当だとしても、現代のイスラーム経済を考える立場からはもう少し考察を深める必要がある。イスラーム法の視点から見ると、新しい現代的な課題に対処するためにも、リバーを含めて禁止物がなぜ禁止されているかの理由のさらなる探究は必要不可欠である。そこでまず、イスラーム法の議論に登場する「イッラ論」でリバー禁止の理由について何が論じられているか、見てみよう。

イッラ（ʿilla）とは、法学において法規定の典拠と、そこから生まれる法規定を結びつける「理由」を意味する。理由を論じる以上、明言はされていなくとも、法解釈の考察の中では、その理由が探究しうるということになる。その場合、イッラが何であるかは、法的解釈の営為の中から生まれる。つまり、イッラの解明はイジュティハード〔法学解釈の努力〕の一部であって、典拠の中に示されているべきものとは言えない。

それらの法学的な議論を見ると、クルアーンで論じられたリバーについては、イッラをめぐる考察は意外に少ない。言いかえると、イスラーム法学者がリバーについてイッラ〔理由〕を検討する努力を傾けた対象は、ほぼすべて剰余のリバー、つまりハディースに語られているリバーである。特に問題となるのは、「六つのリバー財」のハディースである。再掲すると、「金と金、銀と銀、コムギとコムギ、オオムギとオオムギ、ナツメヤシとナツメヤシ、塩と塩は、同等のものを手から手に〔直接に取引しなさい〕。もし増加をするか、あるいは増加を求めるならば、〔その者は〕リバーを扱ったのである。ただし、色〔種類〕が異なる場合を除いて〔その場合の取引はかまわない〕」［Muslim ibn Al-Ḥajjāj n.d., p. vol. 3：1211］が、そのテクストである。

禁止の理由であるイッラが法学者によって特定できれば、キヤース〔類推〕の方法論によって、その規定〔禁止〕を他のモノにも適用できることになる。キヤースはスンナ派四大法学派のすべてで、温度差はあるにしても認められている。それに対して、方法論としてのキヤースを否定して、それに伴ってイッラを認めないのは、かつてスンナ派の法学派の一つとして栄えたザーヒル学派である〔現在は、実践者はいない〕。「ザーヒル（ẓāhir）」は外面を意味するため、彼らを「文字通りの字義的な理解」にこだわる学派とみなす説もあるが、むしろ「明文の典拠だけに依拠する」ことが彼らの特徴である。そのため、彼らは典拠にはっきりと規定された六種類の物だけにリバー禁止の対象を限った［Ibn Ḥazm al-Ẓāhirī n.d. vol. 7：401–403］。ザーヒル学派以外でも、イブン・アキールというハンバル学派の法学者は、キヤースという方法論は認めるものの、ハディースに述べられた六種類以外のリバーの対象に関してイッラをめぐる議論が混乱しているとして、リバーのイッラを否定したという［Ibn Qayyim al-Jawzīya 1991, vol. 2：104］。

長岡［2011］は、各学派のリバー財の扱いを詳細に論じている。ハナフィー学派は、六種類のリバー財は、秤で量ることができるもの（重量系の財）、升で量ることができるもの（体積系の財）の代表例とみなし、重量系の財同士の交換、体積系の財同士の交換が禁じられていると解釈している［長岡 2011：58］。つまり、同系の不等価交換の禁止がイッラであり、そうであれば、これら六種類以外でも同系の不等価交換はリバーに抵触すると類推される。ハナフィー学派によれば、リバーとは、同時または異時に等量等質交換をおこなわない場合に生じるものである。同時の場合の不等価交換が「剰余のリバー」を含むのであり、異時の場合の不等価交換が「期限のリバー」を含む。

これに対して、マーリク学派では、六種類の内容から、交換される財を「貨幣」「貯蔵可能な食料」「貯蔵不可能な食料」「その他」に分けている。六種類には入っていない「その他」の財の交換では、どのような取引でもリバー禁止の対象にはならない［長岡 2011：58–60］。ハナフィー学派では貨幣か食料かなどは問わず、重量系か体積系かで分けるので、対象が非常に広範囲となる。ただし、重量系でも体積系でもない財ならば、どのような取引でもリバー禁止には触れない。このように六種類の品目を、どのように分類し一般化するかで、他の品目への波及がまったく異なっている。

しかし、本書のように大きな経済構想を探究する立場から言えば、リバー禁止の理由が「同時または異時に等量等質交換」を推進することと言うだけでは、まだ問題は解決していない。そもそも、預言者ムハンマドは、この六品目に関するハディースでどのような経済行動を指示しているのであろうか。「金と金は、同時に等量で交換しなければならない」と言うが、一〇ディナール金貨と一〇ディナール金貨を交換する取引は、どのような時に起こるのであろうか。歴史的な利息禁止についてハナフィー学派の事例を徹底的に研究した両角吉晃は、この点について「このような同一種類物どうしの交換においては、いわゆる売買としての性質は極小化される（売買は交換される2つの物の非対称性を前提とする）」〔両角 2011：105〕と述べている。

では逆に、不等価交換なら起こるかと言えば、それも容易に考えつかない。誰が、一〇ディナール金貨と二〇ディナール金貨を交換するであろうか。もちろん、「異時の不等価交換」つまり、今日借りた一〇ディナールを一年後に二〇ディナールにして返すというような場合は取引が成立するが、これは貸借におけるリバー（期限のリバー）で、このハディースの対象ではない。そのように考えていくと、このハディースは当時おこなわれていた具体的な取引について述べているのではなく、何らかの新しい経済原理を示しているのではないかという推測が成り立つ。

イスラーム的なリバー（禁止）概念の意義を、長岡〔2011〕は、ネガティブ・インパクトとポジティヴ・インパクトに分けて論じている。ネガティブなほうは「経済的合理性を削ぐ負の（あるいは消極的な）経済インパクトしか持たないと思われていたと推測できそうである」〔長岡 2011：65〕とまとめられている。他方、ポジティヴなほうは「イスラームにおけるリバー概念の存在は、人々を実物財市場における交換へ向けさせ、実物財市場を介した経済活動とそこでの利得の獲得を促す誘因装置となっていると考えることができる」と、実物経済を重視するイスラーム経済の特徴を指摘している。

このような分析は、おおいに頷けるものである。本書では、六品目のハディースを次のように理解したい。まず、表現様式は「この六つは、同時に等価交換をしなさい」と述べることで、「リバーを含まないために」という条件を付していることになるが、それはそのような取引を推奨することが目的ではない、とみなすほうが合理的であろう。では、真意は何かと問えば、ガザーリーは、貨幣は交換のためのツールであって、金・銀は商品化しないほうがよいと述べている。また、他の四品目も必需品なので、過剰に商品化することを戒めていると考えられる〔al-Ghazālī 1982, vol. 4：91〕。イブン・カイイムは、別の角度から、リバーの中心は貸借のリバーなので、それに至る道を防ぐのが趣旨であると論じている。つまり、同時の等価交換ではなく後払いにした場合に（前出のサラム取引のように）、支払時が来ても払えない時にそれが負債となって、貸借のリバーにつながるというのである〔Ibn Qayyim al-Jawzīya 1994, 4：143〕。これは法学で言う「サッド・アル＝ザラーイウ（sadd al-dharāiʻ，禁止行為につながる行為を予防すること）」に基づく推論である。

付言すると、クルアーンのリバーをめぐっては、キヤースに関わるイッラ論よりも、啓示の背景にあるヒクマ（叡智）を探究する場合に、興味深い議論が見られる。リバー禁止のヒクマにあたる解釈はいくつかあるが、特に最近の研究では、経済的、精神的、社会的などに分類されて説明されている［al-Maudūdī 1987, 50–74］。伝統的なアプローチでは、ダラル（被害）、イスティグラール（搾取）、ズルム（不正）を防ぐとして、防止策として理解する傾向がある［Siddiqi 2004：41；Ahmad & Hassan 2007；Rahim 2016：151］。

以上のような考え方に足して、本書ではヌズム論の立場から、さらにマクロな議論を提起したい。つまり、「物々交換から市場と貨幣経済への移行」が意図されていたのではないかという推論である。よく考えてみると、ハディースが述べられた時の状況は、後のように市場経済と貨幣経済が普及していたわけではない。マッカ商人の大型の隊商貿易、各地での定期市の開催、一部の商人の莫大な富の蓄積などを話題にしていると、当時はすでに貨幣経済が行き渡っていたかのような錯覚を抱くが、決してそうではない。

たとえば、預言者ムハンマドが禁じた当時の取引の中には、「ムナーバザ取引」があった。これは、合意した両者が、それぞれが提供する衣服を投げ合って交換するという物々交換の方式の一つであった［Muslim ibn Al-Ḥajjāj n.d., vol. 3：1153；al-Kuwayt-Wizārat al-Awqāf wa-al-Shuʾūn al-Islāmīyah 2006, vol. 5：3511］。どのような衣服か確かめることもしない、この取引が禁じられたのは当然とも思える。このような禁止をもとに、法学者たちは商品の検品と確認を公正な取引の要件として法規定を整備していったのであるが、この禁止の中に、物々交換では公正な取引が確保できないとして市場での公正な取引を推進する意図が隠されていたと考えるのは、推測が過ぎるであろうか。

前出のハイバルの上質のナツメヤシをもっと量の多い質の悪いナツメヤシと交換するハディースでは、ムハンマドは質の悪いナツメヤシを市場で売って、その代金で上質のナツメヤシを購入するよう、勧めている。ここには、非常にはっきりと市場を通じた公正な取引を推進する態度が示されている。一つ一つのハディースを法学的に論じるのではなく、全体的な経済構想を見る立場からは、剰余のリバーの禁止の中に、貨幣を通じた市場経済への移行が内在していた（それが剰余のリバー禁止の目的であった）と推測できるのである。

方法論としてのヌズム論は、典拠とその解釈の先にある制度構築の関係が必ずしも明白でない場合に、できあがった制度の側から構築過程を推測するという手法を取っている。ムハンマドの没後まもなくしてイスラームの大征服が始まり、イスラームの版図は巨大なものとなり、そこに「商業帝国」と言われるイスラーム王朝が勃興した。イスラーム経済規定の中心にあるリバー禁止は、その過程でポジティヴ・インパクトを与えたであろうというのが、本書がたどり着いた仮説である。

小　括

本章では初期イスラームにおけるリバーはどんな形があったか、イスラーム以前のクライシュ族の商業にとってリバーはどんな役割を果たしたのか、イスラームがリバーの禁止までにどんな社会・経済変化があったのか、について大きな枠組みで捉えてみた。またはリバーに対してイスラームのアプローチがどうだったのかなどを考察した。

貿易に優れたマッカは、クライシュ族の指導者ハーシムがイーラーフ（安全保障）を確保したおかげで、国際的にはもちろん地域的な商業においても大きな役割を果たすようになった。膨大な利益をもたらした隊商貿易には、資金を持たない貧しい人びとも「ジャーヒリーヤ時代のリバー」に基づく借金で参加してきた。この当時は、イスラームはリバーについて批判のみを示している。

マディーナ期に移ると、イスラームは日常生活におけるリバー、いわゆるバイウ「商売」のリバーに対して明確な立場を取り、やがて、イスラーム新社会の形成に伴い、経済制度の特徴が次第に明らかになった。マッカと違って、マディーナは農業の盛んな都市で、そのため商売におけるリバーが新たに注目された。ファイウやザカートによって新たな収入源ができただけでなく、ムスリムたちと金の関係に対していろいろなコンセプトが変わってきたのである。

最後に、あらゆる経済的な搾取を絶やすこと、出資や投資の開発を勧奨することに基づいた経済制度が確立され、最終段階としてリバーが厳密に禁止されるに至った。

イスラーム法学者がリバーの禁止の理由として「イッラ」をあげているが、法学的な視点は限定的である。ヌズム論を用いる本書の立場からは、総合的な考察の結果、リバー禁止には、経済的な公正を実現するために市場経済と貨幣経済を推進する目的が内包されていたとの推論が導き出された。

第3章　イスラーム経済制度の発展と宗教倫理
――ハラール（合法性）問題――

はじめに

本章では、リバー等の経済的な問題を検討した前章に続いて、今日において国際的な関心が高まっているハラール食品の問題について、その典拠を検討する。中でも、ハムル（khamr, 酒、酩酊性のある飲料、酩酊物）と豚肉の禁止がイスラーム法における食事規定として知られており、ここではその二つを中心に論究する。

1　ハムル禁止論に関する序説

ハムルが禁止されていることには、法学上のイジュマー（コンセンサス）が成立している。クルアーンで明示的に「まことに酒、賭矢、偶像、占い矢は、忌み嫌われる悪魔の業である。これを避けなさい」（食卓〔五〕章九〇－九一節）と禁止されているからである（「避ける」は「近づくこともいけない」という意味で、単なる禁止よりも強い命令と解される）。

しかし、ハムルが何であるかについては、二つの立場がある。ハナフィー学派以外の学派では、ハムルは広義に酩酊性のある飲料をすべて指すとされている［Ibn Qudāmah 1968, 9：159–160；Kāsānī 1986, 5：112–113］。つまり、イスラーム法学者の主流は、クルアーンの中の「ハムル」の語は「酩酊をもたらす飲料」を指していると定義する。これに対して、ハナフィー学派では、当時の歴史的な語法と社会的な文脈に照らして、ハムルとはブドウ酒としている。当時の用法では、ハムルは発酵前のブドウジュースと発酵後のブドウ酒の両方に用いられていたが、クルアーンで禁じられたのは後者のブドウ酒ということになる。そして、他の酒類については、キヤース（類推）という方法論を用いて同じ法規定が適用されるとしている。

つまり、ブドウ酒の禁止という規定は酩酊性が禁止の理由とされ、他の酒についても、同様の酩酊性が見出されるので、同じく禁止という法規定が適用される。これがキヤースという法解釈の方法論である。しかし、他の学派のように、ハムルが酩酊性のある飲料を一般的に指すものと解釈すれば、キヤースという方法論を用いる必要はない。ただし、どちらの解釈の方法を用いても、結論はどの法学派でも同じとなる。その結果、古典的なアラビア語文献や主流派の見解では、ハムル禁止は飲酒の一般的禁止と同義とみなされる［al-Ghazālī 1993, 1：181–182；Ibn Manẓūr 1993, 4：255］。

ハムル禁止、または飲酒の禁止は、イスラームの食事規定における最も重要な規定の一つとなっている。それは、次のクルアーン章句によって定められた――「おお、信仰する者たちよ、まことに酒、賭矢、偶像、占い矢は、忌み嫌われる悪魔の業である。これを避けなさい。おそらく、あなたたちは成功するであろう。悪魔の望むところは、酒と賭矢によってあなたたちの間に敵意と憎悪を起こさせ、あなたたちがアッラーを念じ礼拝を捧げるのを妨げようとすることである。それでも〔それを知っても〕あなたたちは慎しまないのであろうか」（食卓〔五〕章九〇－九一節）。

現代のハラール食品をめぐる議論では、この禁止規定を前提として、アルコール飲料またはアルコール分をいかに食品から排除するかが、もっぱら論じられている。本章では、この問題をさらに深く理解するために、最初にクルアーンでの禁止が定められた時にどのような状況だったのかを、詳しく検討していきたい。以下では、「啓示の契機」に基づく段階論を検討し、さらに総合的コンテクスト分析の手法を適用して、ハムル禁止を分析する。

（1）歴史的な過程

①背景

ハムルが完全に禁止されるまで、クルアーンの章句の指示は四つの段階を経ている。この四つの段階を概括すると、まず最初にハムルが禁止されていない状態があった。ついで第二段階では、ハムルの害が説かれるようになった。第三段階では、礼拝をする時はハムルを飲んではいけないという部分的禁止が定められた。そして、最後の第四段階で、全面的な禁止が定められた。

この全面的な禁止がいつであったかについては、史料は「ウフドの戦いの後」であった点で一致している。しかし、ウフドの戦いがいつであったのかについては、議論がある。

ヒジュラ（聖遷）によってマディーナにイスラーム社会が建設された後、イスラーム打倒をめざすマッカの人々との間で、戦いが何度か起きた。最初がバドルの地で両軍が会戦した「バドルの戦い」（前出）で、これはイスラーム軍の大勝利に終わった。これがヒジュラ後二年（西暦六二四年）であったことについて、歴史家たちの見解は一致している。

次のウフドの戦いでは、マッカ軍がマディーナに攻めてきて、ウフド山麓で会戦したイスラーム軍は苦戦を強いられた。歴史家の多数意見では、ウフドの戦いはヒジュラ後第三年におこなわれた。西暦では六二五年ということになる。しかし、イブン・イスハークの著名な預言者伝においては、ウフドの戦いは、ヒジュラ後第四年に起きたナディール部族との戦いよりも後だったとされている。

しかし、ハディース学者でシャーフィイー学派の法学者でもあるバガウィー（Muhammad al-Farrā'

al-Baghawī, 一一二二年没）の見解では、ハムル禁止はウフドの戦いの後ではなく、ヒジュラ後第五年に起きた「部族連合の戦い」、すなわちマッカ軍が多くの部族と連合してマディーナを包囲した戦いよりも後だったとされる。これらの説を合わせると、ハムルの禁止はヒジュラ後三－五年のどこかで起きたことがわかる［Ibn Hishām 1955, 2：190–191；Ibn Kathīr 1988, 3：127–128, 4：10］。

ヒジュラ以前のマッカ期をおよそ一二年間とすると、さらにその後三～五年たってからということなので、ハムル禁止は、啓示が始まったとされる西暦六一〇年から数えると、一六年～一八年間も後のことであることがわかる。また、ムハンマドの逝去は六三二年なので、ハムルの禁止はムハンマド時代の最後の時期に属する。

禁止される前のハムルは、イスラーム法の観点からはどのようなものだったのであろうか。ハムルに限らず、禁止された物事について、禁止以前の状態がイスラームから見てどのように捉えられるかについて、法源学者や神学者などの学説を見ると、三つの立場がある［Al-Nawawī n.d.；Al-Shīrāzī 2003；al-Ghazālī 1993；Rāzī 1997］。

第一は、物事の一般的な状態はタフリーム、つまり「禁止」という立場である。ハナフィー法学派の一部、ハンバル法学派の一部、マーリク法学派の一部、神学派では一二世紀以降のスンナ派からは排除されることになったムウタズィラ学派がこの説を採っている。

第二の立場は、禁止や許容などの法規定が定まるまでは判断を一時的に停止するという立場である。シャーフィイー法学派の多数（アシュアリー神学派の祖アシュアリーを含む）、ハナフィー法学派の一部（マートゥリーディー神学派の祖マートゥリーディーを含む）、それとマーリク法学派からはイブン・ハージブなどが、この立場を採っている。

最後に第三の立場として、禁止の啓示がされる前の物事の自然な状態はイバーハ、つまり許容という立場があり、これが主流の見解となっている。歴史的には、ハナフィー法学派の多数、マーリク法学派とシャーフィイー法学派の一部、ムウタズィラ学派の一部がこれを支持した。その後、これが全体の多数意見となり、現代に至っている。つまり、ハムルに限らず、あらゆる物事は明確に禁止される前には許されているということになる。

この点については、第三の立場を支持するジャッサース（ハナフィー法学派の法学者で啓典解釈学者）の解釈が最も合理的と思われる。ジャッサースは、ムハンマドが預言者と名乗ってクルアーンの教えを広めるようになってからも、ムスリムたちはハムルが明文で禁止される以前はハムルの売買を続けていたし、ハムルを飲み続けていたという歴史的な事実を指摘している。彼らが飲酒をやめたのは、それが禁じられたからで、禁じられる以前には何の罪の意識もなかったのである。

経済・社会的なシステムの視点から見ても、飲酒は社会的に根付いた現象であったし、商業・貿易の面から見てもハムルが重要な商品だったことがわかる。

クルアーンを見ると、経済・社会的現象としてハムルは、三か所のうち二か所で、マイスィル（maysir, 賭矢、賭博）と一緒に言及されている。その背景を考えると、イスラーム以前のジャーヒリーヤ社会において、飲酒と賭け事が主要な娯楽であったとの分析が説得的である。飲酒の機会には、しきりと賭け事がなされたと伝えられている。当時の男性たちの楽しみとして、もう一つ性的な快楽があったとされているが、これは飲酒・賭け事とは直接結びついてはいない。言いかえると、ジャーヒリーヤ時代の社会経済においては、ハムルとマイスィルが「双子」の娯楽としてあったのである。現在のイスラーム経済論では、ハムルはハラール食品では禁じられるものとして、マイスィルは金融・投資等で禁じられる賭博性に関して、別々に論じられているが、本来は結びついていたと言える。

当時のアラブ人男性は、旅に出る時も酒を携行する習慣があったことが知られている。ごく一部の人はまったく飲まなかったようであるが、たいていの男性は飲酒の習慣があった。飲酒が一般的な社会習慣であったため、飲酒が禁止されたために イスラームに入信しなかった人もいると伝えられる一方、イスラーム以前から一神教を信じていたハニーフと呼ばれる人びとの中にハムルを飲まない人びとがいたことが知られている。預言者ムハンマドは後者のグループに属している。ムハンマドの教友たちの中では、アブー・バクル（後の第一代正統カリフ）やウスマーン・イブン・アッファーン（後の第三代正統カリフ）などが飲酒しない人びとであった。当時の飲酒は、ムルーア（murū'a, 男気）とも結びつけられていた［Ibn-Ḥabīb 1970：237–240；Ibn ʿĀshūr 1984, vol. 2：344–345］。

ちなみに、第二段階での飲酒批判の章句の中に「それらは大きな罪であるが、人間のために〔多少の〕益もある」（雌牛〔二〕章二一九節）と述べられている「益」とは何かについて、バイダーウィー（al-Bayḍāwī, 一二九二年没）の啓典解釈書では、飲酒の利益としてムルーアを肯定する見解が紹介されている［al-Bayḍāwī 1998, vol. 1：138］。それに対して、一五世紀の多作なイスラーム学者であったスユーティー（Jalāl al-Dīn al-Suyūṭī, 一五〇五年没）は、飲食はムルーアに悪い影響を与えると述べている［al-Suyūṭī n.d., vol. 6：506］。おそらく飲酒禁止後には、イスラーム的観点から飲酒がムルーアにプラスであるという見解は人気を失ったことであろう。逆に言えば、ジャーヒリーヤ時代の当時は、飲酒をムルーア（男気）の面からポジティブにとらえる傾向があったと理解することができる。

飲酒が男気と結びついていたことの傍証として、当時の社会では、女性については飲酒の習慣の歴史的な記録が見当たらない(1)。

②クルアーンにおける飲酒の漸進的な禁止

クルアーンには、いくつか「段階的な立法」として知られるものがある［al-Zamakhsharī 1407, vol. 1：259–262］。それは特定の事項について、規定が段階を経て次第に厳しくなることを指している。その代表例は、本論で扱っているハムルと、第2章で論じたリバー（利子）の漸進的な禁止である。リバーの事例と比べると、ハムルは「段階的な立法」のプロセスをより明確にたどることができる。その段階が四つに別れることは、本節の冒頭で概観した。具体的には、次のようになっている。

第一段階は、ハムルがクルアーンで最初に言及されているマッカ期である。蜜蜂〔一六〕章六七－六九節に、次のように述べられている。

「また〔アッラーの恵みとして〕ナツメヤシやブドウの果実があり、あなたたちはそれから強い飲物や、良い食べ物を得る。まことにそこには、理性ある民への徴がある。またあなたの主〔アッラー」は、蜜蜂に啓示した——「丘や樹木や人びとが建てるものに巣を営みなさい。そして、あらゆる果実〔から栄養〕を摂取し、あなたの主〔アッラー〕が容易にした道を進みなさい」。それらの腹の中からさまざまな色合いの飲料〔蜜〕が出てそこには人びとのための癒やしがある。まことにそこには、よく考える者たちへの徴がある」（蜜蜂〔一六〕章六七－六九節）。

　ここでは神からの恵みである諸飲食物とともに、「強い飲物（sakar）」が言及されている。これは果汁とも酒とも解される。ただし、ナツメヤシやブドウが「良い糧（rizq ḥasan）」とされ、蜂蜜が「癒し（shifāʼ）」と称えられているのに対して、この「強い飲み物」は特に推奨されていない。ここに間接的な形で、酒に対するネガティブなイメージが萌芽的に示されているとする解釈もある。少なくとも、他の食品は明白に良いものとされ、その後も禁止されたわけではないので、違いは明白である［al-Thaʻālibī 1418, vol. 3：431］。

　第二段階の章句は、雌牛章の中にあり、質問に対する回答という「啓示の契機」が示されている。質問をしたのは、マッカからの移住者のウマル、ムアーズ・イブン・ジャバル、援助者（アンサール、マディーナの元からの住人）の誰か（名前は不明）であったとされている。彼らが賭け事とハムルについて、ムハンマドに質問をしたところ、クルアーンとして次のような回答が啓示された［al-Wāḥidī 1992：71］。

「彼らは酒と賭矢について、あなた〔ムハンマド〕に尋ねている。〔答えて〕言いなさい——「それらは大きな罪であるが、人間のために〔多少の〕益もある。だがその罪は、益よりも大きい」と。また彼らは何を施すべきかを、あなた〔ムハンマド〕に尋ねている。〔それに答えて〕言いなさい――「何でも余分のものを」。このようにアッラーは、徴をあなたたちに明示される。おそらく、あなたたちはよく考えるであろう」（雌牛〔二〕章二一九節）。

この章句をめぐる啓典解釈を見ると、いくつかのことがわかる。注意すべき一つの点は、利益の前に大きな罪が言及されていることである［al-Baghawī 1420, 1：276；al-Tha'labī 2002, 2：141–142］。ハムルと賭け事について利点もあるのではないかと質問者は考えたようであるが、回答は罪を明言した後に、多少の益もあると述べている。この利益とは、ハムルの交易などもあるため、経済的な利益を指しているというのが解釈者の一般的な見解である。

もう一つの点は、罪と利益を比較する表現である。ふつうに考えれば、害と利益が比較されるはずである。しかし、利害ではなく、精神的な罪と物質的な利益が比較され、しかも罪のほうが優越すると言われている［al-Rāzī 2000, vol. 6：400–401］。

この章句の表現から、罪を意味する「イスム（ithm）」の語は、ハムルを指す名詞の一つとなった。ハディースでも、「イスム」の語でハムルを指している例がある。さらに、イスムは比喩的な表現ではなく、ハムルを直接意味する語であると述べている解釈者までいる。この見解に基づき、他の章句で「イスム（罪）」が言及されている箇所を、ハムルの意味に解釈することもある。具体的には、高壁〔七〕章三三節である――「まことに、わたしの主〔アッラー〕が禁じたことは、あからさまな、あるいは隠れた悪行や罪〔イスム〕、真理から外れた侵害行為、アッラーがいかなる権威をも授けていないもの〔偶像や偽神〕を崇拝すること、またアッラーについて自分たちが知らないことを語ることである」（高壁〔七〕章三三節）。

ここでは、「悪行」と「罪（イスム）」が否定されている。「悪行」はハッド刑の対象（殺人・傷害、盗み、非合法な性交など）を、「罪（イスム）」は飲酒を指すものと解釈されている。

ハンバル学派の有名な法学者ファッラーは、この章句で「罪（イスム）」が否定されていることをもって飲酒が禁じられていると解釈しているという［al-Ṣābūnī 1980, vol. 1：276］。ただし、これは少数意見であろう。四段階説から見ても、この解釈には合理性はないと思われる。多数派の見解では、この階段ではハムルが否定的に言われているだけで、禁止まではされていない［al-Ṭabarī 2000, vol. 3：60–61］。ムハンマドの弟子たちの間でも、この章句が禁止を示唆していると感じて酒をやめた人もいたが、飲酒を好む他の弟子は直接的な禁止が啓示されるまで飲酒を続けた、と史料に残されている［Muqātil ibn Sulaymān 2002, vol. 1：502；al-Ṭabarī 2000, vol. 10：571］。

次に、第三段階に入ると、次の章句がある事件を契機に下された。すなわち、ある日有名な教友で裕福なアブドゥッラフマーン・イブン・アウフが饗宴をおこなって、アリー・イブン・アビー・ターリブを含めて、何人もの教友を招待したという。食後に、彼らはハムルを飲んでいた。日没後の礼拝の時間になった時、彼らは酩酊した状態で礼拝をおこない、イマーム（導師）がクルアーンを間違って朗誦した。「私はあなたたちが崇めるものを崇めない」という章句は、ムスリムが偶像崇拝者に自分たちは偶像を崇めないと宣言するものであるが、否定辞の「ラー」を抜かして読んでしまったため、イマームの朗誦は「私はあなたたちが崇めるものを崇める」と真逆の意味になってしまった［al-Wāḥidī 1992：153–154］。

この事件に際して、女性〔四〕章の次の章句が啓示されたという――「おお、信仰する者たちよ、あなたたちが酔った時は、自分の言うことが理解できるようになるまで、礼拝に近付いてはならない」（女性〔四〕章四三節）。

この第三段階では、ハムル禁止が直接的に取り扱われたものの、いまだ完全な禁止ではない。イスラームでは礼拝は時間が決まっているので、礼拝の時に酩酊していてはならないということは、礼拝がない時間帯で礼拝まで十分な間がある時に飲酒することまでは否定されていないことになる。つまり、この段階では、ムスリムたちは礼拝時刻が近い場合に酔いを避けるためにハムルを断つべきことになった。夜の礼拝をおこなった後は、明け方まで礼拝がないので、夜の間は飲酒が可能であるし、暁の礼拝をおこなった後は正午まで、飲酒をしても礼拝時間とは直接はぶつからない（午前中に飲酒することが生活にとってよいかどうかは別として）。

言いかえると、この段階では、礼拝との関係において条件付きでハムルが禁止された。

続く第四段階は、最終段階で、飲酒が全面的に禁止されることになる。食卓〔五〕章九〇－九一節にこう言われる――「おお、信仰する者たちよ、まことに酒、賭矢、偶像、占い矢は、忌み嫌われる悪魔の業である。これを避けなさい。おそらく、あなたたちは成功するであろう。悪魔の望むところは、酒と賭矢によってあなたたちの間に敵意と憎悪を起こさせ、あなたたちがアッラーを念じ礼拝を捧げるのを妨げようとすることである。それでも〔それを知っても〕あなたたちは慎しまないのであろうか」（食卓〔五〕章九〇－九一節）。

この節の「啓示の契機」としての事件は、第三段階の場合と同じように、食事の誘いであった。この事件では、次のようなことが伝えられている。ある援助者（マディーナ出身者）の教友が、有名な教友であるサアド・イブン・アビー・ワッカースなどのマッカ出身者とほかのマディーナ出身の教友を食事に招いた。飲食後に、マッカ出身者とマディーナ出身者の優劣について議論となり、それが熱して、とうとう殴り合いの喧嘩になって、サアドがケガをしてしまったという〔al-Wāḥidī 1992：206–207〕。

この事件について、ムスアブ・イブン・サアド（サアド・イブン・アビー・ワッカースの息子）は父からの伝承として次のように伝えている――「私〔サアド〕がアンサール（援助者）とムハージルーン（移住者）のグループを訪ねたとき、彼らはこう歓迎しました――「いらっしゃい。あなたに食事と酒を差し上げます」。これは酒が禁じられる以前のことでした。そのとき私は農園に彼らを訪問したのでしたが、そこには焼かれたラクダの頭と酒の入った小さな皮袋がありました。そこで私は彼らと食べて飲みました。そうこうするうちに彼らの間でアンサールとムハージルーンの議論が始まりました。そこで私は「ムハージルーンの方がアンサールよりも優れている」と述べました。すると一人の男がそのラクダの頭の顎の一部をつかみ、それで私を殴りました。このため私の鼻が傷つきました。そこで私はアッラーの使徒〔ムハンマド〕のもとへ行き彼に（事の次第を）伝えました。ここでアッラーは酒に関して次のような啓示を下しました――「まことに酒と賭矢と偶像と占い矢は忌むべきことで悪魔の仕業である」と」（［ムスリム n.d. vol. 3：407–408］、一部改訳）。

禁止の対象として、この章句では、ハムル（酒）、賭矢（マイスィル）、偶像（アンサーブ）、占い矢（アズラーム）があげられている。文法学に基づく古典的な啓典解釈を確立したザマフシャリー（四六七－五三八／一〇七五－一一四四）の解釈書は、これについて非常に興味深い解説をしている。ザマフシャリーはペルシア系の出自であるが、アラビア語の知識に傑出して、クルアーンの章句を厳密な文法的な解析から理解する方法論を確立した（ただし、神学的にはムウタズィラ学派に属していたため、後のスンナ派の解釈者たちは文法学に基づく解釈についてはこれを継承し、神学的な注釈については修正している）。

ハムルの禁止は最後期に属するため、イスラームのごく初期から否定されている偶像と占い矢については、ここで改めて禁止したとは考えがたい。したがって、この章句は偶像や占い矢を否定することが目的ではなく、啓示の初期から厳禁されているこの二つと、飲酒と賭け事を結びつけて、新しい禁止事項の重みを示している、とザマフシャリーは説得的に論じている［al-Zamakhsharī 1986, vol. 1：675］。

（2）禁止の理由と解決

以上に、ハムル禁止の「啓示の契機」から見た背景とそれに関する解釈を検討した。続いて、なぜ飲酒が禁じられたのか、その理由について法学では伝統的にどのような解釈がなされていたのかを見たいと思う。

ハムル禁止の理由については、イスラーム法学者がイスラーム法の利益の観点などから論じている。ここでは、歴史的な背景を念頭に置きながら、それらについて概観を得たい[2]。

何かがイスラーム法によって禁止される場合、その理由を考える際に、必ず参照される一つの立場がある。それは神がなぜそれを禁止したのかを、どのようにして知りうるのかをめぐる神学的な観点に立つ見解である。スンナ派の正統神学であるアシュアリー神学では、物事の善悪は神が決定するもので、人間が勝手に判断することはできないとされている。この立場から見ると、何かが禁止されているということは、禁止に値するから、ないしは禁止すべきものだから、つまり、そこに害や悪いものが含まれているから、ということになる。つまり、酒は良くないものだから、あるいは弊害があるから禁止されたということである。この考え方はイスラーム法学の分野で、禁止事項を論じる際の序説としてよく述べられている。この考え方を正当づけるクルアーンの章句として、次の章句がよく引用されている。

「彼らは無文字の預言者・使徒に従う。彼らは彼〔その預言者〕が自分たちの律法と福音の中に明記されていることを見いだす。彼〔預言者〕は善を彼らに命じ、悪を彼らに禁じる。また良きものをハラール〔合法〕となし、汚れたものをハラーム〔禁止〕とする。また彼らの重荷を取り除き、それまでの彼らの束縛を解く。彼〔預言者〕を信じ、彼を敬愛し、彼を助け、彼と共に下された光に従う者たち、これらの者たちこそ成功する者たちである」(高壁〔七〕章一五七節)。「良きもの(ṭayyibāt)を合法とし、汚れたもの(khabāʾith)を禁止とする」ということを言いかえると、合法とされているものは良きものであり、禁止されたものは汚れたものであるということであり、禁止された以上は害のある悪しきものということが明白になるのである。したがって「なぜ禁じられたか」と問うならば、その答えは有害だから、ということになる。言うまでもなく、これは同意反復ないしは循環論法なので、これ自体は信仰論あるいは神学的な論議としての意味はあるが、本書で歴史的なコンテクストと現代の文脈を合わせて考える場合には、この論理に依拠することはできない。

悪しきものであることを科学的な根拠から論じるという立場もある。イスラーム世界では古い時代から医学が非常に発展し、そこから伝播した知識が西洋近代の医学へとつながった。そのため、古典文献でも早くからムスリムたちは医学的な知見を用いて、飲酒の弊害をよく論じている。たとえば、イブン・カイイムの『預言者の医学』では、ハムルが身体または脳に害を及ぼすことが論じられている[Ibn Qayyim al-Jawzīya 1994, 4: 143]。しかし、全体的に見ると、医学的な知見でハムルの害を説くことは近代以降に広まった傾向で、伝統的に主流のアプローチは飲酒には社会的な弊害があると論じるほうが多いと思われる[Badrī 1996]。

医学的な議論としては、非イスラーム圏でも過度の飲酒がもたらす害は広く知られている以上、それなりに一理あると思う。しかし、「なぜ禁止されているか」という論理の構造としては、先に触れた神学的な議論と似ている。ハムルは禁止されている以上害があるはず、ではそれは何か、という問いを立てて、科学的ないしは社会的な弊害を探究しているわけである。

次に、法学での議論を検討してみよう。特に法学の解釈の方法としての「キヤース（類推）」の文脈で、これを考えてみたい。

前述のように、ハムルについては、酩酊性のある飲料一般を指す語とするか、ブドウ酒、つまりブドウを原料とする酒を指す語とするか、二説ある。七世紀のアラビア半島おけるハムルはブドウ酒の意味に解するのが、歴史的な解釈であろう。このハムルは、クルアーンの明文によってはっきりと禁止された。しかし、イスラームがアラビア半島の外に広がると、各地でいろいろな種類の酒に出会うことになった。たとえば、ムギから作られている酒がある。これは、厳密には、ブドウ酒の意味のハムルではない。ハムルを狭義に理解すれば、ムギ酒は禁止されたハムルではないが、そうであれば飲んでよいのであろうか。

このような事例を扱う場合に、キヤース（類推）を用いた法学的な解釈が用いられた。法学者たちはアラビア半島のハムルと、新しい土地で見出されたムギ酒を比べて、そこに禁止の理由が共通しているか調べる。共通していれば、キヤースが成立して、ハムルの規定（禁止）がムギ酒にも適用されるという法解釈が成立する。この時に両者に共通する要素（禁止の理由）は「イッラ（'illa）」と呼ばれる（イッラについては、リバーの議論の際に前述した）。

イッラを的確に設定する上では、法学上のさまざまな専門的な方法と基準があり、煩雑な話となるので、ここでは省略する。ハムルに関する結論だけを言えば、法学上の解釈をする法源学者たちは、ハムル禁止のイッラは「イスカール（iskār, 酩酊・陶酔をもたらすこと）」であると結論づけてきた。要するに、酩酊するからハムルは禁止された、そして、酩酊作用のある飲料はハムルとのキヤースが成立する、したがってハムルと同様に禁止の規定が適用される、ということになる。ここで重要なポイントは、「なぜ、飲酒は禁止されたか」という問いに対して、法学ではその理由を、キヤースを成立せしめる共通の「イッラ」として措定するということである。イッラ論に基づけば、「ハムルは、酩酊をもたらすがゆえに、禁止された」ということになる。

このキヤースが確立すると、飲料の原料が何であれ、スクル（sukr, 陶酔）の状態をもたらすのであれば、そのような飲料すべてにハムルの規定、すなわち禁止が当てはまることになる。イッラの確定によって、七世紀のアラビア半島になかったような酒でも、それに対する取り扱いがはっきりとしたわけである。

禁止の理由を考える時に、もう一つ別なアプローチがある。それは、「ヒクマ」論である。ヒクマは「叡智」または「英知」と訳される。フィロソフィー（哲学）の「ソフィア」が、アラビア語ではヒクマに相当する。これは、立法の背後にある叡智とは何かを探究する考え方である。つまり、法学のように、具体的な理由を探究するのではなく、もっと広い文脈でイスラーム法の意味を考えることになる。

ヒクマから見た立法の理由は、法学よりも、人間の生き方や倫理性に関わってくる。現代社会的な視点から考えている本書にとっては、ヒクマ論は大きな意義を持つ。ヒクマ論は、後の時代の啓典解釈学者、たとえばラーズィーなどによって論じられている。

それによれば、酒にはハビース（khabīth, 複数形 khabā'ith）がある、だから避けるべきという議論がなされている（ハビースの複数形は、上記の章句の「汚れたものをハラーム〔禁止〕とする」のところで用いられている）。ハビースは「悪」「不潔」「不徳」「よくないもの」を指す。よいものを意味する「タイイブ（tayyib）」の反対語である。第三代正統カリフ・ウスマーンがハムルを「悪の母」と呼んだという伝承がナサーイーによって伝えられている［al-Nasā'ī 2001, No. 5156］。アムル・イブン・アースからも似た伝承が伝えられている［al-'Ajlūnī 2000, 1：439］。預言者ムハンマドは「ハムルはあらゆる悪の鍵なので、避けなさい」と述べたという［al-Albānī 1995, No. 2798］。日本語で対応する言葉を探せば、「諸悪の根源」といったところであろうか。要するに、宗教的な意味でいろいろな悪徳を生むことを意味している。日本では「酒は百薬の長」とよく言われるようであるが、「百薬の長とはいへど、万の病は酒よりこそおこれ」（徒然草）という考えもあるので、イスラームの立場は後者に近い。

もう一つ、ヒクマとも関連するが、より重要な概念として「マカースィド・アッ＝シャリーア」という分野が一二世紀以降に登場する。これは、イッラ論やヒクマ論を論じる古典文献よりも時代がさがってくる。高名なガザーリー（Abū Ḥāmid al-Ghazālī, 一一一一年没）やシャーティビー（Abū Isḥāq al-Shāṭibī, 一三八八年没）が、これに関する体系的な議論を広めた。

簡単に説明すると、マカースィド（maqāṣid, 単数形 maqṣad）は目的・目標・狙いなどを指す。シャリーアの語と結合して、「マカースィド・アッ＝シャリーア」は「イスラーム法の目的」を意味する。前近代ではシャーティビーが非常に重要であるが、二〇世紀には、チュニジアのイブン・アーシュールが現代的なマカースィド論を大きく深めた（序論参照）。

マカースィド論は、イスラーム法が何を目指しているのかという点について、基本原理に戻って根源的に考えるもので、イスラーム法の法哲学の分野と言うこともできる。イスラーム法の目的は、イスラームにとって、あるいは人間にとっての根本的な価値を守ることにある。その根本的な価値の中には、人間の生命や身体、信教の自由、理性などが含まれている。そこでは、飲酒は人間の根本的な価値としての理性に反し、理性を害する、したがって禁止されたと立論する。

マカースィドと並行して、「マスラハ（maṣlaḥa）」の概念も注目されるようになった。日本語では「公益」と訳されている。マスラハの概念は、イラク生まれのハンバル学派法学者のナジュムッディーン・トーフィー（一三一六年没）以降に広まったとされる［Zayd 1964］。しかし、トーフィーのマスラハ概念が法源学の範囲で用いられているのに対して、その後の議論では、さらに広い意味を指すようになった。また、この観点では、イスラーム法の根源的な目的としてマスラハの実現がある、という点を強調している。

その観点からは、ハムル禁止のマスラハとして、社会全体の安定が大きな公益としてあるので、飲酒の弊害によって社会の安全や公益が害されるから禁止されていると解釈されている［al-Ḥakīm 2002 :

116〕。または近年は、科学に基づいてマスラハを論じるアプローチが多く見られる。つまり、非イスラーム圏でなされている飲酒がもたらす医学的な害や社会な害に関する調査や知見に基づいて、ハムル禁止が社会全体の公益を増進するという議論が展開されている。前述した医学的な議論を、マスラハ論と合体した議論と言える。

飲酒のようにジャーヒリーヤ社会に根強くあった習慣は、すぐになくすことはむずかしいことであった。したがって、全面的な禁止までに至る段階的なアプローチは、当時のムスリム社会の状況に配慮して禁止規定を受け入れやすくするための漸進策であったと考えられる。そのように論じる法学者は、そこにイスラーム法の立法が持つ寛大さと配慮が現れているとする。このような段階的な立法の意義を初めて説明したのは、預言者ムハンマドの晩年の愛妻アーイシャと思われる。彼女が伝えたハディースが、ブハーリーの『真正集』に収録されている——「最初に下されたのは、楽園と火獄について述べられた短い章でした。人びとがイスラームに導かれると、ハラール〔合法〕とハラーム〔非合法〕について下されました。もし最初に下されたのが、酒を飲んではならないということでしたら、きっと〔人びとは〕決して酒をやめるものか、と言ったことでしょう」〔小杉 2019：370〕。

（3）ハムル禁止の意義に関する新アプローチ

以上で、どのような歴史的な過程を経て、ハムルが禁止されるに至ったのか、許容から全面的な禁止に至る四つの段階がどのようなものであったのか、そして、ハムルが禁止された理由は何であったのかについて、さまざまな解釈や立場が歴史の中で展開されてきたことを検討してきた。次に、本書で提案したい新しいアプローチを論じる。

神学的な立場、法学におけるイッラ論、ヒクマ論、マカースィド論、マスラハ論などは、それぞれ興味深い観点を提供している。しかし、いずれもが「ハムルが禁止されたのは、なぜか」という視点で、ハムルの禁止だけを取り上げて論じている。

前述のように、マイスィル（賭矢、賭博）と並んで禁止されている点も重要なポイントと思われるが、飲酒と賭博がジャーヒリーヤ社会の悪として把握されているものの、禁止の理由については、個別に論じられている。ハムルとマイスィルがリンクされて論じられているわけではない。ザマフシャリーはリンクさせているものの、それはすでに禁止されているマイスィルと結びつけることでハムルの害をきわだたせるためと説明され、総合的な議論をしているわけではない。

または、「啓示の契機」という分野が確立されているにもかかわらず、法学者は原則として、啓示された際の事情や背景よりも、啓示に含まれている法規定の議論を優先させている。啓示の契機の重要性にもかかわらず、イスラーム法の解釈においては、それはほとんど検討されていないのである。法学者の立場は「啓示の契機」は単に「きっかけ」であり、内容はより普遍的・一般的な法規定が含まれているので、歴史的な契機の重要性はきわめて限定的と見ている。それはそれで、一定の合理性はある。というのは、リバー禁止にしても、特定の部族が別の部族に貸し付けた金のリバーを求めた、というような個別の「契機」はリバー禁止の根源的な理由ではないからである。

しかし、そのような契機を軽視している法学的な議論に対して、本書では、「きっかけ」が示しているより大きな社会的コンテクストを理解することによって、その法規定がどのような経済構想を示しているかについても考えるべきという立場である。特にハムル禁止のような社会的な意義も大きな事件について、それがどのようなコンテクストで生じたかを検討せずに、単に「イスカール（酩酊性）」を理由とするだけでよいのか、大きな疑問が湧く。

古典文献を数多く検討する中で、次第に、このような個別論だけでは観点が限られており、パースペクティヴが狭いのではないか、イスラーム社会全体の理解にはこれでは足りないのではないかという気持ちが強くなった。ハムルの禁止にしても、社会全体を見る視点から総合的に考える必要があるのではないかと思うに至ったわけである。

次に、筆者の新しいアプローチがどのように生まれたかについて、ヌズム論の視点を説明したいと思う。

ヌズム論の視点は、第1章で提起したように、ごく短い章句やそこに含まれている特定の法規定、あるいは典拠の中でおおまかに指示されていることが、時を経てヌズム（イスラーム的制度）として発展した場合に、それは法学者や統治者が短い指示を彼らが理解したイスラーム社会の理念や当時の社会的なニーズに合わせて発展させたものだと想定して、初期におけるイスラーム社会やイスラーム経済の「構想」を再現するという手法である。これはどの時代を考える上でも重要であるが、とりわけ現代のイスラーム復興やイスラーム経済の再構築を考える上で重要と思われる。たとえば、飲食の文脈で見れば、現代的な発展により生じた新しい飲食物や習慣がある。それを考える時に、ハムルの禁止ならハムルの禁止の一点に限定するのではなく、ヌズム論を用いて全体として考察することによって、その意義や意味についての的確な理解が得られるはずである。

したがって、現代におけるイスラーム的な社会を考察する本書では、初期イスラーム社会を全体としてとらえ、それに応じて全面的な制度を現代的な形で再構築をめざすとすれば、イッラ論やヒクマ論よりも、ヌズム論のほうがイスラーム法全体の意義や究極的な目的を理解する上で役に立つ。

言いかえれば、イスラームは宗教的な理念に基づいて社会全体のよりよいあり方をめざすもので、単に法規定を一つ一つ見ているだけでは、全体としての意義は把握できない。したがって、禁止された事項にしても、いずれも大きな青写真の一部に過ぎないと見るべきであろう。つまり、ハムルの場合も、それが禁止された究極的な目的はハムルそのものの害にとどまるのではなく、イスラームがめざしたイスラーム社会全体のあり方に関わっているはずである。ジャーヒリーヤ時代の「飲酒社会」に対して、それとは異なる新しい社会を導入する上で、この新社会のあり方に導く策の一環として、ハムルの漸次的な禁止があったと考えることができる。

預言者時代のマディーナ社会では、ヒジュラの後、新しい共同体建設のために、まずマスジド（モスク）が建設された。これは、コミュニティの集会の場所として重要であり、礼拝のための宗教的な場所であるだけではなく、あらゆる社会的な活動のために大きな役割を果たした。現在でもマスジドは、礼拝所であると同時に、イスラームを学ぶ学校、共同体のメンバーが毎金曜日に出会い、地域のリーダーたちが必要に応じて集うコミュニティ・センター、ザカート（定めの喜捨）を徴収し貧しい人たちに配分する福祉センターなどの機能を果たしている。この原型は、マディーナ社会にあった。ジャーヒリーヤ時代の集会は飲酒と結びついていたが、イスラームではマスジドが建設され、集会は信仰行為と結びつけられた。さらに、マディーナ社会で確立されたラマダーン月の断食、断食明けの祭りや貧しい人びとのための喜捨、聖地への巡礼などは、すべて社会的な活動である。そこに、イスラームの教えの方向性が示されている。

クルアーンに規定された金曜日礼拝（ṣalāt al-Jumʻa）も、同じように共同体的な性格を帯びている。この礼拝は、普通の礼拝と違って、金曜日の正午過ぎにマスジドに集まって集団で礼拝をおこなう必要がある[3]。ユダヤ教の安息日である土曜日と違って、イスラームでは金曜日は休日ではなく、むしろ、地域ごとに家族や友人が集まる日となる。礼拝の前と後は、市場が賑わう。伝統的なイスラーム都市では、中心部にマスジドがあり、その周辺に市場が広がっているのが典型的なパターンとなっている。ここにも、宗教と社会の接合がある。

断食の義務とも結びついて、社交的なイベントが多くある。特に、毎日の日没後におこなわれる断食明けの食事会のように、毎日の集まりがある。この集まりを奨励する典拠として、たとえば、あるハディースでは、断食明けの食事に人を招いたり食事を与えたりすると、断食そのものの報奨に勝るとも劣らぬ報奨が与えられるという。

ヒジュラ後六年目あるいは九年目か、いずれにしてもかなり遅い時期に義務化された巡礼は、国際的な宗教的集会でもあれば、経済的な機会でもある。巡礼月のイード（ʿīd 祭り）である犠牲祭（イード・アル＝アドハー ʿĪd al-Aḍḥā）では、その名のとおり、家畜を犠牲に捧げ、その肉を三等分して、家族、近隣、貧窮者に分配することになっている。これも、社会的関係と相互扶助を推進する仕組みとなっている。

このように、イスラームの義務的な信仰行為である「五行」はきわめて強い社会性を有している。それが、マディーナ期にハムル禁止の進展とともに発展した点に、注目すべきであろう。飲酒を含む集会は男性中心のものであり、イスラーム的な集会は家族的・共同体的なものである。つまり、社交性を強く帯びた信仰行為が制度化されるのと、ハムルが段階的に禁止されるのが、並行的に同時代的に進んでいたのである。

啓示の契機に戻って、この点をもう少し詳しく論じたい。ハムル禁止の第三段階目で、酩酊したイマームによって礼拝に問題が生じたため、飲酒が部分的に禁止されたことは前述した。ここで、なぜ第二段階目では、この問題がなかったか、という問いを立てることができる。その答えは、礼拝というイスラームの基本的な信仰の制度が、まだ最終的に確立していなかったからではないだろうか。

日に五回の礼拝がいつ確立したかについて、いくつか説があるが、おおむねマッカ期の最後、つまりヒジュラの直前と考えられる。マディーナに移住して、初めてモスクが建設されたから、そこで毎日五回集団的に礼拝をすることが制度的に確立した。今では、イスラームと言うとその根幹は「五行六信」（義務の信仰行為五つと信仰箇条六項目）と考えるが、これは預言者時代の最初からあったわけではない。ハムル禁止の第三段階の時期を考えると、そのことに着目することができる。ハムルの禁止が段階的に進むのと、礼拝の制度が次第に確立されるのが、同時代的に進んでいたことがわかる。

イスラームでは理性を大事にするが、一般的な意味での理性と、理性をもって毎日の礼拝をするということでは、文脈が少し違うであろう。イッラ論・ヒクマ論では、一般的な理性にとって飲酒は害があると論じている。しかし、理性的に日に五回の礼拝をするという時の意識の明晰さは、より限定的な意味での理性であろう。それさえも飲酒が妨げるから、礼拝をする時は飲酒してはならない、というのが第三段階目の部分的禁止、あるいは条件付き禁止の意味である。そのような意味での理性は、五回の礼拝が確立する前は問題にされていなかったので、第二段階目ではそのような問題が出ていなかったと解釈すべきではないだろうか。

次に、第四段階目の全面的禁止を考えると、食事の席で、酩酊して互いに争い、腕力を振るって、けが人も出るという事件があった。イッラ論でもヒクマ論でも、酩酊が社会的な害をもたらしたという解釈であって、当然ながら争いは、社会的によくないことである。しかし、社会全体を考える、あるいは社会的な諸制度と連関して考える視座から見ると、この事件において飲酒が妨げたもう一つの重要なポイントがある。それは、仲良く共食をすることである。ムスリムたちが一緒になって食事をシェアして友好的な関係を深める、という側面である。共食の場で飲酒のためにケンカがあったという場合に、伝統的な解釈は飲酒の禁止の理由として「飲酒→ケンカ」という因果関係を問題にしているが、本書では「飲酒→ケンカ→友好的な共食の阻害」までを視野に入れるべきと考える。

イスラーム社会の研究では、共食の重要性はよく知られている。しかも、飲酒がない。このことは、日本での社交の場としてのいわゆる「お酒の席」と比べると、いっそう意味がはっきりするように思う。ハムル禁止の最終的な結果として、イスラーム社会では酒類を摂取することなく、集団で食事をシェアし、家族や友人が集まって飲食を楽しむ文化が成立した。

第四段階目の全面的禁止の理由を考える時、どのような史料でも、「共食を安全に（無用な争いなしに）するため」「友好的にいっしょに食事をシェアするため」という目的は議論されていない。なぜ、それが論じられていないかを考察すると、すでに成立したイスラーム社会では、それが自明視されていて意識に上らなかったからではないかと思われる。当時の法学者の考えが足りなかったと主張する必要はない。法学者たちが議論をした時代には、イスラーム社会ではすでに飲酒をしなくなっていた。そうであるとすると、かつてのジャーヒリーヤ時代において、飲酒をしたために教友たちさえも言い争いをしたという事実は、彼らに異常なことに感じられたであろう。それが社会的な害として強く意識されたであろう。ところが、自分たちがおこなっている飲酒抜きの食事は当たり前で、特に論点と思われなかった。そのように理解することができる。

飲酒をしない共食が、暗黙の価値として認められているイスラーム社会の中では、「ケンカの原因となった飲酒を取り除く」ことが目的だったという解釈でも十分なのであろう。しかし、現在を考えると、イスラーム社会でも伝統的な価値観が次第に薄れつつあり、さらにグローバル化時代に入って西洋的な価値観の影響も強まっている。ムスリムが酒を提供する場所に接する機会も増えている（旅行をすればホテルに泊まるが、外国人も泊まるホテルでは、イスラーム圏ですら提供される飲食メニューには酒類が含まれていることが多い(4)。イスラームをめぐる諸問題、あるいはイスラーム経済の諸問題は、価値を自明視する範囲を超えて、グローバルに展開している。イスラーム社会の中での伝統的な暗黙の了解を前提として、議論をしていてよい時代ではないと思う。

次章でも論じる現代ハラール食品の問題も、グローバルに論じられるテーマとなっている。その時に、イスラーム社会における飲食を、社会のあり方、共食のあり方、人間関係のあり方から切り離して、ハムルは禁止という論点だけで考えてよいのかというのが、本書の問題意識である。しかも、現在のハラール食品産業では、ハムルをアルコールという化学物質に還元して、それが入っているかどうかというミクロな視点で論じることが主流である。それでは足りないのではないか、もっと総合的な視点に基づいたハラール食品の研究が必要なのではないかということを、次章ではさらに考察する。

次節では、ハムルと並んで本書がハラール食品の主題としている豚肉について検討したい。

2 豚肉の禁止

(1) 歴史的な背景

ハムルの事例とは違って、豚肉の禁止は段階的ではない。その理由を考えるために、ユダヤ教やキリスト教における豚の扱い、アラビア半島における豚の扱いから検討したい。

まず、さまざまな古代文化において、豚が汚い動物として取り扱われたことがわかる。たとえば、エジプト、フェニキア、エチオピアなどの古代文明において、豚は汚れた動物とされていた［Erman 1960：376］。一神教では、ユダヤ教が最初に豚肉を禁止した。イスラームが初めてではない。

ユダヤ教では、許容されていたのは牛や羊など反芻する動物で、ラクダ、ウサギ、ひづめが分かれている動物などと並んで、豚肉も禁止されていた。豚肉を禁止する旧約聖書の言葉は次のとおりである——「〔食べることが禁じられているものとして〕そして、豚、これは、ひづめが分かれていてそのひづめが裂け目をなしているものであるが、それは反すうしないからである。それはあなた方にとって汚れたものである。あなた方はこれらのものの肉をいっさい食べてはならず、その死体に触れてもならない。これらはあなた方にとって汚れたものである」［レビ記一一章七－八節］。

聖書によっても、また一般的な解釈によっても、豚は汚れた動物として食べることは言うまでもなく、触れることも禁じられていた［レビ記一一章二四節］。なぜ汚いかという説明は、主に豚が雑食で、汚いものでも何でも食べることに起因するとされる。しかし、あらゆる禁止された肉はきれいか汚いかという視点からではなく、旧約聖書によって定められた基準からアプローチすべきという考え方もある。これはイスラームにおける啓典解釈学にも見られる考え方である。聖書には「すなわち、獣のうち、ひづめが分かれていてそのひづめが裂け目をなし、しかも反すうするすべての生き物、それがあなた方の食べてよいものである」［レビ記一一章三節］とあるので、豚の忌まわしさの理解はひづめの裂け目の問題から理解されるべきとされる［Counihan & Van Esterik 1997：59–71］。

キリスト教は、ユダヤ教で禁止されたものを大幅に修正した。クルアーンでも、イエスの言葉として、次のように述べられている――「わたし〔イエス〕はまた、わたしより以前に下された律法を実証し、またあなたたちに禁じられていたことの一部を解禁するために、あなたたちの主〔アッラー〕からの徴をもたらしたのである。それゆえ、アッラーを畏れ、わたしに従いなさい」〔イムラーン家〔三〕章五〇節〕。イスラーム側の解釈者は、豚肉の禁止はキリスト教でも同じであったが、イエスの後でユダヤ教徒に対する憎みが高まり、対抗策としてユダヤ教の戒律を変更したもので、その対象の一つが豚肉の禁止であったと解釈されている〔Ibn Taymiyah 1986, 1：320〕。新約聖書では、豚肉そのものは論じられておらず、汚れは人間から来るもので、食物はすべて清浄であると述べられている――「それで〔イエスは〕こう言われた。「あなた方も彼らのように悟る力がないのですか。外から入って行くものは何一つとしてその人を汚すことができないことに気づいていないのですか。それは、〔その人の〕心の中にではなく、腸の中に入って行き、それから下水に出て行くからです」。こうして〔イエスは〕すべての食物を清いとされたのである。さらにこう言われた。「人から出て来るものが人を汚すのです。内側から、つまり人の心から、害になる推論が出て来るのです。……」」〔マルコ、七章一八―二三節〕。

次に、イスラーム以前のアラビア半島における豚について、検討する。さまざまな史料が存在するが、現代の研究書でこの点について最も詳しいのは、ジャワード・アリー著『イスラーム以前のアラブ史の解析』である。

テルアビブ大学の研究者たちが、最近の二〇年間に得られた鉄器時代の考古学的なデータを用いて結論づけたところでは、当時の南部レバントのイスラエル・ユダ族の地域では多様な畜産がおこなわれていたが、豚はいなかったという［Lidar & Yuval 2013］。それに対して、北部などでは数多く見つかっている。また、北部は当時は多神教であったことも判明している。言いかえると、ユダヤ教の戒律が確立する以前から、ここでは豚肉を食さないだけではなく、豚の畜産もしていなかった。つまり、宗教的な理由による禁止ではなく、当時の社会的な理由でユダ族が豚肉を避けて他民族と異なるアイデンティティを持っていたと推定される。

アラビア半島に関しては考古学的なデータはないが、有名なローマの大プリニウス（Gaius Plinius Secundus, 七九年没）による『フェニキア博物誌』（*Naturalis Historia*）でも、豚があらゆる地域にいたと言われながら、アラビア半島では見いだされなかったことがわかる［Pliny & Rackham 1938, Book VII：149］。

イスラーム学に関わる古典文献を見ても、他の畜産と違って、豚の消費はなかった。古典的な文学的な作品を見ると、犬やロバと違って、アラブ人は豚によいイメージを持っていなかったことがわかる［Erman 1960：376］。アラビア半島の人びとが豚を食べ物として使った記録はない。イスラームの成立以降は、イスラーム軍がシャームやエジプトを征服し、これらの地域から豚がアラビア半島に入ったことは、イスラーム法学の文献から察することができる。

キリスト教徒にとって豚肉は畜産としても食物としても重要であったため、イスラーム法学でもそのことを尊重する規定は存在する。しかし、ハムルなどの禁止物については多くの規定があり、論争もなされていたことを考えると、それが欠如している豚については、アラビア半島にはそもそも事例がほとんどなかったと結論せざるをえない。言いかえると、段階的な立法が必要とされるような社会状況は、豚肉については存在しなかった。

(2) 典拠に見る豚肉の禁止

前項で述べたような背景から、イスラームにおける豚肉に関する規定は、はじめから全面的禁止であった。クルアーンにおける関連する章句が四つあり、標準版のムスハフ〔書籍の形のクルアーン〕の章の順番で並べると、次のとおりである。

(1)「かれ〔アッラー〕があなたたちに〔食べることを〕禁じるものは、死肉、血、豚肉、アッラー以外〔の名〕が唱えられたものである。違犯の意思がなく法を犯す気もなく、〔飢餓で〕やむをえない場合は、罪にはならない。アッラーは限りなくお赦しになり慈悲深い」(雌牛〔二〕章一七三節)。

(2)「あなたたちに禁じられたものは、死肉、血、豚肉、アッラー以外〔の名〕を唱えられたもの、絞め殺されたもの、打ち殺されたもの、墜死したもの、角で突き殺されたもの、野獣が食い残したもの、〔ただしそのような場合でも息の根が止まる前に〕あなたたちがと畜した場合は別である。また石壇で捧げられたもの、占い矢で分配されたもの〔は禁じられる〕。それらは堕落〔の行為〕である。今日、信仰しない者たちはあなたたちの教え〔に反対すること〕をあきらめた。彼らを恐れず、われ

〔アッラー〕を恐れなさい。今日われ〔アッラー〕はあなたたちのために、あなたたちの教えを完成し、またあなたたちに対するわが恩寵を完遂し、あなたたちの教えとしてイスラームに満悦した。飢えに迫られて〔禁止物を食して〕も罪を犯す気のない者には、まことにアッラーは限りなくお赦しになり慈悲深い」(食卓〔五〕章三節)。

（3）「〔ムハンマドよ、人びとに〕言いなさい、「私に啓示されたものには、食べたいのに食べることを禁じられたものはありません。ただ例外は、死肉、流れ出る血、豚肉――それは汚れである――とアッラー以外の名が唱えられたものです。違犯の意思がなく法を犯す気もなく、違犯の意思がなく則を越えずに、〔飢餓で〕やむをえない場合〔に必要量を食することについて〕は、まことにあなたの主〔アッラー〕は限りなくお赦しになり慈悲深い」と」(家畜〔六〕章一四五節)。

（4）「かれ〔アッラー〕はあなたたちに死肉、血、豚肉、アッラー以外〔の名〕が唱えられたものを禁じる。違犯の意思がなく法を犯す気もなく、〔飢餓で〕やむをえない場合には、まことにアッラーは限りなくお赦しになり慈悲深い」(蜜蜂〔一六〕章一一五節)。

以上の四つの章句には、一読してわかるように、部分的禁止から全面的な禁止への段階は含まれていない。四つの章句から、豚肉禁止に関する重要なポイントを、以下の三点にまとめて述べることにしたい。

まず第一に、いずれの章句でも「豚の肉（laḥm khinzīr）」と述べられているが[5]、法学では、豚全体が禁止されているものと解釈されている。したがって、皮や骨などの部分も禁止の対象に含まれるというのが、主流の解釈である。その解釈は、アラビア語の用法として、一般的に用いる部分や代表的な部分によって全体をも表現することがよくあるとの理解に基づいている。つまり、豚から取れる利益は一般的に肉として売買することによるので、肉が豚の全体を代表しているとされる。この解釈が法学者のイジュマー（合意）を得ていると、クルトゥビーやラーズィーは述べている［al-Qurṭubī 1964, 2：223；al-Rāzī 2000, 5：200］。ザーヒル学派も同じ見解である。イブン・ハズムの言葉を借りると「豚そのものが全体としてリジュス（汚れ）である。その部分はリジュスの一部であり、禁止されているので避けなければならない」［Ibn Ḥazm al-Ẓāhirī n.d. vol. 6：55］。この引用から明らかなように、肉、皮、神経、骨、ミルクなどすべての部分が禁止されているというのが、イブン・ハズムの結論であった。

第二に、「禁止されたもの」を理論的に何と措定するかは、法学者によってさまざまな定義があるが、わかりやすいのは、「それ自体が本質的に禁止されているもの（ムハッラム・リザーティヒ muḥarram li-dhātihi）」と「他の理由によって生じた状態によって禁止されているもの（ムハッラム・リガイリヒ muḥarram li-ghayrihi）」の二分法であろう。豚肉の禁止は、豚肉であるがゆえの禁止なので、前者に属している。後者の例はアッラー以外（の神）に捧げた肉の禁止で、「アッラー以外（の神）に捧げる」という状態によって禁じられたものであって、その肉自体が禁止されているわけではない。ムスリムに食べることが許されている鶏肉でも、偶像に捧げたものであれば禁止となるのは、「他の理由による」禁止の例である。

さらに章句に続いて、ハディースの中の豚の言及にも触れておこう。ハディースにおいては「豚」

の語は百か所ほども登場する［Daqir 1994］。しかし、その多くは卑しさに関する比喩で、豚肉を食することに関する言及は非常に少ない。これは、前述の通り、アラビア半島にほとんど豚がいなかったし、アラブ人が豚肉を食する習慣がなかったことによるものであろう。

豚肉に関する数少ないハディースの例として、次をあげることができる――「ジャービル・イブン・アブドゥッラーはアッラーの使徒〔ムハンマド〕が勝利〔マッカ征服〕の年にマッカで次のように語ったハディースを聞いたとして伝えている。アッラーとその使徒〔ムハンマド〕は酒と動物の死体と豚と偶像の取引を禁じた。すると誰かがこういった。アッラーの使徒よ、死体の脂についてはどうですか？　それは舟に塗装される（水の浸透を防ぐ）し、革のなめし油としても使われます。また庶民は（燈して）明かりにも使います。すると彼は「否、それはハラーム（禁じられている）」と言い、さらに続けてこう言った。アッラーがユダヤ教徒をお赦しになりませんように！　彼らは崇高なるアッラーがその脂を禁じたにもかかわらず、それを溶かして売りその代金を得ている」（［ムスリム n.d. 2：622］、一部改訳）。

以上、豚肉禁止の典拠とその解釈を論じた。次に、現代と結びつけられる古典の再解釈を試みたい。

（3）ナジャーサ（不潔）とリジュス（汚れ）の概念――法学者の解釈

ハムル禁止に関して述べたように、ムスリムの間では、クルアーンの指示についてその理由が明確に理解されなくても、アッラーによって禁じられている以上は、禁じられるべきものであり、その規定を守ることに信仰上の意味があるという立場がある。神が人間に禁止している以上、それは必ず人間の利益のためであるから、なぜハムルや賭博などが禁止されているか、合理的な理由を探究しなくもよい、とイスラーム法学者は論じてきた。この考え方は、古典文献の中に強く見られるだけでなく、現代でも、特に豚肉禁止のように禁止の理由がそれほどはっきりしていない事例についてよく言われている。[6]

その一方で、クルアーンの解釈を専門とする学者たちは、法規定の背後にあるヒクマ（叡智）探究の努力をやめない。本書でも、「禁止されているから、それは禁止されるべきである」という立場では、現代におけるイスラーム社会のあり方を考察する上で不十分であると考える。聖典に理由が明記されていないのは、わからなくてよいという意味ではなく、人間が不断にイジュティハード（解釈の営為）を続けるべきだからとも考えられる。

上述の四つの章句のうち、理由と思われる点に言及がある第三番目の章句の表現に戻ると、豚肉は「リジュス（rijs）」と述べられている。この点の解釈が大きな焦点となる。このリジュスに解釈によって、現代に至るまでのハラール食品の問題にも大きな影響がある。

古典的な文献においては、イスラーム学者は豚肉の禁止を精神的な視点から論じることが多い。その説は、人間の性格や精神的な状態が食べ物により影響されることに基づいている。つまり食物の栄養が身体内に入って、人間の本質になりその性格も人間に影響する。このような認識に従えば、豚はどれほど清潔に育ててもその卑しい性格が人間に影響するので食べてはいけないことになる。ラーズィーによれば「豚は官能が強くてけちの性格が本性である」[al-Rāzī 2000, 11: 283]。イブン・ハルドゥーンの議論では、「アラブ人はラクダ肉を食べてぶっきらぼう・性格の強さ・荒さを得た。トルコ人は馬肉を食べて猛々しさを得た。フランク人〔西欧人〕は豚肉を食べて不義の性格を得た」[Daqir 1994] ということになる。

第三番目の章句で「リジュス」と表現されているのは、豚の悪しき性格を指しているというのが、豚肉の禁止についての説明の一つである。食物がただちに人間の性格を決めるという前近代的な見方には賛成しないとしても、このような見方には、「禁じられている以上は、禁じられるべき悪が内包されている」という同義反復とは異なる解釈論がある。

第三番目の章句では、「〔ムハンマドよ、人びとに〕言いなさい、「私に啓示されたもののには、食べたいのに食べることを禁じられたものはありません。ただ例外は、死肉、流れ出る血、豚肉——それは汚れである——とアッラー以外の名が唱えられたものです……」（家畜〔六〕章一四五節）と述べられている。そもそも、この「汚れ」は先行する名詞のどれを形容しているのであろうか。シャーフィイー法学派に属するマーワルディーは、リジュスは豚肉を形容していると解釈しているが、これは主流の解釈と言えるであろう。なぜなら、形容詞は最も近い名詞のことを表すのがアラビア語の一般ルールだからである。ここの和訳でも、「ただ死肉、流れ出る血、豚肉——それは汚れである——とアッラー以外の名が唱えられたもの」とした。しかし、先行する名詞を全部指すという少数見解もある。その場合は、「ただ死肉、流れ出る血、豚肉——それらは汚れである」と複数形に訳すべきであろう。

和訳で「汚れ」としたのは、リジュスをナジス（不潔）と同義とする多数意見があるものの、語彙が異なる以上、両者の語義は少し異なる。有名なムハンマド・アリーの英訳では、“abomination”とリジュスが表現されている。アラビア語学者であるザッジャージュ（九二三年没）によると、リジュスは汚れや不潔を指している［al-Zajjāj 1988, vol. 2：203］。クルアーンでの十か所のリジュスの登場箇所を見ると、リジュスはアッラーに嫌われた悪や罪を指すもので、ナジャーサ（不潔）[7]であるとは必ずしも言えない。また、ナジャーサではない汚れの意味で使われている事例が、豚肉以外にもいくつか章句がある［al-Ṭabarī n.d., p. vol. 6：177；vol. 10：564；vol. 12：110–112］。

つまり、リジュス＝ナジャーサとは限らない。しかし、リジュスの語から豚肉はナジャーサ（不潔物）とする法学者が多数派である。さらに豚肉の状態ではなくて、生きている状態の豚もナジャーサであるとの意見が多い。シャーフィイー学派のシーラーズィーは、犬の場合にナジャーサ説が明解であるため、それとの類推で豚のナジャーサ説を補強している。ただし、マーリク学派は生きている動物はすべて清潔との立場から、豚についてもナジャーサの見解を取らない。シャーフィイー学派のナワウィーも、生きている状態の豚をナジャーサとすべき証拠がないと述べている［al-Nawawī n.d. 2：568］。

アラビア語の語義から言えば、一八－一九世紀のイエメンの法学者の長であったシャウカーニーが論じているように、リジュスはナジャーサと同義ではない。シャウカーニーは、ここでのリジュスは比喩的であり、禁止されているだけではナジャーサ説にあたらないと述べている。

現代の議論では、科学の発展によって発見された豚肉の身体への悪影響をあげる説が多い。現代研究の例として［Bārr 1986；Qūsh n.d.］があるが、二つとも医学専門家の著作で、医学的な面から豚肉の身体への悪影響を詳しく論じている。確かに、牛や羊などの他の家畜と違って、豚は雑食性があって生ゴミなども食べる動物であるし、感染症の問題もよく知られているため、生食はしない（寄生虫のトキソプラズマについては古代から知られていて、生食してはいけないとされてきた。また現代では、E型肝炎ウィルスのリスクなども指摘されている）。さらに豚は食べたものの消化吸収率が低いため、人間の健康にはよくないとされる。聖典で禁じられている以上、このような医学的な説明も近代的で合理的な説明として、イスラーム世界では受容が続くであろう。

豚肉の禁止とハラール食品が具体的に結びついた問題については、第4章でさらに考検討を加えることにしたい。

3　イスラーム式と畜と「ハラール肉」

家畜を肉として食べるためには、と畜する必要がある。今日では「イスラーム式と畜（dhabḥa Islāmīya）」という用語も広まっているが、イスラーム式と非イスラーム式という認識や表現が使われるようになったのは、二〇世紀半ば以降と考えられる。イスラーム法の用語としては単に「と畜」であって、前近代にはムスリムがイスラーム式のと畜をすることは自明視されていたであろう。しかし、非イスラーム圏へのムスリム移民の増大や非イスラーム圏からの肉の輸入がなされるようになって、シャリーアに従ってと畜されているかどうかが大きな問題となるようになった。

（1）禁じられたと畜方法とイスラーム式と畜

クルアーンでは、と畜の方法については、明確な指示はない。イスラーム式と畜の典拠は、スンナにある。ただし、豚肉の禁止に関連して上に引用した章句のうち、二番目の章句には、禁じられたと畜方法が述べられている。

「あなたたちに禁じられたものは、死肉、血、豚肉、アッラー以外〔の名〕を唱えられたもの、絞め殺されたもの、打ち殺されたもの、墜死したもの、角で突き殺されたもの、野獣が食い残したもの、〔ただしそのような場合でも息の根が止まる前に〕あなたたちがと畜した場合は別である。また石壇で捧げられたもの、占い矢で分配されたもの〔は禁じられる〕。それらは堕落〔の行為〕である」（食卓〔五〕章三節）。

「絞め殺されたもの、打ち殺されたもの、墜死したもの、角で突き殺されたもの、野獣が食い残したもの」と五つ言及されているが、いずれも、このような死に方の家畜は他の章句で言う「死肉」に分類される結果となり、食することができない。このうち、「絞め殺す」「打ち殺す（打撃を与えて殺す）」「（高所から）突き落として殺す」「角（や槍など）で突いて殺す」がと畜方法に相当する。ジャーヒリーヤ時代は、このような形で殺された家畜も食されていたことが、ここからわかる。いずれもイスラーム式と畜とは適合しないため、ここで禁止されている。

ただし、イスラーム社会が成立すると、動物の喉を鋭利な刃物で瞬時に切り、その後すぐに血を流出させて、食が禁じられた「血」を排出するというと畜法が普及したため、この章句の四つの方法はと畜方法とは認識されなくなったと思われる。啓典解釈書でも、禁じられた家畜の殺し方、あるいは家畜が死肉になってしまうような死に方、と一括されている。

次節では、と畜方法に関する四段階を見てみよう。

(2) ジャーヒリーヤ時代のと畜方法と食肉

ジャーヒリーヤ時代には、さまざまな方法でと畜ないしは動物を殺害する方法が用いられていて、いずれの方法であれ死んだ動物の肉を食していた。定住民と遊牧民の間には違いがあり、特に遊牧民は厳しい生活環境で暮らしていたため、手に入る肉は何でも食べていたという［al-Ālūsī 1995：Vol. 1, 380］。また、部族の食習慣として特定の部位を食べない（たとえば、ジャアフィー部族は動物の心臓を食べなかったという［Ibn Sa'd 1990：vol. 1, 245–246］）ということもあったが、一般的にはどんな動物の肉でも食することが許されていた。

前出の章句に「絞め殺されたもの、打ち殺されたもの、墜死したもの、角で突き殺されたもの、野獣が食い残したもの」とあるように、と畜方法も、ロープを使って絞め殺す、棒などで打ち殺す、高いところから突き落としたり、井戸に突き落としたりして殺す、といった手近に使える方法が用いられていた。動物が高所から自分で墜落死した場合も、平地で自然死していた場合も、食用にしていた。猟犬を用いた狩猟、弓矢による狩猟もおこなわれていた。

狩猟は、と畜方法としては、イスラームでも例外的に認められており、猟犬を放つ時にアッラーの御名を唱える、矢を射る時にアッラーの御名を唱えるというルールがハディースに記されている。弓で射た動物が死んでいた場合に、矢傷だけがあった場合は食することができるが、泉や川の水中で見つかった場合は、死因が水死の可能性があるので食べることはできない［Muslim ibn al-Ḥajjāj n.d., vol. 3: 1529］。しかし、ジャーヒリーヤ時代には、いずれの場合も躊躇なく食べていた。タバリーによれば、当時「死肉」とみなされるのは、苦痛で死んだ動物だけで、その他の死に方はすべて食用に適すると認められていた。

なお、イスラーム式と畜で用いられる、喉と頸動脈を刃物でかき切る方式も、ジャーヒリーヤ時代には存在した。ただし、イスラーム式では、その後血が流れ出るようにして、肉には血がほとんど残らないようにするが、ジャーヒリーヤ時代には、動物の血を飲んだり、血を火にかけて煮詰めて固めて食用にしたりすることもなされていた［al-Zabīdī 1965, vol. 9: 59］。イスラーム式で血を流れ出るようにするのは、「流れ出る血」が禁じられた（家畜〔六〕章一四五節）からで、血に関する扱いは、ジャーヒリーヤ時代と大きな違いがある。

（3）イスラーム時代のと畜方式の段階的発展

「啓示の契機」を用いた考察を進めるならば、四つの段階を経てイスラーム時代に、と畜方法の全面的なルールが確立したと考えられる。第一段階は、前項で述べたジャーヒリーヤ時代で、食肉やと畜についての章句がまだなかった頃が該当する。

次に第二段階として、「アッラーの名を唱える」ことが大原則として確立された。これはアラビア語では「タスミヤ（tasmiya, 名を唱えること）」と呼ばれる。その章句は、次のとおりである――「アッラーの御名が唱えられたものを食べなさい。もし、あなたたちがかれ〔アッラー〕の徴を信じているのならば」（家畜〔六〕章一一八節）。

この原則の確立は、次の章句からも読み取れる――「彼らは、自分たちに何が許されるかについて、あなた〔ムハンマド〕に尋ねている。〔答えて〕言いなさい――「良いものは〔みな〕、あなたたちに許されている。アッラーがあなたたちに授けた知識であなたたちが訓練した鳥獣〔犬や鷹〕が捕らえるものは、食べなさい。それ〔獲物〕に対して、アッラーの御名を唱えなさい」」（食卓〔五〕章四節）。

第三段階では、食用に関する四つの基本的な禁止物が定められた――「〔ムハンマドよ、人びとに〕言いなさい、「私に啓示されたものには、食べたいのに食べることを禁じられたものはありません。ただ例外は、死肉、流れ出る血、豚肉――それは不浄である――とアッラー以外の名が唱えられたものです……」」（家畜〔六〕章一四五節）。ここで、「死肉」「血」「豚肉」「アッラー以外の名が唱えられた動物」が明確に禁止されている。第二段階で確立された「タスミヤ」の原則は、それに反する場合が「アッラー以外の名が唱えられたもの」と指定されて、再確認されている。

第四段階では、この四つに加えて、イスラーム式と畜に反するものが全面的に禁止され、それによってイスラーム式と畜が確立されたと考えられる――「あなたたちに禁じられたものは、死肉、血、豚肉、アッラー以外〔の名〕を唱えられたもの、絞め殺されたもの、打ち殺されたもの、墜死したもの、角で突き殺されたもの、野獣が食い残したもの、〔ただしそのような場合でも息の根が止まる前に〕あなたたちがと畜した場合は別である。また石像に捧げられたもの、占い矢で分配されたもの〔は禁じられる〕」（食卓〔五〕章三節）。

この章句の続きの部分には、「今日われ〔アッラー〕はあなたたちのために、あなたたちの教えを完成し、またあなたたちに対するわが恩寵を完遂し、あなたたちの教えとしてイスラームに満悦した」と、イスラームの完成を告げる言葉が含まれている。これは前述の「別離の巡礼」の後の啓示とされ、これが最後の章句ではなかったとしても、最後期の啓示であることが内容からも明らかである。「石像に捧げられたもの」の「石像（nuṣub）」は、ジャーヒリーヤ時代の偶像の中でも特に石で作られた像を指している。当時は、ある場所に石像が並べられていたという［al-Ṭabarī 2000：vol. 9, 508］。「占い矢で分配されたもの」については、飲酒の禁止と並んで禁止が明示されていたことは前に触れた。どちらも偶像崇拝が、と畜および食肉と結びついた習慣を指しており、偶像崇拝の否定を改めて確認している。

動物をほふる時の動詞の一つが「犠牲に捧げる（dhabaḥa）」であるが、これはイブラーヒームの故事に由来する。イブラーヒームは、旧約聖書の族長アブラハムであるが、イスラームでは人類史上の五大預言者の一人とされ、イスラームはその教えを再興するものとされており、教義上も非常に重要な存在である。マッカは、かつて人が住まない地であったが、イブラーヒームが神の命でこの地に、息子イスマーイール（聖書の表記ではイシュマエル）とその母ハージャル（ハガル）とやってきて、カアバ聖殿を建てた。イブラーヒームは神から息子を犠牲に捧げるよう命じられ、いざ実践しようとすると、彼の信仰心が証明されたとして、代わりに犠牲獣を捧げるよう命じられた（クルアーンでは、整列者〔三七〕章八二－一一一節に詳しい。ユダヤ教・キリスト教では、この息子はイサクとされている）。

その後、イブラーヒームはここから立ち去るのであるが、息子のイスマーイールは残り、この地に水が湧き出たため、定住してきたアラブ部族の娘と結婚した。その子孫の中からクライシュ族が出て、ムハンマドも出た。クライシュ族はイスマーイールを祖先とすることを誇りにしていた。カアバ聖殿の巡礼は、ジャーヒリーヤ時代にも実施されていたが、これはイスマーイール時代の一神教から多神教に変わっても続いていたもので、イスラームはそれを一神教に戻したと考えられる。当然ながら、巡礼には犠牲獣を捧げる行事（犠牲祭）もあり、巡礼と食肉は深い結びつきを持っている。クルアーンでは、次のように言われる――「われ〔アッラー〕は、すべてのウンマ〔共同体〕に〔犠牲を捧げる〕儀式を定めた。かれ〔アッラー〕が彼らに授ける犠牲獣に、アッラーの御名を唱えなさい。まことに、あなたたちの神は唯一なる神である。かれ〔アッラー〕に帰依しなさい。〔ムハンマドよ〕謙虚なる者たちに朗報を伝えなさい」（巡礼〔二二〕章三四節）。

犠牲獣については、「それらの肉も血も、決してアッラーに達するわけではない。しかし、あなたたちの篤信はかれ〔アッラー〕に届く。このようにかれ〔アッラー〕は、それ〔犠牲獣〕をあなたたちの用に供する。あなたたちに、かれ〔アッラー〕の導きに対して、アッラーは偉大なりと唱えさせるためである」（巡礼〔二二〕章三七節）と述べられている。これには、ジャーヒリーヤ時代には、犠牲獣をほふった後、神に近づくためと称してカアバ聖殿に犠牲獣の血を塗っていた慣習を否定する意味も含まれている［al-Baghwī 1997 : Vol. 5, 387–388］。

（4） ヌズム論から見たイスラーム式と畜

以上のように四段階を経て、動物をどのようにほふって食肉とするのかのルールが定められたと考えることができる。これは、ヌズム論から見ると、どのように理解することができるであろうか。イスラーム式と畜のルールが細かく厳しいことは、よく知られている。ムスリムの移民や旅行者たちは、現代において異国に行く場合も、食事の際の肉がイスラーム式と畜を経てハラールなものとなっているか、しばしば非常に気にする。飲酒と豚肉の禁止に次ぐ重みを持つイスラームの食事規定と言えよう。

これを全体的なシステムとして見た時に気がつくのは、厳格さに裏打ちされて、グローバルに共通すると畜方法が普及しており、ムスリムはどこの地にいても、統一的なと畜方法による食肉の合法性を確保できるようになっていることであろう。しかも、これは「タスミヤ」が根本的な原則となることで、信仰箇条とも結びついて、ムスリムの生活を大きく律している。ウンマないしはイスラーム世界の共通性を支えるものは、礼拝や断食などの基本的な信仰儀礼だけではなく、食肉をめぐるシステム的な統一性と言うことができる。

小　括

本章では、古典史料を読み直し、ハムル禁止の歴史的な文脈がどのようなものかを検討した。ハムルがなぜ禁止されたかについて再考する試みによって、より広い社会的な観点からの読み直しが可能であるとの結論を得た。

また、豚肉の禁止に関する古典の議論を検討して、ハムルの段階的な禁止とは違って、一気に禁止された歴史的背景を考察した。また、典拠における豚に関する章句などの解釈について、「リジュス」の語をめぐる論争を含めて、全体的な分析をおこなった。

さらに、イスラーム式と畜について、その法規定の内容と段階的な発展を考察し、世界宗教としてグローバルで統一的な食事規定が構築されていることが明らかとなった。

第4章　現代イスラーム経済論とハラール食品産業

――その形成・発展と法学的諸問題――

はじめに

イスラーム世界が自立している時代には、イスラーム経済が実施されていた。しかし、一九世紀に入る頃には、イスラーム世界は分裂し衰弱しており、次第にイスラーム経済の弱体化が進んだ。特にオスマン朝の衰退と西欧列強による各地での植民地化が進むと、イスラーム世界は次第に資本主義に巻き込まれることになった。その過程で、西洋型の銀行が導入され、利子も導入されるようになった。

一九世紀には、西洋の支配に対してさまざまなレジスタンスが起きた。また、二〇世紀に入ると、イスラーム復興が起きた。その中で、イスラーム金融または「無利子金融」が提案され、イスラーム銀行が登場した。一九七五年のドバイ・イスラーム銀行（Bank Dubayy al-Islāmī）の設立を皮切りに一九七〇年代から一九八〇年代にかけてイスラーム銀行が各地に設立される中で、当初は「無利子金融」の実現可能性への疑問も出されていたが、一九九〇年代から二一世紀に入る頃には、イスラーム銀行は世界経済の中にしっかりと定着した（イスラーム銀行や経済の急成長についてはChapra［1996：45–46］、Wilson［2008］、Ernst & Young［2013］、Eid & Asutay［2019：17–19］、Qadri & Bhatti（Eds.）［2019：32–42］など）。

銀行利子以外にも、西洋の経済は、さまざまな非イスラーム的な要素を持ちこんだ。賭博性やガラル（不確実性）が、それにあたる。そのような要素に対しても、イスラーム経済論では、それをいかに排除することができるか、さまざまな議論をしてきた。

また、広義のイスラーム経済の一分野であるハラール食品産業も、イスラーム復興に伴って、二〇世紀半ばから盛んになってきた。

本章では、第2・3章で論じた、イスラーム経済、ハラール食品に関するイスラーム成立期の青写真をもとにして、現代のイスラーム銀行・金融とハラール食品産業を論じる。

したがって、本章の前半においては、まずイスラーム経済の形成と発展を探りながら現代に至るプロセスとそこでおこなわれてきた議論を、ファトワーなどを中心にして解き明かしたい。イスラーム金融の契約形態としては、ムダーラバ（muḍāraba）契約、ムラーバハ（murābaḥa）契約、タワッルク（tawarruq）契約などを扱う。

なお、ファトワーとは「法学裁定」と和訳されることもあるが、権威ある法学者や法学者の委員会が一般信徒（法学者以外のすべての信徒。統治者も含む）の問いに答えて、それに対するシャリーアの立場を回答するものである。ファトワーを法学者の見解と訳する場合も見られるが、法学者は法学書、講義、判決（裁判官を務める場合）などで見解を出す存在であり、ファトワーは一般的な見解ではない。法学者は自由に見解を発表することができるが、ファトワーの場合は「問い」がなければ発出できないので、「法学回答」と訳すこともできる。また、ファトワーは法学上の権威をもって回答する（すなわち、その回答に従う信徒は、それによってシャリーアに従う義務を果たしたことになる）という点に特徴がある。そうであれば、ファトワーを出す「権威」「権限」とは何かも、時に問題となる（後述のように、「味の素事件」でもそれが焦点の一つとなった）。国家のレベルでは、国家に対してもも回答責任を負うムフティー（原義は「ファトワー発出者」）という公職を設けている場合が多い。

続いて後半においては、ハラール食品産業の形成と発展を振り返りながら、これをめぐるファトワーの現代的な展開を探ってみたい。具体的には、まず豚肉に関する二〇〇一年のインドネシア「味の素事件」を事例として論じたい。またはハムルに関しては度々話題になる食品に使われているアルコールの成分に関するファトワーを中心に、現代におけるイスラーム法の解釈とその展開を検討したい。

1　現代イスラーム経済論の法学的な議論

(1) 二〇世紀におけるイスラーム経済論の形成と発展

無利子の金融制度がいかにして可能となるかは一九五〇年代から議論されてきたが、いわゆる「イスラーム銀行（bunūk Islāmīya, Islamic banks）」によって、イスラーム経済論は実践段階に入った。その実際的な始まりは、一九七五年にドバイ・イスラーム銀行（Bank Dubay al-Islāmī）が商業銀行として創設されたことであった。

世界経済の規模との比較で言えば、まだ十分な規模に達していないとも言えるが、欧米日の先進国の財力が支配的な今日の資本主義体制の中で、新しい「代替的経済システム」として名乗りをあげたイスラーム経済とそれを代表するイスラーム銀行・金融の実績・成長には目を見張るべきものがある［Global Financial Development Report 2014；Alam & Rizvi（Eds.）2016：3；2017：16；Baltušytė & Daiva 2018］。

イスラーム銀行が設立されているのは、いわゆるイスラーム諸国のみではない。イスラーム協力機構（Munaẓẓama al-Taʻāwun al-Islāmī, Organization of Islamic Cooperation：OIC、かつてのイスラーム諸国会議機構 Munaẓẓama al-Muʼtamar al-Islāmī, Organization of Islamic Conference：OIC）の加盟国は五七（未独立で国連のオブザーバー国家となっているパレスチナ以外は国連加盟国）であるが、イスラーム金融機関は七〇か国以上に設立されている［Najjār 1980；Alam & Rizvi（Eds.）2017］。非イスラーム圏でもイスラーム金融への関心はどんどん高まっており、今後のイスラーム金融の伸びは、二〇一〇年代にも国際銀行によって二五％の成長が予想されてきた［Markaz al-Imārāt li-l-Dirāsāt wa al-Buḥūth al-Isturātījīya 2013］。

今日の世界経済は、貧富の差の拡大をはじめ、さまざまな問題を抱えている。確かに、資本主義と社会主義の闘争は前者の勝利に終わったが、グローバルな資本主義の拡大、金融資本が支配的な市場経済の世界化などがもたらす問題点は、二〇〇七年以降の世界金融危機以降に、改めて専門家の関心を集めた。イスラーム経済が「代替的経済システム」となることを主張している背景には、このような現代的な危機が続く国際経済制度の問題が存在している。実用的な面から見ても、イスラーム金融の成長率は一般の銀行・金融より五％も高いと言われており、欧米、日本、中国などもイスラーム経済を活用するための整備を図っている。

イスラーム経済論が生まれる歴史的経緯として、一九世紀後半以降のイスラーム復興の流れがある。イスラーム復興の草創期の代表は、ジャマールッディーン・アフガーニー（Jamāl al-Dīn al-Afghānī, 一八九七年没）、ムハンマド・アブドゥフ（Muḥammad ʻAbduh, 一九〇五年没）、ムハンマド・ラシード・リダー（Muḥammad Rashīd Riḍā, 一九三五年没）たちである。彼らは「イスラーム改革（Iṣlāḥ Islāmī）」の指導者として知られ、イスラーム世界に広く影響力を持った。経済や利子をめぐる彼らの議論については、次項以降で具体的に検討する。

現代イスラーム経済論が具体的な提案をもって論じられるようになったのは、第二次世界大戦後の二〇世紀半ば以降であった。西欧列強の植民地支配から独立したイスラーム諸国は、それまでの政治的な支配をはねのけるだけでなく、イスラーム法の規定に反する経済制度に対しても改革を求め始めた。特に、西洋的な銀行・金融制度が明白にイスラーム法に反する要素である利子を用いているため、それを排除して、イスラーム法に認められた取引で代替することができるかについて、論文や書籍が出されるようになった。マフムード・アブー・アッスウード（一九九三年没）の『イスラーム経済における基幹概念』（*Khuṭūṭ Ra'īsīyah fī al-Iqtiṣād al-Islāmī*, 一九六五年刊行）をはじめとして、多くの理論家たちの努力によって、利子を排除した金融制度の青写真が明らかになってきた［Al-Qarārī 2016 : 8］。

この時代の先駆的な実践の例として、無利子の相互基金と貯金銀行としてマレーシアに登場した巡礼基金（タブン・ハッジ）がよく知られている［Qaḥf 2000 : 184］。南アジアでも、現代のイスラーム銀行・金融に早くから参加があって、一九五八年からナジャートゥッラー・スィッディーキー（Mohammad Najatuallah Siddiqui）のイスラーム経済論の貢献が始まった。国際的に初めて登場した無利子の貸し出しサービスのマイクロファイナンスのプロジェクトであり、インドやエジプトで始まって、ムスリムの要求に応じて設けられた。その後イスラーム法に則して一九六三年にエジプトのデルタ地方で貯蓄銀行が設けられて、大きな人気を博した（三年間に五万九〇〇〇人もの預金者が集まった）。それを継承するものとして、一九七一年にナーセル社会銀行が設立され、社会的な活動に基づきリバーを用いないことを条件とした［Mīrah 2011 : 40–41］。

一九七二年にサウディアラビア王国で開催されたイスラーム諸国外相会議の勧告案として、イスラーム世界の国々のために国際イスラーム銀行を設ける必要性が示された。これによって、一九七四年にジッダに本店を置くイスラーム開発銀行（Bank al-Tanmiya al-Islāmīya, Islamic Development Bank：IDB）が設立された。これは無利子の国際金融機関として設けられたが、個人向けではなく、イスラーム諸国の政府向けであった。

一九七五年にドバイ・イスラーム銀行が設立され、商業銀行として初めて、イスラーム法に沿った個人向けサービスを始めた。それ以降、非常に多くのイスラーム銀行が生まれ、多くが成功をおさめてきた。一九七〇年代後半には、一九七七年にエジプト・ファイサル・イスラーム銀行（Bank Faysal al-Islāmī al-Miṣrī, Faisal Islamic Bank of Egypt：FIBE）、クウェート・ファイナンス・ハウス（Bayt al-Tamwīl al-Kuwaytī, Kuwait Finance House：KFH）、スーダン・ファイサル・イスラーム銀行（Bank Faysal al-Islāmī al-Sūdānī, Faisal Islamic Bank of Sudan：FIBS）が設立された。または、一九七八年にヨルダン・イスラーム銀行（al-Bank al-Islāmī al-Urdunnī, Jordan Islamic Bank：JIB）が設立され、一九七九年にバハレーン・イスラーム銀行（Bank al-Baḥrayn al-Islāmī, Bahrain Islamic Bank：BisB）が設立された。

八〇年代には新たな展開が見られるようになった。巨大金融グループによる世界展開がおこなわれた一方、一国の金融システム全体のイスラーム化[1]も試みられた。ダール・アル＝マール・アル＝イスラーミー（Dār al-Māl al-Islāmī：DMI）・グループとダッラ・アル＝バラカ銀行グループは、ともにイスラーム金融の世界展開のために設立された巨大金融グループであり、中東地域に限らずアジア、アフリカ、ヨーロッパに至るまでその活動が及んだ。

一九九〇年代にイスラーム金融を先導したのは東南アジア、特にマレーシアの勃興による。八〇年代前半に東南アジア初の商業ベースでのイスラーム金融の取り組みを開始したマレーシアでは、九〇年代前半から、政府の強力なイニシアティブによってイスラーム金融が今日まで強力に推進されてきた。中東諸国の取り込みもあって、その世界的な台頭が可能となったのである。一九九三年には、無利子金融スキームが導入された。

このような発展により二一世紀に入ると、ロンドン、シンガポール、香港といった非イスラーム圏の金融センターが相次いでイスラーム金融に対して積極的な取り組みをおこない、国際金融市場におけるイスラーム金融の立場が一気に高まっていった［Tacy 2006：355；小杉・長岡 2010：57–79；Zada et al. 2017：355］。

これらのイスラーム銀行に代表されるイスラーム金融の誕生および発展の大きな特徴は、いわゆる「無利子金融」にある。それに至る前の西洋型の有利子の金融に対して、イスラーム法学者がどのような立場を取ったのか、または無利子金融の登場によりイスラーム経済論における議論はどう展開したのか、または近年におけるイスラーム経済論の論争点がどこにあるのか、次に考察してみたい。

（2） 現代のリバー論争

①西欧型銀行の「利子」はリバーか？

現代イスラーム銀行・金融の原理は、資本主義や社会主義の経済論と違って、初期イスラームのイスラーム経済構想に基づいている。前近代に存在したイスラーム経済（イスラーム世界の実体的な経済システム）も、現代における経済的なイスラーム復興という観点からは重要な素材であるが、実際問題としては、「イスラーム経済とは何か」をめぐる議論や提案は、聖典クルアーンやハディースに示された初期イスラームの経済的な理念や構想、それを基に前近代に発展したイスラーム法学での議論を素材として構築されてきた。

そのような議論や提案が半世紀以上続く中で、ある程度はイスラーム経済のあり方について合意なり、主流の見解が生じてきている。それに基づけば、イスラーム経済では、あらゆる金融は実物経済と強く結びついていて、経済活動に参加する人びとの間の公正を重視している。リスクについても、利潤と損失を取引に参加する人びとが分かち合うことで、公平なものとする。その他にも、イクティナーズ（iktināz, 退蔵、買占め）や独占（iḥtikār）、ガラル（gharar, 不確実性）など、商行為において不公正や不公平を禁じる諸規定が定められている。第2章で論じたように、このイスラーム経済に関するシステムと諸規定は、ムハンマド晩年までに全面的に展開され、その後も詳細が法学的に発展してきた。

現代のイスラーム経済論におけるファトワー、特にイスラーム銀行・金融の分野に関するファトワーを検討すると、初期イスラーム経済論の発展とは逆に進んでいるように見える面がある。つまり、現代イスラーム銀行・金融における議論は、リバー禁止の法規定を主軸として動いていて、全体的なイスラーム経済構想を追究していないように見える。第2章で見たように、初期のイスラーム経済構想は投資や発展を軸としており、リバーはその正しい発展を阻害すると見られて最後に全面的に禁止された。ただし、リバー概念は少なくとも期限のリバーと剰余のリバーを内包する複雑なもので、その意義を理解することは必ずしも容易ではない。最晩年に禁止されたリバーについて、明細を説明せずにムハンマドが世を去ったため、後の法学者たちもさまざまな議論をすることになった。本書ではそれについて、物々交換から市場経済・貨幣経済への移行を促す狙いがあったのではないかという新しい仮説を第3章で示した。

現代イスラーム経済論の発展は、三つの段階として説明することができる。つまり、理論的な議論がなされた段階、現実化の段階、その補正と発展の段階である。いずれの段階においても、議論がリバー問題を軸に起きているのが大きな特徴である。

第一段階では、西洋型の銀行・金融における「利子」をめぐる議論がなされ、この利子をリバー概念に含めるかどうかについて、いくつかのファトワーがあった。その中で特に有名になったのはムハンマド・アブドゥフの貯金銀行の「利子」に関するファトワーと、彼の思想を引き続いた弟子ラシード・リダーの見解である［Hammūd 1982：205］。

第二段階では、現代の銀行・金融の制度をイスラーム化するにあたって、利子を用いる金融商品の代替として、ムダーラバ契約やムラーバハ契約を導入したが、まもなくムラーバハ契約のリバー性の有無をめぐって、議論が激しくなされた。

第三段階では、ムラーバハ契約をめぐる論争が少し下火になったかと思うと、今度はタワッルク契約のリバー性をめぐる論争が激しくなった。

以上の三段階について具体的に、銀行における利子をめぐる論争を見てみよう。

②郵便貯金をめぐる論争

第一次世界大戦（一九一四年）の前は一般的に金・銀が貨幣として使われていたが、さまざまな理由でその代わりに紙幣が正式に使われようになった［al-Shāfi'ī 1962：49］。紙幣の使用の可否について、植民地時代に議論が活発となったのは当然と言える。現代の紙幣について、イスラーム法ではどのような立場を取るべきか、初期イスラーム時代から金と銀（ディナールとディルハム）に基づいてきた通貨制度が紙幣に変わることをどう見るべきか、紙幣の場合のリバーをどう見るべきかなどについての論争が今日まで続いている(2)。また、借金の目的、つまり投資か消費かといった目的によって、利子がリバーの概念に当てはまるかどうか解釈が変わるかというような、いろいろな論争があった［Abu Zayd 2004：451；Iqbal & Mirakhor 2006：59–60］。

オスマン帝国末期に生きたアブドゥフは、エジプトで最初のムフティー（ファトワー発出権者、法学裁定官）となった（それ以前は学派ごとにムフティーがいて、国家ムフティーの制度はエジプトにはなかった)。イスラーム改革派の指導者として、アブドゥフはウンマの劣悪な状態を初期イスラーム時代と比較して考える思想を持っており、経済に関するイスラーム法の規定のみではなく、政治や社会などのあらゆる面を全体的に考えた上で、イスラーム世界のあるべき姿について適用すべき規定の優先順位を考えていた。当時普及しつつあった郵便貯金銀行の郵便貯金から生じる利子はリバーとして見るのが一般論であったが、アブドゥフのファトワーでは、これを利益として取り扱って、リバーの概念には入れなかった［Rashīd Riḍā 1934, vol. 3：97；Khallāf in Majallat Liwā' al-Islām 1951, vol. 12：908］。

このファトワーに対して、他の法学者からの批判が激しくおこなわれた。そのため、アブドゥフ支持派のウラマーがアブドゥフやリダーのイメージを守るつもりでこのファトワーの存在を完全に否定する一方、非アブドゥフ派がアブドゥフはリバーを合法化したと強く批判した［Sālūs 2003：347-348］。アブドゥフの弟子であるリダーは、『マナール』誌の中でさまざまな問題をよく論じた。リバー問題については、まとめて述べると、彼は次のように取り扱っている。

リダーは古典、特にイブン・カイイムを引用しながら、「完全に明瞭なリバー」(ribā qaṭ'ī, すなわちクルアーンに禁止されたリバー、いわゆる「期限のリバー」)と「解釈の余地があるリバー」(ribā ẓannī, つまりハディースで禁止されたリバー、いわゆる「剰余のリバー」)に分別している。リダーによれば、後者は、男女の密会がズィナー(非合法性交)に通じる可能性があるとして(防止策として)禁止されるのと同じように禁じられるが、前者がズィナーと同様に禁じられることと比べると、禁止のレベルはそれよりは軽い、と論じている。同じく貨幣の両替によるリバーは、ハディースにあるとおりリバーに通じる可能性があるため避けるべきとされているが、リバーと名付けられているわけではない、としている。

さらに、期限のリバーと剰余のリバーを区別するにあたって、リダーは禁止されたリバーを「ジャーヒリーヤ時代のリバー」に限定した。したがって、借金を返す期間が決められていたジャーヒリーヤ時代のリバーと違って、現代銀行における利子はリダー説によれば問題は感じられず、イスラーム法で言う後払いの売買における増加金（売買の利益として扱われる）と同様の扱いであった[Rushdi Siddiqui 1995]。しかし、主流派の見解では、後払いや分割払いにおける価格の増加は合法とするるが、貸借における増加はリバーとして取り扱うため、リダーに対する反論は激しかった。

これらの事例からわかることは、当時は、イスラーム復興の思想家の一人であるリダーのアプローチでさえも、現代の利子を容認する解釈に向かう傾向が強かったということであろう。

言うまでもなく、この時代の議論の背景には、イスラーム世界の経済的な苦境があった。イスラーム世界の財産を守るために、あるいは経済を発展させるために、西洋的な銀行は利用すべきと考えられた。利子に基づく西洋の銀行を導入することは時代の趨勢であっただけではなく、イスラーム世界の経済にとっても救い手であり、リバー禁止の規定が現代に対応していないというような議論までもあったのである［Abū Zahrah 1987 ; al-Būṭī 1991 ; Al-Qaraḍāwī 2001］。

次は、実現段階に入ったイスラーム銀行・金融においての議論がどうであるか、検討する。

かった。

(3) ムラーバハ契約をめぐる論争

イスラーム銀行・金融の誕生後も議論の風潮は変わらず、リバー問題をイスラーム経済の発展の全体像の中で論じるよりも、現代イスラーム経済論のあたかも唯一の問題のように扱い続けた。つまり、歴史的な文脈の検討や、イスラーム法の全体的な仕組みを考察して、それを経済に適用する動きは弱かった。

利子に基づく通常銀行ないしは非イスラーム銀行の主な収益の方法は、貸し金の利子と預かり金の利子の差によって成立する。現代イスラーム法学者の主流の見解は、これをリバーとして取り扱かった。この金融サービスを、無利子銀行・金融にどうやって変えるべきかが焦点となった。つまり、リスクのない定率利子を課す取引に代えて、イスラーム法に認められた商売の利益のようなリスク性のある取引をいかに普及させることができるか。利子なしであれば、金は商売の対象ではなくなる。その場合は、実体のある事業へのリアルな投資しか残らない。投資であれば、利益を得る可能性もあるが、損害を呼ぶ可能性も等しく存在する。

新しいイスラーム金融のメカニズムを創出するために、イスラーム銀行・金融の先駆者たちが古典的なイスラーム法の契約や商取引の豊富な遺産を利用して、銀行・金融に対応する取引やサービスを考案した。その結果は、サラム、イジャーラ、イスティスナーウなど、初期イスラームから存在する契約形態をサブサービスとして利用するものであった。

ムダーラバ契約の形は二人の取引当事者によって構成され、一方が資金を提供し、もう一方がその資金を使って事業を手がける取引の手法である。その事業から生じた利益は、あらかじめ相互の合意の下で決められていた割合に従って分配される。事業から損失が発生した場合には、資金提供者は、提供した資金の範囲内で損失を負担する。一方の事業者にとっては、事業に投入した自らの労力に対する報酬が得られないことが損失となる［小杉・長岡 2010：83–84；長岡 2011：39］。

初期イスラーム時代からの伝統的なイスラーム法学に基づいたムダーラバ契約は、現代的にもほぼ同じ形で使われている。つまり、金融サイド（銀行）が借り手にムダーラバ契約のもとで金を与え、借り手は事業をおこない、労働・企画・努力などを投資する。事業が成功すれば、あらかじめ決められたように、銀行と借り手の間で利益を分配する。損害が出た場合は、両者ともにリスクを負う。このため、ムダーラバ契約は、英語で profit-and-loss sharing system（損益分配方式）と訳されている。

現代的なムダーラバ契約はイスラーム経済思想家であったムハンマド・アブドゥッラー・アラビーによって提案されて［al-ʿArabī 1956］、自由なイスラーム経済論に基づき、イスラーム社会の中で正当な制度として定着してきた。しかし、七〇年代の後半頃からイスラーム銀行・金融に変化があった。それはムラーバハ契約がムダーラバ契約をしのいでしまうことである。

ムラーバハ契約は、古典的なイスラーム法の取引にも用いられていた［柳橋 2012：413］。現代イスラーム銀行・金融で使われているムラーバハ契約は、専門用語では、「バイウ・アル＝ムラーバハ・リルアーミリ・ビッシラーイ（bayʿ al-murābaḥa li-l-āmir bi-l-shirāʾ，購入命令者に対するムラーバハの売買）」という。現代のムラーバハ契約は、古典のムラーバハ契約を発展させたものである。一九七三ー一九七六年にエジプトのカイロ大学の法学大学院で教鞭をとったイスラーム法学の専門家であるムハンマド・ファラジュ・サンフーリー（一九七七年没）の指導で博士論文を取ったサーミー・ハンムードが最初に提案した［Ḥammūd 1982］。

伝統的なムラーバハ契約は、二つの契約を含む。最初の売買契約で得た財物を、その価格（原価）に利益を付して、次の買い手に転売するものである。ムラーバハ契約は「ブユーウ・アル＝アマーナ（buyūʿ al-amāna, 信頼売買）の一種であり、売主が最初の購入でかかった経費に付加する利益を得られる取引である［Wizāra al-Awqāf wa-al-Shuʾūn al-Islāmiyah 1427, vol. 36：318］。

現代的なムラーバハ契約では、購入希望者が購入したい財を銀行が購入することを依頼し、銀行が原価よりも高い代金によって購入希望者に転売して、代金については契約の条件により分割払いなりの方法で支払うという契約である［Ḥammūd 1982：432；Kettell 2011：46–48］。

つまり、通常の売買取引と異なる点は、財を販売する時に、売り手が取得価格とマークアップの金額を買い手にそれぞれ明示しなければならない点にある。つまり、この契約手法には、商取引や商品の性質にうとい買い手が不当に高い価格を払わされることを防ぐ役割があった。

具体的なケースとして、自動車ローンを取り上げてみよう。自動車を購入する場合、西洋型の銀行では、顧客がオートローンで銀行から借り入れをおこない、自分で自動車を購入する。そして、利子を付して、その債務を徐々に返済する。これに対してイスラーム銀行では、銀行がこの自動車を購入し、顧客に割賦で販売する。この販売契約がムラーバハ契約である。顧客は銀行の資金によって確保された自動車を購入し、その代金を割賦で支払う。銀行は自動車の仕入れ価格と販売価格の差額を利益として得て、誰にも利子を課することはない［小杉・長岡 2010：88–89］。

銀行の側で事業の損失が発生する場合を考えると、前述のムダーラバ契約の場合は、提供した資金の範囲内で損失を負担する必要がある［Kettell 2011：59–63］。それに対して、ムラーバハ契約では、銀行が受け取るのは割賦払の代金なので、顧客の何らかの失敗によって、銀行が自分の負担の全額を損失としなければならないリスクはない。そのため、ムダーラバ契約のようなリスクの高いサービスよりムラーバハ契約のほうが安全と見て、ムラーバハ契約が支配的になる傾向が生じた。

そもそも投資の発展を促す役割があるイスラーム経済論では、ムラーバハ契約よりムダーラバ契約に基づいたイスラーム銀行・金融が望ましいとされる。事業に資金を提供するムダーラバ契約は投資や経済発展のプロジェクトを促すが、消費性のあるムラーバハ契約は借り手を投資などの積極的な方向に向かわせるわけではないからである。しかし、実際にはムラーバハ契約が優勢となり、それとともにリバー性の有無について議論が起きた。

ムラーバハ契約の支持者、たとえばサーミー・ハンムード［Ḥammūd 1982］、アリー・サールース［Sālūs 2003］、タスヒーリー［al-Taskhīrī 1988］、ユースフ・カラダーウィー［al-Qaraḍāwī 1987］などは、禁止につながる証拠がないとするだけではなく、シャーフィイーやシャイバーニーなどの古典を引用して、ムラーバハ契約の正当性を説いた。さらに現代のムラーバハ契約が伝統的なムラーバハ契約とは役割が異なる点に着目して、現代の形態はムスリムの経済生活を容易にする目的であり、それは「アッラーはあなたたちに易きを求め、困難を求めない」（雌牛〔二〕章一八五節）の典拠にも支持されていると論じた。許容・禁止が明確ではない事物については、本来の状態はハラール（許容）であるため、禁止の証拠がない点から許容される、と彼らは主張している。

それに対して、ラフィーク・マスリー［Miṣrī 1996］、アシュカル［Ashqar 2006］、バクル・アブー・ザイド［Abū Zayd 1988］などは禁止を主張して、実際には所有してない物を販売すること（銀行による購入は形式的なもので、購入物を銀行が実際に入手するわけではない）や、ムラーバハ契約と言っても、それと合わせて禁止されている取引が付属されている点を批判している。最も大きな批判点は、ムラーバハ契約が禁止されているリバーを事実上は正当化する仕組みになっているのではないか、という点である。

このように、ムラーバハ契約をめぐる論争も、リバーの有無が主軸となっていた。次に、タワッルク契約をめぐる論争を見てみよう。

（4）　タワッルクをめぐる論争

一九九〇年代に、タワッルク契約がイスラーム金融に導入され、論争の中心がムラーバハ契約からタワッルク契約に移った。まず、ワッルク契約のメカニズムをまとめて述べたい。

タワッルクとは、利子を回避して資金を入手する方法の一つである。まず、資金を必要としている顧客の依頼に応じて、イスラーム銀行が市場から商品を購入する。その商品を顧客に延払いのムラーバハで売却する。その後、顧客は市場に商品を転売することで現金を手に入れる［長岡 2011：151–152］。このような形について、一九九八年一〇月三一日のマッカにおけるイスラーム世界連盟（Muslim World League）のイスラーム法公会議は、多数派のウラマーによってハラールであると判断された［Qahf 2013：178］。ムラーバハ契約の典拠が、この決定でも使われた。この決定は、リバーや禁じられたイーナ契約につながらないようにするため詳しく条件をつけていたが、いろいろな騒ぎと議論を生んだ。

なお、イーナ契約（バイウ・イーナ、bayʿ ʿīna）は、商品（アイン、ʿayn）から名付けられて、商品が金を得る方法として使われるための命名である。その取引の形は「まず、商人が、金や銀とは異なる種類の商品を顧客に延べ払いで販売する。その後、商人はその商品を即時に顧客から買い戻し、その場で代金を支払う。買い戻し価格が、最初の取引よりも低い価格であれば、その差額が商人の利益として手元に入る」［長岡 2011：64–65；cf. Majmaʿ al-Fiqh al-Islāmī 2009, vol. 6：158］。

ところが、イスラーム法学者からこれに対して批判が噴出し、二〇〇九年四月二六–三〇日には、現代のイスラーム銀行でサービスや金融方法として使われているタワッルク契約は禁止されるとの決定がなされた［Majmaʿ al-Fiqh al-Islāmī 2020：603–604］。その説明として、二〇〇九年四月のイスラーム協力機構（ＯＩＣ）傘下の国際イスラーム法公会議によるファトワーも付記された。

タワッルク契約は、イーナ売買にたとえるにしてもリバー売買にたとえるにしても、現代イスラーム経済論の主な特徴を表す一つの事例となっている。ムラーバハ契約でもタワッルク売買でも、リバーに相当するか否かばかりが論点となってきたことは明らかであろう。初期イスラームの発展に見習って全面的に考えることをしないと、イスラーム経済論の意義に対しての理解は欠けたものとなる。言いかえると、そのようなことでは、イスラーム銀行・金融が通常の銀行・金融と異なるのは、単に利子だけの問題であるかのようになってしまう。

たしかに、西洋の経済的な支配に対抗するためならば、利子が対抗軸になりがちなのは理解できる。しかし、本来のイスラーム経済とは、そのようなものではない。第2章でイスラーム社会や経済の発展を論じたように、初期イスラームの経済に関する規定では発展の原則が確立した後でリバーが全面的に禁止された。経済発展を考えれば、投資やムダーラバ契約などによる協業がイスラーム経済論的に一番よく出てくるはずであるが、それはイスラーム銀行・金融の誕生の時期に活発に議論されたに過ぎない。ムラーバハ契約やタワッルク契約などの形式についてリバーかどうか、あるいは禁じられたイーナに相当するかどうかという議論に没頭して、発展や開発などの本来あるべき現代イスラーム銀行・金融の役割を忘れて進んでいっているのではないかという懸念が消えない。このような状態では、イスラーム銀行・金融を担う企業が経済的に発達しても、イスラーム経済論の精神から離れて行くばかりかもしれないと危惧される。

たとえば、イスラーム銀行・金融の父の一人として知られたアフマド・ナッジャールによれば、「イスラーム銀行はそもそも開発を目指す組織である。イスラーム法の範囲で活動する上で、リバーを用いないだけにとどまらず、アッラーの命令で必ず生産活動の中に位置することが重要である。このイスラーム銀行が本来のイスラームに近づいているか離れているのかを評価する基準は、生産や開発にどれだけ参加しているかという基準である（生産や開発から近い＝イスラームに近い）」〔al-Najjār n.d. 118〕。

その一方で、このような開拓者たちの作業が、結果として利子を主軸としてしまう思想につながった可能性もあるので、そのことを少し見てみよう。つまり、思想の中心に、有利子の銀行を無利子にするための経済論があったことがうかがえるのである。

一九五五年にパキスタンのカラチで出版されたムハンマド・アズィーズの著書は『利子のない銀行のアウトライン（*An Outline of Interest less Banking*）』との題名であった〔Uzair 1955〕。本文の中では、ムダーラバ契約がイスラーム銀行の土台として論じられているが、無利子を中心とする風潮がこの時代からイスラーム銀行・金融の主流となり始めた。

その次に出たサドルの名著も『無利子銀行（*al-Bank al-Lāribawī*）』の題名であるから、同じことが言える〔al- Ṣadr 1983〕。

一九六九年にインドとパキスタンで出版されたスィッディーキーの著書『利子のない銀行業（*Banking without Interest*）』〔Siddiqi 1983〕も、リバーなしでイスラーム銀行の金融と業務をおこなう仕組みが、経済的な視点から論じられていた。

カタルのイスラーム銀行やクウェート・ファイナンス・ハウスの設立に大きく貢献したイーサー・

アブドゥの一九七〇年に出版された著書『元本に利子――リバーの一種である（*al-Fā'idah 'alā Ra's al-Māl Ṣūrah min Ṣuwar al-Ribā*）』も『利子無しの銀行（*Bunūk bi-lā Fawā'id*）』［'Īsā 1970］のシリーズのもとで刊行されている。さらに、一九七二年にジェッダに出版されたナッジャールの著作のタイトルも、開発に導く対策としての『利子無しの銀行（*Bunūk bi-lā Fawā'id*）』［Najār, 1972］であった。

このような批判は、イスラーム銀行が達成してきた成果を否定するものではないが、リバーばかりを主軸にしていると、イスラーム経済論の全体的な目標がわからなくなってしまうことが問題と思える。初期段階でも、西洋型の銀行の利子がリバーに相当するかどうかが大きな議論となったが、実現段階に入ったイスラーム銀行も、営業上の理由もあって、無利子を非常に強調する方向に進んでしまった。

イスラーム社会の発展をめざす現代的な努力も、全体的な視野を持たないと、進展せずに同じ場所で無駄に力を使ってしまうことになりかねない。この百年間のイスラーム経済論の論争の中軸はリバー問題であり、投資や開発を中軸に発展した初期イスラーム経済を現代的に再生するには、今後の課題が多い。

（5）賭博性をめぐる問題

西洋がイスラーム世界に導入したのは有利子銀行だけでなく、富くじ（宝くじ）も同時期に紹介された。イスラーム経済論では、リバーと並んで、マイスィル（賭博）とガラル（不確定性）が問題とされるため、これらも大きな論争を呼んできた。初期イスラームでは、賭博の代表例とも言えるマイスィルが禁止された以降、新しい事案もなかった。かなり後代になって、ズバイディー（一七九〇年没）の論考などがあるが、全体としては少ない。ところが、近代に入ると、西洋経済の広がりに伴って、賭博性の取引が大きく問題となり始めた。

次に、賭博性をめぐる具体的な問題として、マイスィル（賭矢、宝くじ）とマルチレベルマーケティング（ＭＬＭ）を取り上げることにしたい。

①賭矢・宝くじとその経済的含意

賭博に関する概念として、初期からイスラーム法学者はマイスィル（maysir, 賭矢）とキマール（qimār, 賭け事、賭博）を用いているが、マイスィルはキマールの一形態であり、キマールが賭博一般を指す。ムカーマラ（muqāmara）はキマールと同じ語根（q-m-r）からの派生語で、イスラーム法学者の定義によって、ゲームの条件として敗者から金など利益が取れるものを指し、単純にガラル（不確実性）をめぐる賭け・投機が当てはまる［Maghrāwī 1997：26］。

投機は、ガラル（不確実性）の要素が存在するため禁止されているが、イブン・ルシュドは、マーリク学派の祖マーリクが必要性のあるガラルを許したと述べている。その一方で、ガラル（不確実性）の概念にマイスィルを含めるイブン・タイミーヤの見解もある。つまり、イスラーム法学者の主流は、マイスィルをガラルの一部としている。古典的なイスラーム法学の文献では、「不確実な売買

（バイウ・ガラル、bayʻ gharar）」としてガラルが取り上げられている。これは通常の取引における不確実性であり、賭博のムカーマラがマイスィルと同じくゲームにおける不確実性のことだとすると、その違いがわかりやすい。しかし、賭博と不確実性が禁止される典拠は、互いに結びつけられていることが多い。

ジャーヒリーヤ時代のマイスィルの実態は、リバーの場合と同じく、形態は完全には明らかではない。アラビア語散文の確立に貢献したイブン・クタイバ（Ibn Qutayba al-Dīnawarī, 二七六／八八九年没）が、初めてマイスィルを詳しく論じている［Ibn Qutaybah 1998：30–31］。啓典解釈学者のイブン・アラビーは、ジャーヒリーヤ時代のマイスィルの様子を詳しく知ることは不可能と述べている［Ibn al-ʻArabī 1967, vol. 2：656］。とはいえ、伝えられた形では、ジャーヒリーヤ時代に流行ったのは矢を作ってくじを引くゲームで、勝者は肉や金などを得た。マイスィルという語は、肉を分けることに由来するとの説もある。動詞のヤサラ（yasara）は物事を分けることで、肉を分ける人もヤスィールと呼ばれる［al-Jawharī 1987：370］。ユスル（yusr, 簡単さ）が語源で、簡単に金を取られるからという解釈もある［Ibn Qutaybah 1966：31］。

ジャーヒリーヤ時代には、マイスィルに参加するのは富者の名誉と見られた。一般に、食べ物が少ない冬の季節におこなわれ、マイスィルの集まりで賭矢に当たった人が当たった肉を貧しい人びとに分け与えたとも言われる。イスラームでは、その慈善的な部分ではなく、偶然による勝敗や賭博的な面がイスラーム経済に反するものと見られ、厳禁された。慈善的な部分については、義務としてザカートやサダカの形へと発展的に吸収された［al-Ḥājj Sālim 2014］。

その禁止の典拠と理由も、ハムルとともに述べられており、初期にはその行為に対する批判がおこなわれ、完全な禁止は最後期に行われるに至った。クルアーンでは、次の二つの段階で述べられている［Abū Ḥayyān at-Tawḥīdī 1999, 2 : 404–405］。

（1）「彼らは酒と賭矢について、あなた〔ムハンマド〕に尋ねている。〔答えて〕言いなさい――「それらは大きな罪であるが、人間のために〔多少の〕益もある。だがその罪は、益よりも大きい」と」（雌牛〔二〕章二一九節）。

（2）「おお、信仰する者たちよ、まことに酒、賭矢、偶像、占い矢は、忌み嫌われる悪魔の業である。これを避けなさい。おそらく、あなたたちは成功するであろう。悪魔の望むところは、酒と賭矢によってあなたたちの間に敵意と憎悪を起こさせ、あなたたちがアッラーを念じ礼拝を捧げるのを妨げようとすることである。それでも〔それを知っても〕あなたたちは慎しまないのであろうか」（食卓〔五〕章九〇－九一節）。

これらの章句は、イスラーム法学者がキマール（賭博）やガラル（不確実性）が禁止される典拠としている。つまり、スンナ派でもシーア派でも、イスラーム法学者は賭博をマイスィル（賭矢）と同等に扱っている。

ガラルについても、上記の章句が禁止の典拠とされるが、直接にガラルを取り扱ったハディースがある――「アブー・フライラは次のように伝えている、アッラーの使徒は投石による取引（バイウル・ハサー）とまやかしの取引（バイウル・ガラル）を禁止した」。前者については訳注で「これは売り手が小石を渡し、「この石を投げてそれが落ちたところの物を売る」といったり、「この石を投げてそれが落ちた所までの土地を売る」と言って成立するイスラーム以前の取引」、後者は「実際には手元にない品物を売る不正売買の全てで、例えば未だ捕獲していない魚を売るとか、逃亡中の奴隷を売るとか、出産前の家畜の胎児を売るなどがある。現代の投機などもこれに類すると考えられている」と解説されている［ムスリム 2：570］。

②マルチレベルマーケティング（MLM）

富くじもイスラーム経済では賭博性が問題とされるが、それ以外にも、最近テクノロジーの発展により新種の業態が登場した。イスラーム経済論の中で禁止事項として論じられている賭博性や不確実性が現実の経済現象の中でどのように扱われているかの例として、マルチレベルマーケティング（multi-level marketing：MLM, taswīq shabakī, 連鎖販売取引）の事例がわかりやすいであろう(3)。日本では「マルチ商法」と呼ばれることが多い。ムアーマラート（商取引）の法規定に関わるこの新取引は、二〇一一年頃までにそれに関わっている人々（一般に若者）がファトワーを求めて、イスラーム法学者の注目を集めた。

一般に通常の会社では、営業部などが宣伝などを通して商品を購入者に頒布する。マルチレベルマーケティング（MLM）会社では、その購入者を販売員として使って、通常の会社が使う頒布コストを、そのような購入者／販売員に対して一定の条件を満たしたら利益として与える(4)。さらに、この販売員になった最初の購入者が別の購入者に対して販売をおこない、その購入者が第二の販売員になると、第二の販売員は最初の販売員の部下となり、このトップダウン連続がピラミッド型の仕組みのように無限に続く仕組みである。このような会社がイスラーム世界で直接販売業として導入されたため、イスラーム法学者にその見解が質問されるようになった。

このような企業は、ITテクノロジーの発展によって活発になったものである。イスラーム諸国での厳しい経済状態と高い失業率の中で、若者たちに紹介され、購入者が販売員として自分の部下を増やすごとにボーナスが増える仕組みによって、大金を稼ぐことも可能とアピールして、大きな人気を博した。

この方式では、会社によって、ボーナスを得るメカニズムと紹介料が異なる(5)。一般化して述べると、たとえば、ある会社が商品を作って、この商品に加えて販売の仕事のチャンスを五万円で売っているとする。Aさんがこの商品を購入すると、販売員として雇い入れられる。販売員となったAさんは、会社の商品と雇用機会を別の人物Bさんに販売すると、五〇〇〇円をボーナスとして得る。しかし、それを得るためには、Bさんの先に新しい購入者／販売員であるCさんが必要になる。この連鎖のバランスが成立すると、ボーナスが得られる。ここまでは、イスラーム法的に問題はなさそうに見える。

しかし、論争の中で重要な点は、次のステップである。BさんとCさんが商品と雇用機会を別の購入者に販売すると、彼らが自分のボーナスを得るだけでなく、Aさんも連鎖関係によってボーナスを得る。つまり、BさんがDさんとEさんに販売し、CさんがFさんとGさんに販売すると、Aさんは何の努力もしていないのに、この販売に起因するボーナスを得ることができる。購入者が広がるにしたがって、ピラミッドの上に位置する人は何もしなくても、下のほうでの販売に応じてボーナスがもらえるという、魅力的なメカニズムとなっている。これが、イスラーム法専門家たちの議論の焦点の一つとなった。

ここで一般化した仕組みは、会社によって少しずつメカニズムが異なるが、原理は同じである。連鎖の仕組みに入るためには、先に販売員となっている人からその紹介によって商品を買うことが必要で、商品を購入することなく販売員になることができない点は共通している。そして、一般的に売られている商品より膨大になりそうなボーナスの魅力が、販売員となる動機につながる。

このＭＬＭでは、購入者／販売員が自分の下位の販売員などを管理することがインターネット上でおこなわれており、現代的なテクノロジーと結びつきが深い。そのため、古典的な法学文献に前例もなく、法学者たちのファトワーがテレビ番組やＳＮＳなどのインターネット上で流布して、社会的な注目を集めた。具体的なＭＬＭ会社またはその会社のメカニズムによってファトワーが異なるが、ファトワーの見解は分かれている。

まず、ＭＬＭを禁止したファトワーを見てみよう。

サウディアラビアにおけるイスラーム研究ファトワー常設委員会（al-Lajnah al-Dā'ima lil-Buḥūth al-'Ilmīya wa-al-Iftā', Permanent Committee for Islamic Research and Issuing Fatwas）[(6)]、スーダンにおけるイ

スラーム法コミュニティ、エジプトのアンサール・アッ＝スンナ・アル＝ムハンマディーヤ協会のファトワー委員会、初めてこの事件について論じたイスラーム経済研究者のサーミー・スワイリ、アリー・サールース、ユーヌス・マスリー、アリー・カラダーギー、アフマド・ハッジー・クルディーなどのイスラーム法学者が、禁止派に属する。

ファトワーにおける禁止の理由付けは、ガラル、不透明性（ジャハーラ、jahāla）、賭博性に基づいていた。リバー性があって初めから禁じられた取引と結びついているとの説明（マスリー）もあるが、ファトワーでは、これは実態が売買ではなく不正に他人の金を食うに過ぎないとの説明もなされている。

賭博性に関する説明は次のようである。このような企業が購入者を惹きつけているのは、商品の価格や品質には関わりがなく、商品とともに紹介している仕事のチャンスと膨大になるであろうボーナスによる。また、購入者／販売員も商品に関心があるわけではなく、与えられるチャンスを目指しているので、商品の購入料は実際には賭博に加わるための賭博券にたとえられ、集まった金はピラミッドの上部に位置する人たちに渡るくじの賞金のようなものとなる。

不確実性については、会社側が雇っている販売員に対して、ボーナスを得るための条件が満たされうるかは不透明であり、取引や契約についても不確実性が存在する。販売員が購入者にボーナスがあると言う場合も、それが不確実で不可能であれば詐欺にほかならない。

ＭＬＭが許されるとの見解を出しているのは、エジプトのファトワー庁（Dār al-Iftāʾ al-Miṣrīya）、サウディアラビアのイマーム・ムハンマド・ブン・スウード・イスラーム大学大学院教授のサーリフ・サドラーン、モーリタニアのイスラーム学者ムハンマド・ハサン・ウェルド・ダドなどである。

許容派の見解は、まとめて言うと、イスラーム経済の原則としてマーケットの動きを促す取引として理解することに加えて、サムサーラ（sāmsāra，周旋業）取引の一つとして説明している。

この見解では、そもそも合法であることの典拠は必要がないとしている。つまり、イスラーム法の基本は「すべての取引に関して等しく許されているという基本原則」[7]によって、ＭＬＭによっておこなわれている取引が基本状態は許容であり、逆にそれを禁止する場合に典拠が必要とされる。

この詳しい法学的な説明として、ＭＬＭは預言者時代にもあった商売としてのサムサラ（周旋業、斡旋業）に類推されるとして、その見解が出されている。初期イスラームにおけるサムサラは売買と類似性が高いが、その後の時代や現代では、サムサーラ（イスラーム法学文献ではディラーラ（dilāla）としても知られている）は、通常の仲買や周旋業の意味で使われている［Ibn ʿĀbidīn 1966, 5：135］。イスラーム法の商取引では、いわゆるジュアーラ（juʿāla）契約での周旋料は正当なものとされる。ジュアーラは、定義として（シャーフィイー学派によれば）「はっきりしたタスクまたは不明なタスクに足して決められた料金のことである」［al-Shirbīnī 1994, 2：429］。つまり、ＭＬＭの会社が販売員に対して頒布のためにボーナスを与えているのは当然であり、販売員に対する間接的なボーナスも賭博との共通点はないと説明されている。

このＭＬＭの事例を検討すると、許容派の議論は、仮に契約の形式については適切な判断だとしても、マカースィド（法の目的）やマスラハ（公益）の視点から見ると、大きな問題があるように思われる。禁止派は、一見正しそうに見える取引の形態よりも、取引の意図に注目している。しかし、どちらの見解も説明が不十分で、明解な説明ができていないと思われる。

問題は、賭博性があるかどうかを議論し続けても、本来のイスラーム経済の目的としての発展とは議論が結びつかない点であろう。ＭＬＭのような取引は、仮に合法だとしても、生産性のある経済活動にはつながらない。商品の質や機能ではなく、雇用機会の魅力が購入者を惹きつけているとすれば、価値の低い商品を拡散していることもありうる。失業にあえぐ青年たちが希望を持ったとしても、無限に拡大するＭＬＭはありえないから、いずれは幻滅に終わる。第2章で論じたように、イスラーム経済の本来の目的は、産業を活性化させ、ムスリムたちの経済活動を発展させることにある。リバー禁止も、そのコンテクストから考えた場合に、最もよく理解することができる。ところが、ＭＬＭの賭博性をめぐる論争を見ると、非常に細かな法学的な議論はしているが、本来の経済活動にとってはほとんどの意味のない論争となっているのである。

以上で、リバーと賭博性をめぐる論争を検討してきた。両方とも、近代西洋的な経済がイスラーム世界に持ち込まれたことに対する対抗性を強く持っている。そのため、今やすべての利子を含むものと定義されたリバーをいかに排除するか、あるいは賭博性や不確実性をいかに排除するかという論点に議論が集中しがちである。言いかえると、経済の中から明白に反イスラーム的な要素を排除することに集中している。しかし、「反イスラーム的な要素の排除」は、「イスラーム的な経済の構築」と同じことではない。

第2章で論じたような、イスラーム経済の全体像やそれがめざす目的を把握することこそが、細かな法学的な論点だけにこだわらずに、イスラーム経済を現代に構築することにつながるのではないだろうか。

続いて、このことをハラール食品産業に着目しながら考察する。

2　現代ハラール業界の法学的な議論

(1)　ハラール産業の誕生と発展

近年活発化しているハラール食品産業は、現代のイスラーム経済の重要な一分野である。本書のこうした観点はいまだ十分普及していないが、ハラール食品が産業的に生産されるものである以上、経済活動の一環としてとらえるべきである。イスラーム経済というと、本書でも取り上げているイスラーム銀行を中心とする金融部門の問題だと考え、他の経済分野を看過する傾向があるが、それは一面的であろう。

イスラーム銀行・金融が発展したあと、ハラール食品産業は一九九〇年代から国際的に急速に発展するようになり、近年はイスラーム銀行・金融よりも大きな広がりが感じられる。二〇一七年にハラール市場はグローバルの価値として三・九兆ドルと計算されて［Yakin & Christians（Eds.）2021：131］、二〇二一年八月の（Research and Markets）のレポートによれば、グローバルハラール産業市場は二〇二〇年に八四二・三九億ドルに達しており、二〇二七年に一七二九・八億ドルまで上り、一〇・八三％の年平均成長率で発展する見込みである(8)。今後の発展についても、悲観的に見るべき理由はない(9)。

実は食品のハラール性の問題は、非イスラーム国に居住するムスリム・マイノリティーの食生活に関わる問題として始まった。一般に、「ハラール食品」とは、豚肉、イスラーム的なと畜をされていない動物の肉や、ハムルなどの禁止物を含まないもの、と簡単に考えられているが、現代の加工食品の広がりによって専門的な分野として成立し、幅広い多様な事柄と絡んできた。

さらに、二一世紀に入ると飲食品のみならず医療品や化粧から観光分野にまでも、ハラールマーケットが広がってきた。これらのあらゆる分野にイスラーム法はもとより、国際的な基準や保健基準などにも関わっている。

「ハラール（ḥalāl）」の概念は、そもそもイスラーム法学で「合法」を指す広義の概念であり、食品に限らず、日常行為のすべてに関わり、あらゆる分野に適用される。「ハラール（合法・許容）」または「ムバーフ（mubāḥ, 許容）」に対して、「ハラーム（ḥarām）」または「マフズール（maḥẓūr）」が非合法または禁止された行為や物を指している。「ハラーム」と「ハラール」はアッラーに対するウブーディーヤ（ʻubūdīya, 人間が神のしもべであること）やイスラーム（帰依）の概念に基づいており、信仰心からアッラーの命令に従うこと（またはそれに背くこと）で、来世でサワーブ（thawāb, 報奨）またはイカーブ（ʻiqāb 懲罰）があるとの概念に結びついている。ハラールなことをおこない、ハラームなものを避けることで報奨があり、逆にハラールをないがしろにしてハラームなことをすると懲罰が与えられるというのが、その基本概念である。

クルアーンにおける用法をあげると、本書でも何度か検討したリバーの章句をあげることができる――「アッラーは商売を合法とし（aḥalla）、リバーを禁じた（ḥarrama）」（雌牛〔二〕章二七五節）。ここでは、合法性・許容と結びついた動詞の語根 ḥ-l-l と違法性・禁止と結びついた動詞の語根 ḥ-r-m の使役動詞「ハラールとする」「ハラームにする」が用いられている。

ただし、イスラーム法における「許容」に相当する語はハラールだけではないし、「禁止」に相当する語もハラームだけではない。法学では、許容について、形容詞形で「ジャーイズ（jā'iz, 許されている）」、動詞形で「ヤジューズ（yajūz, してもよい、許される）」、名詞文の形で「ラー・バアス（lā ba's, 悪くない＝合法）」など、多様な表現が使われる。禁止もハラームのほかに、前述のマフズールやマムヌーウ（mamnū', 禁じられている）など多様な表現がある。典拠についても、どのような命令の言辞が禁止を意味し、どのような言辞が許容を意味するかは、専門家が法的解釈の方法論である法源学において論じることであり、単にハラールとハラームだけがあるわけではない。なお、前述のとおり、「明示的な禁止がない限り許容とみなされる」という原則があり、それに従えば、ハラームの概念は特定の規定がある場合に禁じられているという意味で例外的・限定的であり、それに対してハラールの概念は一般的・原則的なものである。

ここで、ハラールとハラームの間にある中間的なエリアについても述べておく必要がある。これは、いわゆる「シュブハ（shubha, 疑わしい）」の区分のことで、ハラームかハラールか完全な明確な判断できない場合を指す。シュブハの概念がハディースによって次のように述べられている――ヌウマーン・イビン・バシールはアッラーの使徒〔ムハンマド〕が次のように語ったのを聞いたとして伝えている（ヌウマーンはその時「確かにこの耳でと言わんばかりに」二本の指で両耳を指し示していた）――「ハラール〔が何か〕は明らかです。またハラーム〔が何か〕も明らかです。そしてその二つの間には不分明な事柄があり、多くの人々はそれがよくわかりません。それゆえ、疑わしいもの〔シュブハ〕を用心して避ける者は、自らの信仰と名誉とを守るのです。疑わしいものに踏み込む者は、ハラームに踏み込むことになります。〔たとえて言えば〕それは羊飼いがヒマー（保護区域）のすぐ近くで羊を放牧していると羊がそこに入り込むようなものです。まことに王者は誰もがヒマー（保護区域）を持っており、アッラーのヒマーこそハラーム事項なのです。また、人体の中に一塊の肉があり、それが健康なうちは体全体も健康で、それが悪くなると体全体も悪くなってしまいます。それこそが心の臓なのです」［al-Bukhārī 2001, vol. 1：20］。

ここから明らかなように、シュブハは、中間分野で自由に判断できる部分ではなく、心しないとハラームに陥る分野と認識されている[10]。ハラームに準ずる、と言うことも可能であろう。現代のハラール食品産業については、シュブハに関わる問題も多出している。

（2） 豚の酵素「味の素の議論」

現代のハラール食品産業での大きな論点は、豚由来の材料である。第3章で述べたように、豚肉の禁止は段階的ではなく、最初から全面的な禁止が明示された。禁止の理由はクルアーンには明示されていないが、それについての解釈はいろいろあり、第3章で詳述した。禁止されているのは、章句では「豚の肉」と述べられているが、豚の全体が意味されているとするのが主流の見解である。

この問題をめぐる大事件であり、日本にも大きな影響を与えた事件として、インドネシアでの二〇〇一年の「インドネシア味の素」事件がある。この事件と、その際に出された法学者たちのファトワーとその意義について、次に論じたい（事件そのものについては、朝日新聞の報道を元に再構成した）。

味の素はうま味調味料で、グルタミン酸ナトリウムを主成分にしており、日本では長く食卓で愛用されてきた。日本の大手食品メーカーである味の素は現地法人「インドネシア味の素」を設立し、インドネシアでも味の素は人気の商品となった。ところが、二〇〇一年一月三日に、インドネシアの社会保健省がその「製造過程で豚の酵素が使用されていたのは、イスラームの教えに反し、消費者保護法に違反する」として摘発をおこなった。それによってこの化学調味料の回収命令が出され、一月五日には全製品の回収が始められた。さらに、一月六日までに、東部ジャワ州モジョクルトの製造工場担当の日本人役員ら六人が逮捕された。この事件は、一九六九年以来インドネシアに進出し、化学調味料のシェアで同国の国内トップを誇っていた味の素のみならず、現地の日系企業約一八〇〇社にも衝撃を与えた。

味の素の主成分であるグルタミン酸ソーダは、糖みつやでんぷんを発酵させてつくられる。発酵菌の栄養源となる培地として、アメリカ合衆国から輸入された大豆分解物が使用されていた。その大豆分解物をつくる際に、豚の酵素が使用されていたのである。同社は、一九九八年九月まで牛のタンパクを使用していたが、「より安全に」という判断で、大豆タンパク質に切り替えた。食品がイスラームの教えに適合しているか否かを認証する権限は、イスラーム指導団体のウラマー評議会にある。適合すると判断されると、「ハラール」の認証が出される。同社は、牛のタンパクから大豆タンパクに切り替えた際に届け出をせず、翌年の九月に「豚の酵素が使われており、不適切」との指摘を受けていた。しかし、口頭で「他の材料に替えればいい」との指摘もあったため、事件に発展することを予想できなかったと言われる。

事件は、当時のワヒド大統領が、一月九日、「製品に豚の成分は入っていないと報告を受けている。ムスリムが口にしてもよいと考えている」と述べたことによって一応の終息をみた。

製造のプロセスとしては、次頁の図のようである。

さて、ここでこの事件に関するファトワーについて論じる前に、インドネシアにおけるファトワーについて概観しておきたい。

今日のインドネシアを構成する地域には、一六世紀初め頃からムスリム商人たちによってイスラームがもたらされた。現在では国民の八五％がムスリムで、イスラーム人口が世界最大の国となってい

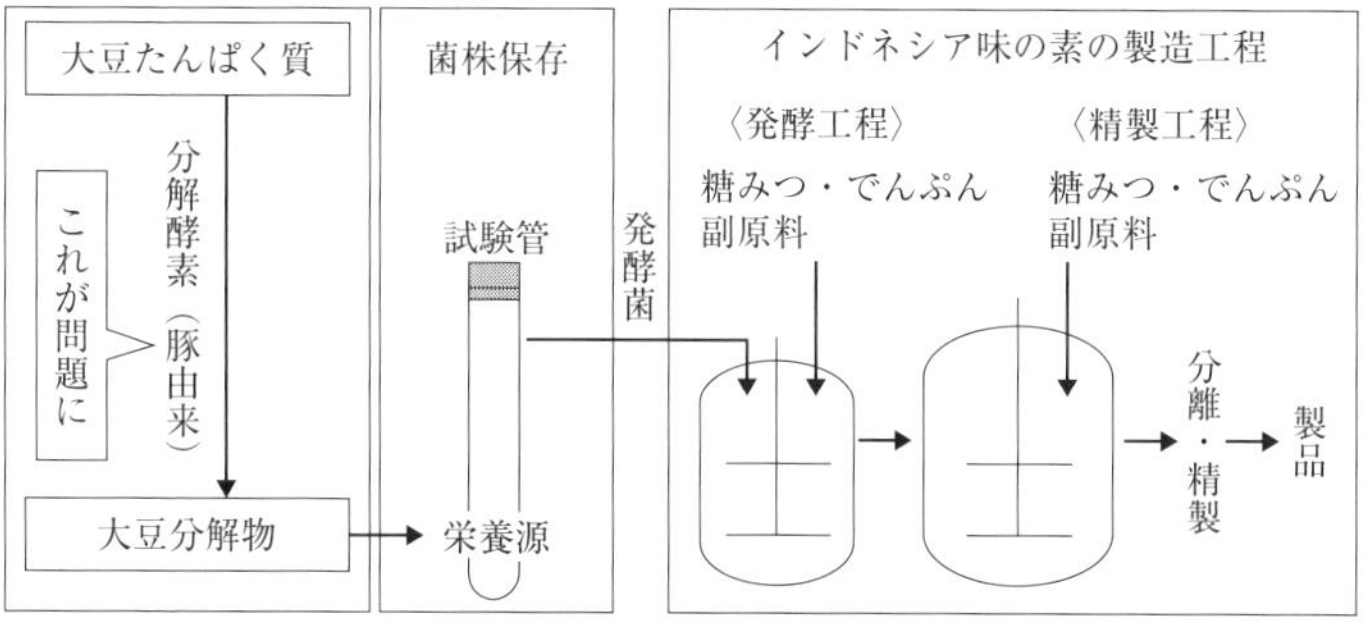

朝日新聞2001年1月8日

る。ただし、現在の憲法には、イスラームは国教として直接的には定められていない。

ファトワーに関しては、一七世紀半ばからマッカやエジプトなどの信頼できるファトワーが影響を与えるようになった。二〇世紀初頭には、前述した『マナール』誌もインドネシアでよく読まれていた。また、新しいイスラーム団体としてムハマディヤやナフダトゥル・ウラマが設立されると、彼らによってファトワーが出されるようになった。オランダからの独立以前は、さまざまなイスラーム諸組織から影響力のあるファトワーが出されていた。独立後は、政府と関連する組織がファトワーを出している［小林 2008：291–297］。

現在は、ウラマー評議会（ＭＵＩ）がファトワー発出組織の代表となっている。その原型は、インドネシアの諸地方に一九五八年以降作られたいくつかのファトワー機関が発展したものである。ＭＵＩは一九七五年に設立されたが、二〇年たってもファトワーの件数は少なかった。しかし、一九八八年に起きた事件をきっかけに、食の安全を確保する目的で、翌一九八九年に「LPPOM MUI

＝Lembaga Pengkajian Pangan, Obat-obatan, dan Kosmetika Majelis Ulama Indonesia」という付属機関の食品・薬品・化粧品検査研究所が設立された〔小林 2008：301〕。ハラール認証の制度が発足したのは一九九四年であった。それによって企業のハラール審査が義務付けられたわけではないが、ウラマー評議会のファトワーはこの認証発行プロセスにおいて法的効力を生むものとなった。こうして、インドネシアでは加工食品の包装に「ハラール」「ハラール一〇〇％」という表示がつけられるようになった〔小林 2008：303〕。

ワヒド大統領に介入によって味の素事件には政治な側面も生じたが、ここではイスラーム法学的な面を中心に論じたいと思う。

味の素事件をめぐるイスラーム法の視点からの見解は次のようであった（小林〔2008：314〕の翻訳による。元の文献は Mimbar Ulama 265, Jan. 2011）。

ウラマー評議会「ＭＵＩ」の公式見解は、典拠として次のように述べている。

①クルアーンの中に、豚肉を食することを禁じる命令がある。

②ハディースに、油の上で死んだ鼠（つまり、ナジス（不潔物））に関して、預言者は「油が硬かったら、鼠とその周辺だけを捨てて、その残りを食べよ。しかし油が溶けていたら、こぼせ」と述べたとある。

③ウラマーは、豚肉と豚のすべてはナジスということで合意している。

④法学の原則に、「ハラールのものとハラームのものが混じりあった場合は、ハラームの方が勝る（混合物はハラームとせよ）」とある。さらに、味の素工場での検査でも、パクトソイトンが発酵菌と濡れた状態で混じり合っているのが確認された。

一方それに対して、ワヒド大統領の解釈は次のようであった。

①クルアーンで禁じられているのは、豚を「食する」ことである。
②最終製品の検査からは豚の成分は検出されなかったという報告を受けている。
③法学原則の「有益なものを獲得するよりも、大きな危険を拒む」を適用し、投資が引き上げられたり大勢の失業者が出たりする恐れがあるなどの、社会的影響を考慮に入れた。

一見して、両者の立場は問題とするポイントがずれていることがわかる。ウラマー評議会は従来の方法論に従い、クルアーン、ハディース、過去のウラマーの見解、合意を論拠に、広い範囲を検討して結論を導いている。これに対し大統領は、宗教的にはクルアーンだけによって禁止の対象を明確に限定する一方、現実社会の状況を視野に入れた総合的な判断をしたということになろう。宗教的には、ウラマー評議会の見解は厳格な解釈とも言えるし、大統領のほうは実践的に無理のないゆるやかな判断をしたと言える。事実、大統領は「使用を問題にすると適用範囲が広がりすぎる」と説明している。

一方、ウラマー評議会も「危険を拒むよりもウンマの公益を優先させる」という意見であるとして、大統領に応酬した（小林［2008］より。元文献は Mimbar Ulama 269, Jan. 201：4)。

前述のように、MUIなどの判断とワヒド大統領の意見はいずれも大きな影響力を持った［朝日新聞二〇〇一年一月九日］。社会的または政治的な文脈については小林［2008］を参照するとして、次に法学的な問題をさらに詳しく論じたい。

インドネシア味の素の事件と並行して、アラブ世界でも豚の酵素に関して議論が起きていた。二〇〇一年にクウェートにおけるイスラーム医学協会（Islamic Organization for Medical Sciences）がゼラチンの原材料が豚の繊維など肉以外の部分から使用されているならばハラールであると、ファトワーを出した。その理由は、原材料が化学製造過程によってその本質が変化したと判断されるからであった。

事物の本質が変化する場合は、古典イスラーム法学ではイスティハーラ（istiḥāla）の概念で論じられている。本質の変化によって不潔性が清潔性に変化する場合に、「イスティハーラ」という概念が用いられる(11)。

イスティハーラによって「本質の変化」が生じるならば、禁止状態のものが元の状態である許容状態に戻る。これは何を意味するか。

古典的なイスラーム法学では、イスティハーラをめぐって、一般的に二つの見解が存在する。多数派は、多くのハナフィー学派の法学者、少数のマーリク学派の法学者、ザーヒル学派などを含むが、禁止物は本質が変化したら許容の原状に戻るとみなす。他方で、シャーフィイー学派とハンバル学派の見解では、ナジャーサ（不潔）はイスティハーラによって清浄の状態にはならない。

ここで明らかなように、両者の見解は次元を異にしている。つまり、多数派の見解は禁止と許容を論じており、少数派は不潔と清浄を論じている。第3章で述べたように、ハムルの場合と比べて、豚肉の不潔性についてウラマーの見解が厳しいことは明白である。そのような違いを配慮すれば、豚肉のイスティハーラについては、不潔・清浄の視点からではなく、禁止か許容かという視点から論じたほうがよいように思われる。

現代のファトワーは、食品や薬品の内容に関する判断が異なると、しばしば変化するという問題もはらんでいる。そのような意味でのファトワーの混乱を表す例をあげておきたい。

ＭＵＩは、二〇〇九年のファトワーにおいて、ハッジ（大巡礼）やウムラ（小巡礼）に行く巡礼者が髄膜炎の予防ワクチンを受ける場合、豚の膵臓から取られた酵素と脂肪の成分がワクチンに使用されているが、これは許容されると判断された。ところが、翌二〇一〇年にはハラームであるとの判断が下され、前年のファトワーが否定された。

また、二〇〇九年に製薬会社 Glaxo Smithkline Beecham の製造する MencevakTM ACW135Y という薬についても、味の素と同じく発酵工程に豚の酵素が他の菌と一緒に発酵菌として利用されており、これを認めるファトワーが出されたものの、翌二〇一〇年にはハラームとされた［MUI 2010］。

二〇二一年にも、新型コロナによる肺炎を予防するためのワクチンに、豚から取られた要素が用いられているかどうかなどで、インドネシアでは激しい議論がなされている。[12]この種の問題については、まだ多くの事例が存在する。

（3）食品の成分としてアルコール

豚肉と並んで、ハラール食品で問題になるのは、ハムル禁止（飲酒禁止）に伴うアルコール成分の問題である。第3章に論じたとおり、豚肉はそのものを食べることが禁じられたのに対して、ハムルの禁止は礼拝や共食の制度化と結びついており、飲酒を含まない共食の社会を作ることが最終的な目的とされていた。

しかし、近年のハラール食品問題の中では、アルコール成分に関するファトワーは初期イスラームにおけるハムルに対するアプローチを考慮していないことがわかる。イスラーム共同体において、どのような食事のあり方が望ましいかという点を考えずに、アルコール分が含有されているかどうかの科学分析に特化しているのが、現代のハムルをめぐる状況である。

わかりやすい一つの事例は、一九九五年にマレーシアに開設された「すし金（Sushi King）」の回転ずしチェーンがマレーシア政府のハラール認証機関（ＪＡＫＩＭ）からハラール認証を取得しようとした努力である。[13]その始まりはハラール認証機関（ＪＡＫＩＭ）が、すし金（Sushi King）をハラールかどうかという疑問に対して、ハラール認証を取っていないと返答したことであった。事後的に提出された詳しい返事によって、すし金（Sushi King）の寿司がみりんとアルコール分を使っていることに注目して、ハラールではないとの指摘がなされた。

すし金は、二〇一六年三月から、ハラール認証取得ためにみりんや酒などのアルコール成分を省くことをめざし、インドネシア市場にも参入の意向を示した。もちろん、利益を求めているこのような企業がハラール認証取得をめざす理由はわかりやすい[14]。イスラーム法的な視点からこの事例を検討すれば、マレーシア政府のハラール認証において、ハムル禁止の典拠を字義的に理解した判断がなされていることがわかる。本書の第3章で検討したようなアプローチは、配慮されていない。

それに加えて、現代の科学の発展により、化学的にどんなに微妙な比率で含有されていてもアルコール分など見極めることができるようになって、本来は簡単な規定が食品製造の複雑化に伴って多大な解釈を要するものとなっている。そもそも、クルアーンとハディースで禁じられているのは、酩酊性飲料で、化学物質としてのアルコールそのものではない。しかし、現在は、何に由来していてもアルコール成分がごく微量でも入っていればいけないとルールを定めているケースが多い。

次に、この問題に関わる重要なファトワーの例をあげる。それは、国際ムスリム・ウラマー連盟の創設者・初代会長であり、現代スンナ派の代表的ウラマーとされているカラダーウィーの栄養ドリンクに関するファトワーである。

二〇〇八年に栄養ドリンクに含まれているアルコール分について、カラダーウィーのファトワーが二〇〇八年一〇月四日のカタルの『シャルク』紙の論説（当時のアブドゥッラティーフ・アール・マフムード編集長が執筆）に引用され、大きな議論を巻き起こした[15]。

このファトワーのきっかけは、カタルのアラブ紙がカラダーウィーにイスラーム世界の市場で流行っている栄養ドリンクに〇・〇五%のアルコール成分が入っていることの是非を質問したところ、カラダーウィーが自然に生成したアルコール分が飲料に含まれている場合それを飲むことは可能で、ごく微量のパーセントである〇・〇五%のアルコール分は問題ではない、特に自然にできたものであれば、このような飲み物は大丈夫だと答えた。このようなファトワーは、「自然にできたアルコールつまり自然発酵」を焦点化していることから一般論から離れていないことがわかる。それにもかかわらず大騒ぎとなり、多くの批判がカラダーウィーに寄せられた。

結局、カラダーウィーはこの騒ぎのあとで付加的な説明をおこない、このファトワーはムスリムたちを苦しめないためにやむをえず出したとの釈明もあり、またこのファトワーが大きく誤解を受けたと説明することになった。

カラダーウィーのファトワーが、前述のハディース「多量に飲んで酩酊するものは、少量でも禁止である」との規定にこだわったことをうかがい知ることができる。つまり、カラダーウィーは、どれぐらい栄養ドリンクを飲んでも酩酊しないため、一つの缶や少量のドリンクを飲んでも禁止に該当しないと説明した。しかし、このような見解に対する反論は、一般的に「悪への道の閉鎖（sadd al-dharā'i', 禁止行為につながる行為の予防的禁止）の法的原則に基づき、ハムルのような禁止された行為や物に至る道は方策としてすべて禁止と主張する。それ自体が明確に禁止されていなくても、禁止事項につながるものは禁止するという考え方である。たとえば、モロッコのファトワー委員会のメンバーであるムハンマド・ラーワンディーは、このような〇・〇五％のアルコール含有飲料が許されたら、やがては一〇％もアルコールを含む飲料を飲むことにつながる可能性があるので、初めからこのような飲料をすべて禁止すべきだと述べている。

前述した法的根拠に加えて、アルコールに関して現代のハラール食品産業に使われている規定や論点は三つある。まとめて言うと以下のとおりである。

①ハムルのナジャーサ（不潔性）の問題。つまり、アルコールの成分もナジス（不潔物）として、製造過程でそれに関わった商品をすべてナジスとして、禁止とみなす。
②イスティフラーク（アルコール分が調理プロセスで消滅すること）があるか否か[16]。
③ハムルのタハッルル（酢化）または逆のタハンムル（発酵化）が、自然に生じたのか人間による作為なのか。

この三つの古典的な主題の下で、現代のアルコールに関する議論は行われている。それぞれについて、以下にまとめて述べたいと思う。

①ハムルのナジャーサ（不潔性）

ナジャーサ（najāsa, 汚物性、不潔性）は、法学的に三つに区分される。ムガッラザ（mughallaẓa,

重度の汚物性）、ムハッファファ（mukhaffafa, 軽微な汚物性）、ムタワッスィタ（mutwassiṭa, 中程度の汚物性）の三つである。法学書では、この問題は清浄な状態で礼拝をする義務と結びついて、礼拝の前提条件の章で一般的に議論されている［al-Zuḥaylī 1984, vol. 1 : 319］。豚肉は重度の汚物性に区分される。

ハムルが議論される時も、豚肉に関する味の素事件の際の議論と似ていて、ハムルがナジスなので、それが含まれているものがナジスになり、食べても飲んでもいけなくなるとの前提で、アルコールに関するファトワーが出続けている。そのため、本来は酪酊性飲料としてのハムルの禁止であるにもかかわらず、化学的な意味でのアルコールが禁止されているような議論となっている。栄養ドリンクに関しても、カラダーウィーが柔軟なファトワーを出したにもかかわらず、そのような立場はほとんど採用されていない。

ここで論じているハムルの物質的な不潔性（ナジャーサ）[17]は大多数のイスラーム法学派の意見である[18]。つまり、口にすることはおろか、服や肌に触れても洗わなければならない対象であることがわかる。この解釈の典拠となっているのは、クルアーンのハムル禁止の最終段階の章句である――「おお、信仰する者たちよ、まことに酒、賭矢、偶像、占い矢は、忌み嫌われる悪魔の業である」（食卓〔五〕章九〇–九一節）。この章句で「忌み嫌われる」と翻訳したのはアラビア語のリジュスで、不潔や不快の意味を持っている。リジュスを不潔性に解釈するか精神的な汚れと解釈するかの違いについては、賭博性と関連する箇所ですでに論じた（一四八–一五一頁）。

もっと直接的な典拠は、アブー・サアラバ・フシャニーが伝えたハディースである――「私はアッラーの使徒〔ムハンマド〕のもとに行き、尋ねました。「おお、アッラーの使徒よ、私たちは啓典の民〔ユダヤ教徒〕の土地に住んでいますが、彼らの器で食事をしてよいでしょうか。また狩猟のできる土地で生活していますが、弓や、調教されている犬または調教されていない犬を使って狩猟してよいでしょうか。私にとってよいのは、何でしょうか」。彼〔ムハンマド〕は答えた。「あなたが言ったこと（つまり啓典の民の器）については、もしそれ以外の器を見つけられるなら、それ〔彼らの器〕で食べてはなりません。しかし、それ以外の器が無いのであれば、それを洗って使用しなさい。弓での狩猟については、アッラーの御名を唱えて食べなさい。調教された犬で狩猟したならば、〔犬を放つ時に〕アッラーの御名を唱えて、〔捕まえたら〕食べなさい。調教されていない犬で狩猟したならば、〔捕まえた時点で獲物が生きていて〕自分でと畜ができたなら、食べなさい」」〔al-Bukhārī 2001, vol. 7：90〕。

一方、物質的なナジャーサではなくて、比喩的なナジャーサと解釈する少数意見もある。(19) それによれば、物質的なナジャーサ（不潔性）はなく、物事はすべて原状が清浄であることから、ハムル、アルコールについて、その清浄な原状を変化させる典拠はないとして、章句で使われたリジュスは比喩的な不潔性に過ぎないとしている〔'Uthaymīn 1994, vol. 11：250–253〕。

両者の見解の典拠を検討すると、ハムルやアルコールをナジャーサ（不潔性）とした多数派にも、それを支持する強い典拠がないことは認められているようで、シャーフィイー学派のナワウィーがそのように述べている。

さらにナジャーサ（不潔性）とする見解には、矛盾もある。自然の変化（イスティハーラ）によって酢に変化したハムルは、清浄な状態に戻ると合意されている（つまり、ブドウは清浄で、それがブドウ酒になった時点で不潔性が生じるが、酢に変化すると元のブドウが清浄だったのでその状態に戻る）。それに対して、血などのもともとの不潔物については、合意はない。ハナフィー学派、マーリク学派の一部、ザーヒル学派は、イスティハーラによって清浄化すると言うが、シャーフィイー学派、ハンバル学派ではイスティハーラで本質が変化しても、ナジャーサの状態は変わらない。つまり、ハムルだけが例外的に、イスティハーラによって酢になれば清浄であるとの合意が成立している。言いかえると、そもそもハムルがナジャーサという解釈が弱かったことがわかる。それにもかかわらずハムルやアルコールはナジャーサとする見解が、今も一般論である。

②イスティフラークの視点からの見解

イスティフラークは、原義は物事が消滅すること、消耗してなくなることで、ハムルについて言えば、調理のプロセスで加熱によってアルコール分がなくなることや、他の材料と混交してアルコールの性質がほとんどなくなるなどを指す［al-Kuwayt-Wizārat al-Awqāf wa-al-Shuʾūn al-Islāmīyah 1427, 4：129］。ここでアルコールが消滅したと判断される基準は、ほかの成分と区別することができなくなる場合である［Ibn Qudāmah 1968, 5：288］。

イスティフラークの原則の典拠として、有名な教友であるアブー・ダルダーが「太陽〔光の照射〕と塩によってハムルの状態がなくなった」と述べたことがあげられる［Ibn Abī Shaybah 1989, 5：96］。別の伝承では、「ハムルはニーナーヌ（魚）と太陽によってなくなった」とされている。「ニーナーヌ」は、イブン・アスィールの注釈では、ヌーンの複数形で魚の意味である。これは古くからのシャーム料理で、魚がハムルと塩に浸されて太陽にさらして作られたという。このプロセスによって、ハムルは魚の味へ変わりハムルの状態がなくなる［Ibn Al-Athīr 1979, 2：153］。

アブー・ダルダーは第三代正統カリフ・ウスマーンの時代になくなった（六五二年）。啓示の時代をよく知り、ハムル禁止のヒクマや意義をよく理解できる人物であったことは疑いをいれない。それにもかかわらず、このような理解は、あとでイスティハーラや酢化などについて規定が厳しいイスラーム法学が発展すると参考にされなくなった。

以上の検討から、ハラール食品に関する現代のイスラーム法学は、古典の路線を踏襲しているだけでなく、現代の飲食物の複雑化の過程に対して、古典の見解の中から厳しいほうの見解に追従していると言っても過言ではない。飲食物に関するイスラーム法学、その典拠、解釈について、十分には使いこなしていないことがわかる。

特にハムルに関する議論では、さまざまな典拠があり、解釈にも幅があるにもかかわらず、現代のファトワーはそのバランスを保たずに、完全に厳しい見解を支持するハディースに頼っている。しかし、ハムルに関する厳しいハディースは、よく検討すると、禁止の段階の初期のものであることがわかる。つまり、かつては日常生活の一部だったハムルと断絶するにあたって、預言者ムハンマドは厳しい指示を与えた。ハムルとのあらゆる関係を断ち、思い出も捨てるように、教友たちに教えようとしたのであろう。そのために、ハムルに使われた道具などを使うことも禁止した。ところが、禁止が定着した後には、飲酒しない状態が安定し、指示は普通の状態に戻された。ハディースでも次のように述べられている——「イブン・ブライダは自分の父から次のように伝えている——アッラーの使徒〔ムハンマド〕は言った。「……私はかつて〔酒が禁じられた後で〕ブドウジュースを水袋以外から飲むことを禁じました〔酒に用いられていた容器をすべて禁じたことを指す〕。今ではどんな容れ物から飲んでもかまいません。ただし、酩酊物は飲んではなりません」」［Muslim ibn al-Ḥajjāj 1955, vol. 2: 672; vol. 3: 1584］。

古典イスラーム法学の文献を見れば、法学者たちが漸進的なハムル禁止の歴史的な展開やハムルに関する全体像に気づいていないとは思われない。第3章にその認識の概観を示したが、それにもかかわらず、特に現代におけるファトワーでは、そのような要素を考慮していないことが明らかになったと思う。

つまり、ハムルやアルコールを即物的かつ化学的に捉える傾向が明確に認められる。一言で言えば、ハラール食品やその産業における理解は、化学的な成分分析が専門となってしまったことが否めない。

このような現状からわかることは、イスラーム法の典拠やそれに対する解釈が非常に限定された文脈で古典的な遺産を継承する傾向が続いており、より深い歴史的な理解とより現代的な理解を結合するには、今なお不十分ということである。本書が提起した総合的コンテクスト分析の方法に基づいて初期イスラームの全体像を描くならば、現状よりも弾力的かつ実践的な解釈とその適用が可能となると思われる。

小括

本章では、二〇世紀に誕生して、非常に早い動きで展開しているイスラーム経済論を実態面と、それに関わる典拠と法学的解釈の面から検討した。イスラーム銀行・金融やハラール企業の金融商品の事例について現実の状態や論争点を取り上げ、イスラーム法学や専門家のファトワーをとその問題点を総合的に検討した。

イスラーム銀行・金融については、初期イスラームにおける経済論の発展とそのメカニズムと比べると、はるかに限定的な視点から対応がなされていることが判明した。つまり、イスラーム銀行・金融の誕生以来ずっと議論の主軸であったリバー問題が、いまだにこの分野で論争の焦点となっている。また、ハラール食品に関しては、ハムルや豚肉の禁止について、狭義のイスラーム法学の規定に基づき、食品の内容物を化学的に分析する方向ばかりが強調され、イスラームの本来的な食事規定についての理解が十分進んでいないことが明らかとなった。

イスラーム金融にしても、ハラール食品産業にしても、市場規模は拡大の一途をたどっており、イスラーム経済の拡大という点では発展を続けている。しかし、それらが同時にイスラーム復興の一環として、あるべきイスラーム社会の再構築をめざすものであるとすれば、イスラーム社会の理解が限定的であることに大きな課題が残るであろう。

結論

本書では、総合的地域研究および「イスラーム世界論の一環として、イスラーム経済における重要な研究課題である無利子金融およびハラール食品を取り上げ、それらに関する法的典拠とその解釈の歴史的・現代的な展開を考察してきた。対象地域としては、イスラーム世界の中でも、特にアラビア半島などを中心とする中東、マレーシアやインドネシアを中心とする東南アジアを対象とした。

無利子金融およびハラール食品は、イスラームの教えやイスラーム法の法規定を現代に適用するものとして、一九七〇年代以降現在に至るまで大きな発展を遂げてきた。しかし、それがどのような理念と法的典拠（クルアーンとスンナ）に依拠し、どのような解釈を伴っているのかについては、これまで十分な検討はなされてこなかった。本書では、「総合的コンテクスト分析」の方法を用いて、初期イスラームにおける経済構想を明らかにして、それを現代の事例を結びつけて、考察をおこなってきた。

第1章では、理論的視座や史料の活用について検討をおこない、「総合的コンテクスト分析」の方法の提案をおこなった。これは、「啓示の史的展開」のコンテクスト分析、法的典拠となる章句の「相互連関」の分析、その後の時代における制度化から逆算して、イスラーム成立期に未分化であった構想の狙いや意義を推測する「ヌズム論によるアプローチ」の三つを総合するものである。

第2章では、イスラーム経済、特に金融の問題に焦点を当て、イスラーム成立期におけるリバー（利子）の禁止などがどのような歴史的文脈でおきたのか、その意義は何であったのかを、多角的に検討した。その結果、イスラーム以前のジャーヒリーヤ社会からイスラーム社会への転換の中で、経済の考え方が決定的に変わったことが判明した。特にリバーについては、展開を四段階に区分することに成功し、より大きな経済的なコンテクストの中にリバーを位置づけた。またガラル（不確実性）、マイスィル（賭博性）などの禁止を、新しい「イスラーム経済」を構築するプロセスから全体的に理解しなければならないことを論じた。

または、リバー禁止の理由として、不公平を防止するためであると、これまで解釈されることが多かったが、このような否定的な理由をあげるだけでは不十分である。初期のイスラーム社会とイスラーム法学の発展を分析することにより、特にまた「期限のリバー」をクルアーンで禁止された「ジャーヒリーヤ時代のリバー」、「剰余のリバー」をハディースで禁止されたリバーと同定し、両者の違いを論じる中から、リバー禁止を市場経済・貨幣経済への移行という大きな枠組みの中で理解する新しいアプローチも提案した。経済の活性化を重視するイスラーム社会では、経済発展や投資を重視し、リバーはそれを妨げるゆえに最後は全面的に禁止が定められたのである。

第3章では、イスラーム経済の中でも、ハラール食品に関する問題に焦点を当て、イスラーム成立期における豚肉やハムル（酩酊物）の禁止などがどのような歴史的文脈で生じたのか、その意義は何であったのかを、多様な史料を用いて論じた。ここでも、「酔わずに、家族・友人・コミュニティが共食する社会」という目標があったことが判明した。単に「豚肉は禁止されている」「飲酒は禁止されている」ということで、豚肉や豚由来の食材、アルコール飲料などを排除するだけでは足りないのである。また、従来ほとんど論じられることのなかった「と畜方法」の史的展開に着目し、ここでも四段階の区分に成功し、と畜方法を統一することがイスラームのグローバル性に寄与したことも論じた。

第4章では、現代のイスラーム経済論におけるリバー、ガラル、マイスィル、食品における豚の成分やアルコール成分をめぐるイスラーム法の論争をファトワー（法学裁定）などから抽出し、事例に沿って考察した。それを通じて、現代イスラーム経済をめぐる議論が金融においてはリバー問題、ハラール食品産業においては豚由来成分とアルコール成分の問題に極度にかたよっていることが判明した。

それらの考察をもとに、二〇－二一世紀における現代のイスラーム金融、ハラール食品を検討すると、次の点が明らかとなった。

イスラーム復興に伴って発展しているイスラーム経済論においては、リバー（利子）問題が主たる論点となっており、それに付随して、賭博性や不確実性が商取引の障害として論じられている。しかし、リバー、マイスィル、ガラルといった個別の要素を中心に、これらを排除する取引形態を模索するだけでは、本来のイスラーム経済の全体的な復興は果たしえない。

ハラール食品についても、ハラール食品産業の発展過程におけるイスラーム法学の論争は、主にハムルや豚肉の禁止に基づいている。しかし、いずれの場合も、これらが個別に法的に禁止されていると前提されており、イスラーム形成期になぜ、どのように禁止されたのか、イスラーム初期の社会・経済の発展において、これらがどのような意味を持っていたかは十分に考えられていない。言いかえれば、本書で考察・発見されたような論点を取り込むことは、今後の課題となっている。

総じて言えば、本書は、歴史と現代を結び合わせることに注力し、それなりに成功したのではないだろうか。もちろん、最終的なご判断は読者におまかせするものであるが、「総合的コンテクスト分析」の方法を用いることで、史料に基づき、初期のイスラーム形成期とそこにおけるイスラーム経済の特徴を、これまでにない形で再構成することができた。そして、その理解に基づいて、現代のイスラーム経済論やハラール食品産業を分析することができた。その結果、イスラーム経済論が最終的な目的としているように現代におけるイスラーム経済の再生を実現するためには、現状のように個別の法規定ばかりを論じるのではなく、総合的なイスラーム経済の姿を描くことが必要であることを論じることができた。今日の論争は、法規定を一つ一つ取り扱っているが、なぜそのような規定が必要とされたのかを、規定が誕生したイスラーム初期から再構成する必要がある、またそれは十分に可能である、というのが本書の最終的な結論である。

本書は、次の三つを目的を提示した。

第一に、イスラーム経済の法的典拠とその解釈について、「総合的コンテクスト分析」を用いた考察をおこない、イスラーム経済に関する理解を深化させることであった。これについては、「総合的コンテクスト分析」という新しい提案をおこなったことに加えて、それをイスラーム経済論におけるリバー、マイスィル、ガラルなどの禁止、ハラール食品におけるハムルや豚肉の禁止などの事例に適用し、方法論の有効性を確認することができた。

第二に、無利子金融やハラール食品に関する事例を、中東および東南アジアに関して検討し、これらの地域におけるイスラーム実践についての理解を深めることが目的であった。これについても、イスラーム法学からの考察を事例に対して加えることで、新しい知見が得られたと言えよう。

第三に、現代において重要なイスラーム経済の考察を通じて、イスラーム学（特にタフスィール学、ハディース学、イスラーム法学など）の方法論と史資料を、地域研究に活用することをめざすものであった。これについては、啓典解釈学の史資料の中から「啓示の契機（アスバーブ・アン＝ヌズール）」というジャンルを日本で初めて紹介し、また「ヌズム論」を活用する視座を提案した。ヌズム論は、イスラーム世界でも比較的新しい分野であり、また本書ではさらにそれに新しい視座を盛り込んだ。新しいだけに荒削りな部分もあるが、歴史的な史資料の分析では埋められない空白をヌズム論を用いて論じることの有効性については、大きな手応えを得た。さらにこれを発展させたい。本書のこれらの試みが、日本におけるイスラーム学の深化に寄与することを切に願う。

以上の三つの目的について、本書が何らかの貢献をすることができたとすれば、本書執筆者の大きな喜びとするところである。

注

序論

（1）なお、リダーの著作の多くは、今日に至るまで何度も再刊されている。本書で参照したベイルート（レバノン）の出版社とカイロ（エジプト）の出版社の版であるが、リダーの論考・著述はいずれも彼が主宰していた雑誌『マナール』（一八九八－一九三五年）が初出である（なお、『マナール』誌をデジタル写真化した版が日本でも出されている。Kosugi［2003］を参照）。

（2）邦訳の『無利子銀行論』（一九九四年）では、訳者は「ムハンマド・バーキルッ＝サドル」と表記しているが、彼の名前は「ムハンマド・バーキル」という複合名で、サドルは祖先のサドルッディーンに由来する家名なので、「バーキルッ＝サドル」とつなげると日本の読者には誤解を呼ぶと思われる。なお、本書では、『岩波イスラーム辞典』に従って、定冠詞「アル＝」は原則として表記していない。

第1章

（1）ハディースが何であるかについては、小杉［2019］の解説がわかりやすい。

（2）クルアーンでは「アーヤ」の語は非常に多く登場するが、ほとんどの場合は「徴」や「教訓」などを意味する（たとえばイムラーン家〔三〕章四一節、マルヤム（マリア）〔一九〕章二一節など）。クルアーンの「節」で意味の場合は、雌牛〔二〕章二〇六節、蜜蜂〔一六〕章一〇一節などで、ハディースでもクルアーンの節としてのアーヤが登場する。同じように、「スーラ」がクルアーンの章の意味で登場するのは、雌牛〔二〕

章二三節、光〔二四〕章一節などである。アーヤとスーラの原義と用法については、いくつかの説がある。詳しくは、al-Suyūṭī〔1974, vol. 1：186〕、al-Zarkashī〔1957, vol. 1：263〕、Ibn ʻĀshūr〔1984, vol. 1：85〕など）。

（3）章が何を根拠に配列されたかについても意見が別れている。詳しくは、al-Suyūṭī〔1974, vol. 1：214〕、al-Zarkashī〔1957, vol. 1：256–263〕などを参照。

（4）ムハンマドの生涯と次第に啓示が展開される状況について、古典的な史料として最も信頼されているのがイブン・イスハークの「預言者伝」（をイブン・ヒシャームが伝えたもの）であり、優れた邦訳〔イブン・イスハーク 2010–2012〕が出されている。また、欧米の研究者の作品としては、W・モンゴメリー・ワットの研究があり、和訳として『ムハンマド――預言者と政治家』〔ワット 1970〕がある。日本語では、後藤晃『ムハンマドとアラブ』〔後藤 1980〕、後藤明『ムハンマド時代のアラブ社会』〔後藤 2012〕（後藤晃と後藤明は同一人物）、医王秀行『預言者ムハンマドとアラブ社会――信仰・暦・巡礼・交易・税からイスラム化の時代を読み解く』〔医王 2012〕などが参考になる。

（5）西洋の研究では、テオドール・ネルデケ（一八三六－一九三〇年）の研究〔Nöldeke 2013〕が最も有名。しかし、イギリスのクルアーン研究の大家であったベル〔1970〕はそれとは異なる時系列配列を提示している。最近のムスリムの著作としては、Bakhtiyar がある。本書では、すべての章句を事例列的に並べ直すことができるという立場には賛成しない。本書のように、史料的裏付けと合理的な推論が可能な範囲でのみ、前後関係を論じることができる。

（6）リダーの生地カラムーンは、現在はレバノン北部にあたるが、彼の生きた時代にはシリア共和国とレバノン共和国は分離しておらず、リダーらはすべて「シリア人」とされていた。

（7）第三代サウディアラビア国王ファイサルの名を冠したファイサル財団（本部：リヤド）が、毎年、学芸・文化・科学などの分野で貢献したムスリム指導者・知識人を顕彰している。

第2章

（1） リバーと銀行利子は、本来は同義ではない。「リバー（利子）」という表現は読者の便宜を考えたものであるが、正確とは言えないであろう。ただ、無利子金融は現代のリバーの中で最も重要な論点であるという前提で発展してきたため、そこでは「リバー＝利子」であるし、すべての利子はリバーであるという認識が広がった。イスラーム以前からイスラーム初期にかけてのリバーの実体については、本書の中で適宜、具体的な内容を示していく。

（2） 古典期には、アラビア半島を「アラブ人の島」と呼ぶこともあった。その場合は、半島の北限をもっと北に見て、大河ユーフラテス川を含めて四方を水に囲まれているという見方を前提としている。「アラブ人の島」という古典的な表現を好む現代人もいて、今でも時折使われる。

（3） クルアーンにおけるイブラーヒームは、旧約聖書のアブラハムにあたる。Sajjadi［2015］によれば、最近の聖書研究では、アブラハムの生年は紀元前二〇〇〇－一九九〇年との学説が有力とされる。

（4） 「ジャーヒリーヤ時代」の語はクルアーンに登場する（イムラーン家〔三〕章一五四節、食卓〔五〕章五〇節、部族連合〔三三〕章三三節、勝利〔四八〕章二六節）が、「ジャーヒリーヤ時代のリバー」という概念は、ムハンマドによって（ハディースの中で）用いられたものである［Abū Dāwūd al-Sijistānī 2007, p. vol. 2 : 182 ; Muslim ibn Al-Ḥajjāj n.d., vol. 2 : 889］。

（5） ムジャーヒド・イブン・ジャブル（Mujāhid b. Jabr, ヒジュラ暦二一／西暦六四二年－一〇四／七二二年）は、ムハンマドの教友の中で「クルアーン解釈学の父」と言われるイブン・アッバースの直弟子で、最初期のクルアーン解釈者として名高い。『ムジャーヒドの解釈書』のほか、タバリーの解釈書やなどの中に彼の見解が多数収録されている［al-Dhahabī 1985, vols. 4 : 449–457 ; al-Ziriklī 2002, vols. 5 : 278］。

（6）イブン・アッバースは、アブドゥッラー・イブン・アッバース（ʻAbd Allāh b. ʻAbbās, ヒジュラ暦前三／西暦六一九年―六八／六八七年）で、その名のとおりアッバースの息子で、そのアッバースは預言者ムハンマドの叔父にあたる。したがって、イブン・アッバース自身はムハンマドのイトコとなる。若くして入信し、ムハンマドの没後に多くの教友から学んで、特にクルアーンに関する知識に傑出した。なお、この親子の子孫が後にアッバース朝カリフとなった［al-Dhahabī 1985, vols. 3：331–359；al-Ziriklī, 2002, vols. 4：94–95］。

（7）啓示として章句が下ると、ムハンマドはそれを単独の章であるか、どれかの章の中に挿入するか、それぞれ指示を与えたと伝えられる。

（8）マーリクとバイハキーのハディース集によっても、同様の内容が伝えられている［al-Bayhaqī 2003 vol. 5：451；No. 10467；Mālik ibn Anas 2004, vol. 4：971；No. 2480］。

（9）マーリク（Mālik b. Anas, ヒジュラ暦一七九／西暦七九五年没）が編纂したハディース集『ムワッタア』には、次のように収録されている――アブー・フライラは、アッラーの使徒が次のように語ったと伝えている――「私は、他の町々を［やがて］飲み込んでしまう町へ［移住するよう、アッラーに］命じられました。人びとはヤスリブと呼んでいますが、それがマディーナです。この町は鉱炉が鉄の不純物を消し去るように人びとを清めるのです」［Mālik ibn Anas 2004, vol. 2：56；小杉 2019：97］。

（10）イスラーム法学は人間の行為を律する。その内容は大別して、人間と神の関係に関わる信仰儀礼（イバーダート）の規定と人間同士の相互行為（ムアーマラート）の規定に分かれる。家族法や遺言なども後者に属するが、本書では後者の中でも、経済に関する法規定を中心に扱っている。

（11）象嵌の技術は後にシャームのダマスカスで発展し、それが日本にも飛鳥時代に伝わったことが知られている。

（12）ハディースで明確に定められた率であるが、農産物の作物におけるザカートの義務に対して通常の財産のようにニサーブ〔ザカートの対象となる最低限の所有を指す〕条件があるかどうかについては、アブー・ハニーファと他の法学者の間で異論がある［al-Zuhaylī 1984, vol. 3：1890］。

（13）リカーズという土に隠された物（つまり地下資源）については、ザカート支払い義務の有無とハディースに登場するリカーズという語の定義をめぐって、法学者の間にいろいろな議論がある［Ibn Qudāmah 1968, vol. 4：231–238；al-Zuhaylī 1984, vol. 6：4648］。

（14）次のようなハディースがある――「イブン・ウマルは、次のように伝えている――〔ある時〕アッラーの使徒は説教壇の上から、喜捨、〔経済的な〕支援を求めること、物乞いについて、こう語りました――上の手は下の手よりもよいのです。上の手とは費やす〔喜捨をする〕手で、下の手とは乞う手です。（ブハーリー）」［小杉 2019：501–502］。

（15）血讐は、殺人や危害を与えられた場合に、被害者の一族や部族が、加害者に対して復讐をおこなうこと。イスラーム国家が樹立されるまでは、部族単位でそのような方法でメンバーを守るのが安全保障の基本となっていた。国家がないため、復讐合戦が続くと歯止めがきかない場合もあった。マディーナのハズラズ部族とアウス部族の人びとがイスラームに加わり、ムハンマドを指導者として招いたのは、両部族の復讐合戦を終結させる目的もあったとされている。個人や部族が実施する血讐は、イスラームの確立とともに廃止され、イスラーム国家が刑法の実施に責任を持つようになった。

（16）「正当な理由もなく殺人をする」という表現は奇妙に聞こえるが、「司法による死刑の場合を除いて」の意味である。イスラームでは生命は「神が不可侵とした」ため、自殺も含めてすべて生命の殺害が禁じられている。例外は死刑の場合で、死刑も殺人であることには変わりがないことは明確に認知されている。

（1）ジャーヒリーヤ時代には女性たちに対する不正や差別が強く、ストレスや精神的な圧迫からの現実逃避として当時の女性も飲酒したであろうと論じる研究があるが、単なる推論に過ぎない［Badrī 1996：26–30］。

（2）以下の議論は、タフスィール学、法学での議論に基づいている。詳しくは、次の文献を参照のこと――［al-Ghazālī 1993, 1：174；al-Rāzī 1997, 5：117；al-Shāṭibī 1997, 3：237；al-Zarkashī 1994, 7：266；Ibn ʿĀshūr 1984, 2：34, 2：239, 3：167, 3：238］。またハムルの定義に関するイスラーム法学者の議論に関しては、次の文献が詳しい――［al-Jaṣṣāṣ 1994, vols. 1：393–398；al-Nawawī n.d., vols. 20：118–120；Ibn Ḥazm al-Ẓāhirī n.d., vols. 6：198–212；Ibn Qudāmah 1968, vol. 9：159］。

（3）「集団での礼拝」が成立する人数についても、イスラーム法学による規定がある。シャーフィイー学派とハンバル学派が四〇人以上を条件としている一方、ハナフィー学派イマームを含めて四人で集団礼拝が可能とする［Wizārat al-Awqāf wa-al-Shuʾūn al-Islāmīyah 1427, vol. 27：202；al-Zuḥaylī 1984, vol. 2：1295–1297］。

（4）ハラール産業の一環として「ハラール・ホテル」の主張が近年登場しているが、ハラール・ホテルの条件には飲食において豚肉・酒を提供しない、夫婦・親族でない男女を宿泊させない、などが含まれている。

（5）クルアーンの中で一か所だけ、「豚」そのものが複数形で（「豚の肉」という言葉ではなく）用いられている箇所があるが、食事規定にはまったく関係がなく、ここで検討している四つの章句とも関係がない。

（6）たとえば、現代イスラーム法学の開拓者であるムスタファー・ザルカー、現代の啓典解釈学者として高名で、エジプトの宗教相を務めたムハンマド・ムタワッリー・シャアラーウィー［al-Shaʿrāwī 1997, vol. 2：714–715］、サウディアラビアの大ムフティーを務めたビン・バーズなどを、その代表とすることができる。

（7）ナジャーサは、辞書的にもリジュスとほぼ同じ定義で説明されているが、イスラーム法的な文脈では使われている時はタハーラ（清浄）の反対語であり、それに対してリジュスには、タハーラとの対照性はない。なお、本書ではナジャーサを「不潔」と訳しているが、日本語では「不浄」との訳も見られる。「浄・不浄」と「清潔・不潔」を比べると、ナジャーサは後者のほうが適切と思われる。

第4章

(1)「ダール・アル＝マール」すなわち「財の館」は、古典期やヌズム論では「国庫」を指すが、各地のファイサル銀行などを傘下に置くDMIグループは、金融コングロマリットの名称として「財の館」を用いた。ファイサル銀行は、サウディアラビア第三代国王ファイサルの息子ムハンマド王子が創設したものであるが、言うまでもなく民間の企業で、「国庫」と結びついているわけではない。

(2) 現代にもこの議論を続けている一人が、ハムザ・サーリムである。詳しくは、[Ḥasan 1999 : 166–181] を参照。サーリムは伝統の的な貨幣論に基づき、現代の紙幣は利子の対象外と結論し、現代の紙幣制度にも利子を当てはめる潮流を批判している。

(3) 以下のマルチレベルマーケティング(MLM)の議論は主にAshqar [2006]、Ḥazwānī [2006]、Zayd [2011] に基づいている。

(4) 会社によって販売者や購入者の数やディストリビューションの形態などが異なる。

(5) ここで論じているメカニズムは、一九九八年から香港に拠点を置き、本社がマレーシアにあるQnet、あるいはQuestNetやGoldQuestなどの事例から取っている。

(6) 二〇〇三年六月一七日のファトワー。当時あったBizNas社に関するファトワーであるが、似ている企業を含めるとの条件がついている。

(7) この原則の上位の原則は、経済的な取引の分野に限らず、「すべてに関する基本は許容(Aṣl al-Sharʿīya al-Ibāḥa)」という原則である。それに基づけば、禁止は例外であり、例外については明確な典拠が必要となる。

（8）　Global Market Research Report 2021（ResearchAndMarkets.com）を参照。

（9）　二〇一九年末から始まった新型コロナによる世界的なパンデミックのために、国際交通とグローバルな観光産業が非常な困難に陥り、それと結びついて発展してきたハラール産業が不況に陥った。とはいえ、長期的に見れば一時的な現象というべきであろう。ハラール食品の需要は、日々の食事という根源的な需要に結びついている以上、イスラーム世界全体の人口増もあり、長い目で見れば拡大傾向が続くことは疑いを入れない（詳しくは、https://cdn.salaamgateway.com/reports/pdf/45664 2acff95a783db590e5b104cae9404604 7101.pdf のレポートに参照。また、特に中国のハラール産業市場への影響については、［Yakin & Christians（Eds.）2021：108］）。

（10）　ハディースの中には、「ハラール」と「ハラーム」の間を「アフウ（赦し）」と教友（イブン・アッバース）が述べて、クルアーンの「〔ムハンマドよ、人びとに〕言いなさい、「私に啓示されたものには、食べたいのに食べることを禁じられたものはありません。ただ例外は、死肉、流れ出る血、豚肉――それは汚れである――とアッラー以外の名が唱えられたものです……」（家畜〔六〕章一四五節、本書一四五頁参照）を引用しているものもある。

（11）　「本質の変化」はタハウウル（tahawwul）という概念の下で論じられることも多い［Wizārat al-Awqāf wa-al-Shu'ūn al-Islāmīyah 1427, 3：213, 10：79］。

（12）　詳しくは https://www.nytimes.com/2021/01/05/world/asia/indonesia-sinovac-vaccine-halal.html 参照。

（13）　この事例のデータは、ハラール認証機関（ＪＡＫＩＭ）とすし金（Sushi King）の公式サイト、日本経済新聞に基づいている。

（14）　日本経済新聞の二〇一六年三月一一日版によると、「マレーシアでの今年の売上高は2億３０００万リンギ（約63億５０００万円）に達すると見込まれる。15年の売上高は2億１７００万リンギだった。すし金の店舗は4分の1が日本の小売大手イオンが運営するショッピングモール内にあり、新店舗の出店費用は平均50万リンギ。すし金は１９９５年に開業し、マレーシアに回転ずしを広めた。同社はマレーシアの複合企業で食品加工やプラスチック樹脂などの工業製品を手掛けるテクスケム・リソーセズの子会社。（クアラルンプール＝朱静儀）」。

(15) 栄養ドリンクに関する事例のデータは、『シャルク・アウサト』紙二〇〇八年四月一一日、カタルの『シャルク』紙二〇〇八年四月一〇日、カタルの『アラブ』誌二〇〇八年四月号の記事に基づいている。

(16) 味の素事件の事例に関連して触れた（本質の変化）の概念と規則に等しい。

(17) 厳密に言うと汚物性は、感覚でも把握可能な「物質的な汚物性」と精神的・象徴的な「比喩的な汚物性」に区分され、物質的な汚物性も、たとえば血や排泄物のような目に見えるものと、すでに乾いた小便のように目で見てわからないものに区分される［Wizārat al-Awqāf wa al-Shuʼūn al-Islāmīyah 1427, vol. 5：27；al-Zuḥaylī 1984, vol. 1：320］。

(18) ハナフィー学派、マーリク学派、シャーフィイー学派、ハンバル学派の一般的見解であり、さらにザーヒル学派のイブン・ハズムもこの説を取る。

(19) この見解を取っているのは、ザーヒル学派のダーウード・ザーヒリー、エジプトで独自の学派をいったんは建てたライス・イブン・サアド、マーリク学派の祖マーリクの師ラビーア、後代のイエメンの法学者であるサヌアーニーやシャウカーニーなど、現代のウラマーの中では、一九九九年までサウディアラビアの大ムフティーであったビン・バーズとその弟子のビン・ウサイミーンなどである［al-Nawawī n.d., vol. 2：563–564；ʻUthaymīn 1994, vol. 11：250–253］。

あとがき

筆者が生まれ育ったシリアは、アラブ世界の中でもアラビア語の伝統が強く生きている地域の一つである。その中でも、筆者の生まれ故郷である北部の古都アレッポは、歴史と文化が香り立つ都市として知られている。街角一つ一つに歴史が刻まれていると感じる町で、筆者も、文学が専門ではないとはいえ、幼少の頃から多くの詩をそらんじて、美しい音と言葉の格調を楽しむ習慣があった。大学に入って以降に親しむようになったイスラーム諸学の古典も、素晴らしいアラビア語で書かれており、内容だけではなく、その音律を感じるのがとても楽しいものである。シリアは、長らく、イスラーム諸学の最も重要な拠点とされ、多くのウラマー（イスラーム学者）を生んできた。そこには、イスラームの知的な資産が大きく蓄積されている。その一部を自分自身の中に継承していることを、筆者は心密かに誇りとしている。

ところが、最近の戦乱によってシリア中で、ウラマーを含む多くの人命が失われ、伝統的な建築や街並みで知られる都市が破壊され、その中の学校や図書館も少なからず廃墟となってきた。このままでは、素晴らしい文化伝統は消滅の危険にさらされている。危機感と悲しみを覚えざるをえない。

個人的なことを言えば、大学院時代や博士号取得後の研究生活の中でも、戦乱が時折非常に激しくなり、故郷でのニュースが心をかき乱して、研究に集中するのが困難な時期もあった。親戚や友人が爆撃にさらされているニュースを無視して、論文の執筆に集中するのはむずかしい。しかし、それと同時に、戦乱が深まれば深まるほど、シリアの文化と学問の伝統を継承して、研究を深めなければという気持ちも強まった。確かに戦乱の影響で、教育や研究が衰えているし、伝統も破壊されている。しかし、それらを活用することも、蓄積されてきたイスラーム諸学の知を現代的な研究に役立てることは、まだまだ可能である。そして可能である限り、研究者として、私たちはその努力を続けなければならないと思う。本書の刊行を一つの道標として、さらに長い道を歩んでいきたい。

本書は、二〇一七年三月に京都大学大学院アジア・アフリカ地域研究研究科に提出した「イスラーム経済の法的典拠をめぐる歴史的解釈と現代的再構築―無利子金融とハラール食品を中心に―」を加筆・修正したものである。刊行にあたっては、日本学術振興会の二〇二一年度科学研究費補助金（研究成果公開促進費（学術図書）：課題番号21HP5093）の支援をいただいたことに、心よりお礼申し上げます。

また、本書の基礎となっている研究にあたっては、文部科学省外国人留学生学習奨励費給付制度（スーパーグローバル大学創成支援事業による）の支援をいただきました。また本研究は、日本学術振興会科学研究費（若手研究）「イスラーム経済の新潮流：ワクフ（寄進財産）をめぐる法学革新と代替的福祉制度の創出」（課題番号：18K18251、二〇一八−二〇二〇年度）、基盤研究Ｂ「アジア・ムスリム諸国の相互扶助の新展開：ポスト新自由主義期のイスラーム経済再構築」（課題番号：21H03713、二〇二一−二〇二五年度）の研究成果の一部となっています。

京都大学大学院アジア・アフリカ地域研究研究科に二〇一四年春に三年次編入学し、二〇一七年春に学位取得・修了するまでには、さまざまな機会を通じて多くの方々のご指導やサポートをいただきました。それがあってこそ、本書に行き着くこともできました。皆さまに厚く御礼申し上げます。

特に、本書の作成にあたり、終始適切な助言をくださっただけではなくて、国費留学生としての私を三年間主指導教員として見守り、立命館大学立命館アジア・日本研究機構で准教授を勤めている今日までお世話くださり、丁寧に指導してくださっている小杉泰先生に対しては、感謝の気持ちを言葉で表現することもできません。日本語と初めて出会ってから五年ほどのところで博論執筆に取りかかり、ここでまた日本語の専門書を上梓するところまで来た道のりは、小杉先生のご指導なしではとうてい不可能であったと思います。日本というアラブ世界からはるかに遠い地で、小杉先生ほどにアラビア語とイスラーム諸学の古典と現代的な動向に詳しい研究者に出会えるとは、想像もつきませんでした。また、大学院で副指導教員としてご指導いただいた東長靖先生（スーフィズム研究）にも深謝申し上げます。大学院で副指導教員としてご指導いただき、現在もイスラーム経済をめぐるいくつものプロジェクトでお世話になっている長岡慎介先生（イスラーム経済研究）には、当時から今に至るまでいつも温かいご指導をいただき、本当にありがたく存じます。大学院の連環・グローバル地域研究ゼミでは、田辺明生先生（南アジア地域研究）、藤倉達郎先生（ヒマーラヤ地域研究）、中溝和弥先生（インド研究）、中村沙絵先生（スリランカ研究）から、さまざまなアドバイスをいただきました。懐かしい思いとともに、感謝いたしたいと存じます。また、先輩諸氏にもいろいろとお世話になってきましたが、特に竹田敏之先生に御礼申し上げたいと思います。竹田先生には、非常勤講師として初めて教壇に立った時に、日本人に対するアラビア語の教授法の指導をいただくなど、常日頃から手厚くサポートいただいています。

大学院時代から現在まで、京都大学のイスラーム地域研究センター（ＫＩＡＳ）には、研究会やワークショップへ参加する機会をたくさんいただきました。深謝申し上げます。特に『イスラーム世界研究』に論文執筆の機会を得られたことも、とてもありがたいことでした。編集部の岡本多平さん、内海秀章さんには大変お世話になりました。留学生として研究を進める中では、渋谷晴巳さんにいろいろなことで、とてもお世話になりました。また、同センターのＮＩＨＵプログラム「イスラーム地域研究」の一環として、上智大学で国際シンポジウムが二〇一五年に開催された際には、ポスター発表の有意義な機会を得たのみならず、ハラール食品に関するセッションの公式の報告を書く機会をいただき、大きな財産となりました。

国際的な研究交流という点では、京都大学と連携している英国ダラム大学イスラーム経済・金融研究プログラム、マレーシア国民大学（ＵＫＭ）イスラーム文明研究所との共同のシンポジウムやワークショップに参加、発表できたことが大きな励みとなりました。ダラム大学のメフメット・アシュタイ先生、ＵＫＭのユソフ・オスマン先生に貴重なアドバイスをいただき、また多くの先生方や大学院生と意見交換できたことは、貴重な経験となりました。ＵＫＭのムハンマド・ハキミ・シャーフィイー先生にも、現在に至るまで大変お世話になっています。

現在の勤め先の立命館大学アジア・日本研究所でも、多くの皆さまのサポートに支えられて、本書刊行を含めて、研究を進めることができています。とりわけ、同僚の黒田彩加先生、事務局の川村夏子さんに御礼申し上げます。

そして、遠く離れていていつでも期待をかけて、励ましてくれる両親、日本滞在をサポートして下さった親戚にも、心から感謝の気持ちを申し上げます。

日本で研究者となることは十年前には想像もできませんでしたが、来日してからは、在日しているオジさん・オバさんとほかの親戚から財政的な支援のみならず、精神的にも大きなサポートをいただきました。厚く御礼申し上げます。

また、本書を刊行へと導いてくださったナカニシヤ出版編集部の石崎雄高氏には格別の謝意を申し上げたいと思います。

二〇二一年一一月

ハシャン・アンマール

参考文献

1　一次資料（アラビア語）

ʻAbd al-Salām, ʻIzz al-Dīn bin.（n.d.）. *al-Qawāʻid al-Aḥkām fī Maṣāliḥ al-Anām*. Beirūt : Dār al-Maʻrifah.

Abū Ḥayyān at-Tawḥīdī, M. ibn Y.（1999）. *al-Tafsīr al-Kabīr al-Musammā bi-al-Baḥr al-Muḥīṭ*.（ed. by S. M. Jamīl）. Bayrūt : Dar al-Fikr.

Abū ʻUbayd, Q. ibn S.（n.d.）. *Kitāb al-Amwāl*.（ed. by M. K. Harrās）. Bayrūt : Dār al-Fikr.

al-Baghawī, al-H. ibn M.（1420［1999］）. *Tafsīr al-Baghawī al-Musammā Maʻālim al-Tanzīl*. Bayrūt : Dar Iḥyā' al-turāth al-ʻArabī.

al-Balādhurī, A. ibn Y.（1988）. *Futūḥ al-Buldān*. Bayrūt : Dār wa Maktabat al-Hilāl.（バラーズリー．（2012–2014）．『諸国征服史 1～3』花田宇秋訳，岩波書店）

al-Bayḍāwī, ʻAbd Allāh ibn ʻUmar.（1998）. *Anwār al-Tanzīl wa-Asrār al-Ta'wīl*.（ed. by M. ʻAbd al-R. Marʻashlī）. Bayrūt : Dar Iḥyā' al-Turāth al-ʻArabī.

Bayhaqī, A. ibn al-H.（2003）. *al-Sunan al-Kubrā*.（ed. by M. 'Abd al-Q. 'Ata）. Bayrūt : Dar al-Kutub al-ʻIlmiyah.

al-Bukhārī, M. ibn I.（2001）. *Ṣaḥīḥ al-Bukhārī / al-Jāmiʻ al-Ṣaḥīḥ : al-Jāmiʻ al-Musnad al-Saḥīḥ al-Mukhtaṣar min Umūr Rasūl Allāh Ṣallā Allāh ʻAlayhi wa-Sallam wa-Sunanihi wa-Ayyāmihi*.（ed. by M. F. ʻAbd Al-Bāqī）（1st ed.）Bayrūt : Dār Ṭawq al-Najāh.（ブハーリー．（1993）．『ハディース――イスラーム伝承集成』牧野信也訳，中公文庫、全 6 巻）

Dūrī, ʻAbd-al-ʻAzīz.（1950）. *An-Nuẓum al-Islāmīya*. Baghdād : Wizārat al-Maʻārif al-ʻIrāqīyah.（Abd Al-Aziz Duri.（2011）. *Early Islamic Institutions : Administration and Taxation from the Caliphate to the Umayyads and Abbasids*, tr. by Razia Ali, ed. by Centre for Arab Unity Studies.

Tauris Academic Studies)
————. (2005). *Muqaddimah fī Tārīkh Ṣadr al-Islām*. Bayrūt: Markaz Dirāsāt al-Waḥdah al-'Arabiyah.
al-Dhahabī, A. M. ibn. (1985). *Siyar A'lām al-Nubalā'*. Bayrūt: Muassasat al-Risalah.
————. (2003). *Tārīkh al-Islām wa-Wafayāt al-Mashāhīr wa-al-A'lām*. (ed. by Bashshār 'Awwād Ma'rūf). Bayrūt: Dār al-Gharb al-Islāmī.
al-Dhahabī, M. H. (1976). *al-Tafsīr wa-al-Mufassirūn*. al-Qahira: Maktabat Wahbah.
al-Farāhīdī, al-Khalīl ibn Aḥmad. (n.d.). *Kitāb al-'Ayn* (ed. by M. M. I. Sāmarrā'ī). Dār wa-Maktabat al-Hilāl.
al-Ghazālī, A. H. M. ibn M. (1993). *al-Mustaṣfā fī 'Ilm al-Uṣūl*. (ed. by M. 'Abd al-S. 'Abd Al-Shāfī). Bayrūt: Dār al-Kutub al-'Ilmīyah.
Ibn al-Kalbī, H. ibn M. (2000). *Kitāb al-Aṣnām*. (ed. by A. Zakī) (4th ed.). al-Qāhirah: Dār al-Kutub al-Miṣrīyah. (イブン・アル＝カルビィー，池田修訳（1974）『偶像の書』『東洋文化』54)
Ibn Kathīr, I. ibn 'Umar. (1988). *al-Bidāyah wa-al-Nihāyah*. Dimashq: Dār Iḥyā' al-Turāth al-'Arabī.
————. (1999). *Tafsīr al-Qur'ān al-'Aẓīm*. (ed. by S. ibn M. Salāmah). al-Riyāḍ: Dār Ṭībah lil-Nashr wa-al-Tawzī'.
al-Dihlawī, W. A. (2005). *Ḥujjat Allāh al-Bālighah*. (ed. by A.-S. Sābiq). Bayrūt: Dār al-Jīl.
Ibn Abī Shaybah, 'Abd Allāh ibn Muḥammad. (1989). *Muṣannaf Ibn Abī Shaybah*. (ed. by K. Y. Ḥūt). al-Riyāḍ: Maktabat al-Rushd.
Ibn al-'Arabī, M. ibn 'Abd A. (1967). *Aḥkām al-Qur'ān*. al-Qahira: 'Īsā al-Bābī al-Ḥalabī.
Ibn 'Ābidīn, M. A. ibn 'Umar. (1992). *Ḥāshiyat Ibn 'Ābidīn: Radd al-Muḥtār 'alā al-Durr al-Mukhtār*. Bayrūt: Dar al-Fikr.
Ibn 'Āshūr, M. al-T. (2004). *Maqāṣid al-Sharī'ah al-Islāmīyah*. (ed. by M. al-H. Ibn al-Khawjah). Qaṭar: Wizārat al-Awqāf wa-al-Shu'ūn al-Islāmīyah.
Ibn 'Āshūr, M. al-Ṭāhir. (1984). *Tafsīr al-Taḥrīr wa-al-Tanwīr*. Tūnis: Dār

al-Tūnisīyah lil-Nashr.

Ibn al-Athīr, M. al-D. al-M. ibn M. (1979). *al-Nihāyah fī Gharīb al-Ḥadīth wa-al-Athar*. Bayrūt : al-Maṭba'ah al-'Ilmīyah.

Ibn al-Humām, K. al-D. M. ibn 'Abd al-W. (n.d.). *Fatḥ al-Qadīr*. Dar al-Fikr.

Ibn Hishām, 'Abd al-Malik. (1955). *al-Sīrah al-Nabawīyah*. (ed. by M. Saqqā and others) (2nd ed.). al-Qahira : Muṣṭafá al-Bābī al-Ḥalabī.（イブン・イスハーク，イブン・ヒシャーム編註.（2010–2011).『預言者ムハンマド伝』後藤明・医王秀行・高田康一・高野太輔訳, 岩波書店.）

Ibn Ḥajar Al-'Asqalānī, A. ibn 'Alī. (1979). *Fatḥ al-Bārī Sharḥ Ṣaḥīḥ al-Bukhārī*. (ed. by M. al-D. Khaṭīb). Bayrūt : Dār al-Ma'rifah.

Ibn Ḥazm al-Ẓāhirī, 'Alī ibn Aḥmad. (n.d.). *al-Muḥallá bi-al-Āthār*. Bayrūt : Dar al-Fikr.（ムスリム・ビン・アル＝ハッジャージ.（n.d.)『日訳サヒーフムスリム』（磯崎定基・飯森嘉助・小笠原良治訳）日本サウディアラビア協会.）

Ibn Mājah, M. ibn Y. (2009). *Sunan ibn Mājah*. (ed. by S. Arnā'ūṭ and others.). Bayrūt : Dār al-Risālah al-'Ālamīyah.

Ibn Manẓūr, M. ibn M. I. M. (1993). *Lisān al-'Arab*. (3rd ed.). Bayrūt : Dār Ṣādir.

Ibn Qayyim al-Jawzīyah, M. ibn A. B. (1994). *Zād al-Ma'ād fī Hady Khayr al-'Ibād*. Bayrūt : Mu'assasat al-Risālah ; Ḳuwayt : Maktabat al-Manār al-Islāmīyah.

———. (1991). *I'Lām al-Muwaqqi'īn 'an Rabb al-'Ālamīn*. (ed. by M. 'Abd al-S. Ibrāhīm). Bayrūt : Dār al-Kutub al-'Ilmiyah.

Ibn Qudāmah, M. al-D. 'Abd A. ibn A. (1968). *al-Mughnī*. Miṣr : Maktabat al-Qāhirah.

Ibn Qutaybah, 'Abd Allāh ibn Muslim. (1998). *Kitāb al-Ashribah wa-Dhikr Ikhtilāf al-Nās Fīhā*. al-Qāhirah : Maktabat Zahrā' al-Sharq.

———. (1966). *al-Maysir wa-al-Qidāḥ*. al-Qāhirah : al-Maṭba'ah al-Salafīyah wa-Maktabatihā.

Ibn Rushd, Abū al-Walīd Muḥammad Ibn Aḥmad. (2004). *Bidāyat al-Mujtahid wa-Nihāyat al-Muqtaṣid*. al-Qāhirah : Dār al-Ḥadīth.

Ibn Taymīyah, A. ibn ‘Abd al-H. (1986). *Minhāj al-Sunnah al-Nabawīyah.* (ed. by M. R. Sālim). Riyāḍ: Jāmi‘at al-Imām Muḥammad ibn Su‘ūd al-Islāmīyah.

———. (1995). *Majmū‘ al-Fatāwā.* al-Madīnah al-Munawwarah: Majma ‘ al-Malik Fahd li-Ṭibā‘at al-Muṣḥaf al-Sharīf.

———. (1996). *Tafsīr Āyāt Ashkalat ‘alaā Kathīr min al-‘Ulamā’ Ḥattā lā Yūjadu fī Ṭā’ifah min Kutub al-Tafsīr fīhā al-Qawl al-Ṣawāb Bal lā Yūjadu Fīhā Illā mā Hawa Khaṭa’.* (ed. by A. al-‘Azīz ibn M. Khalīfah). al-Riyāḍ: Maktabat al-Rushd: Sharikat al-Riyāḍ lil-Nashr wa-al-Tawzī‘.

al-Jawharī, I. ibn H. (1987). *al-Ṣiḥāḥ, Tāj al-Lughah wa-Ṣiḥāḥ al-‘Arabīyah.* Bayrūt: Dar al-’Ilm lil-Malāyīn.

al-Jaṣṣāṣ, A. ibn ‘Alī. (1994). *Kitāb Aḥkām al-Qur’ān.* Bayrūt: Dār al-Kitāb al-‘Arabī.

al-Kāsānī, A. B. ibn M. (1986). *Badā’i‘ al-Ṣanā’i‘ fī Tartīb al-Sharā’i‘.* (2 nd ed.). Bayrūt: Dār al-Kutub al-‘Ilmīyah.

al-Khaṭṭābī, H. ibn M. (1932). *M‘aālim al-Sunan: Wa-huwa Sharḥ Sunan al-Imām Abī Dāwūd.* Halab: al-Maṭba‘ah al-‘Ilmīyah.

al-Khāzin, ‘Alī ibn Muḥammad. (1995). *Tafsīr al-Khāzin al-Musammā Lubāb al-Ta’wīl fī Ma‘ānī al-Tanzīl.* (ed. by M. ‘A. Shāhīn). Bayrūt: Dār al-Kutub al-‘Ilmīyah.

Mālik ibn Anas, A. (2004). *al-Muwaṭṭa’.* (ed. by M. M. A‘ẓamī). Abū Ẓaby: Mū’sasat Zāyid Bin Sulṭān Āl Nahiyān lil-A‘māl al-Khayriyah wa al-Insāniyah.

al-Māwardī, ‘Alī ibn Muḥammad. (1989). *A‘lām al-Nubūwwah.* Bayrūt: Dār wa Maktabat al-Hilāl.

Mujāhid, ibn J. (1989). *Tafsīr Mujāhid.* (ed. by M. ‘Abd al-Salām). Miṣr: Dār al-Fikr al-Islāmī al-Ḥadīthah.

al-Nasā’ī, A. ibn S. (2001). *al-Sunan al-Kubrā.* (ed. by S. etc Arnā’ūṭ). Bayrūt: Mu’assasat al-Risālah.

al-Nawawī, Y. ibn S. (n.d.). *al-Majmū‘: Sharḥ al-Muhadhdhab.* Bayrūt: Dar al-Fikr.

———. (1980). *Sharḥ al-Nawawī ‘Alā Ṣaḥīḥ Muslim al-Musammā al-*

Minhāj Sharḥ Ṣaḥīḥ Muslim ibn al-Ḥajjāj (2nd ed.). Bayrūt : Dar Iḥyā' al-Turāth al-'Arabī.

al-Nuwayrī, A. ibn 'Abd al-W. (2002). *Nihāyat al-Arab fī Funūn al-Adab*. al-Qāhirah : Dār al-Kutub wa-al-Wathā'iq al-Qawmīyah.

al-Qurṭubī, M. ibn A. (1964). *Tafsīr al-Qurṭubī : al-Jāmi' li-Aḥkām al-Qur'ān*. (ed. by A. al-Bardūnī). al-Qāhirah : Dār al-Kutub al-Miṣrīyah.

al-Rāzī, F. al-D. M. ibn 'Umar. (1997). *al-Maḥṣūl* (3rd ed.). Bayrūt : Mu'as-sasat al-Risālah.

————. (2000). *Tafsīr al-Fakhr al-Rāzī : al-Mushahhar bi-al-Tafsīr al-Kabīr wa-Mafātīḥ al-Ghayb*. Bayrūt : Dar Iḥyā' al-Turāth al-'Arabī.

al-Ṣadr, M. B. (1983). *al-Bank al-Lāribawī fī al-Islām : Uṭrūḥah lil-Ta'wīd 'an al-Ribā wa-Dirāsah li-Kāfat Awjah Nashāṭāt al-Bunūk fī Ḍaw' al-Fiqh al-Islāmī*. Bayrūt : Dār al-Ta'āruf li-l-maṭbū'āt. (ムハンマド・バーキルッ＝サドル. (1994). 『無利子銀行論』黒田壽郎・岩井聡訳, 未知谷)

Sajjadi, Sadeq (tr. by Farzin Negahban). 2015. "Abraham", *Encyclopaedia Islamica* (Online Edition), Leiden : Brill.

al-Samarqandī, N. ibn M. A. al-L. (1993). *Tafsīr al-Samarqandī, al-Musammaā Baḥr al-'Ulūm*. Bayrūt : Dār al-Kutub al-'Ilmīyah.

al-Samīn al-Ḥalabī, A. ibn Y. (1986). *al-Durr al-Maṣūn fī 'Ulūm al-Kitāb al-Maknūn*. (ed. by A. M. Kharrāṭ). Dimashq : Dār al-Qalam.

al-Sarakhsī, B. M. ibn A. ibn A. S. (1993). *al-Mabsūṭ*. Bayrūt : Dār al-Ma'rifah.

al-Shāṭibī, I. ibn M. (1997). *al-Muwāfaqāt*. (ed. by H. M. Salmān). al-Qāhirah : Dār Ibn 'Affān.

al-Shawkānī, M. ibn 'Alī. (n.d.). *al-Sayl al-Jarrār al-Mutadaffiq 'alā Ḥadā'iq al-Azhār*. Bayrūt : Dār Ibn Ḥazm.

al-Shīrāzī, F. A. I. I. ibn 'Alī ibn Y. (2003). *al-Luma' fī Uṣūl al-Fiqh* (2nd ed.). Bayrūt : Dar al-Kutub al-'Ilmiyah.

al-Sijistānī, A. D. S. ibn al-A. (2007). *Sunan Abī Dāwūd*. Bayrūt : al-Maktabah al-'Aṣrīyah.

al-Suyūṭī, J. al-D. (1974). *al-Itqān fī 'Ulūm al-Qur'ān*. (ed. by M. A. al-F.

Ibrāhīm). al-Iskandarīyah : al-Hay'ah al-Miṣrīyah al-'Āmmah lil-Kitāb.
———. (2004). *Tārīkh al-Khulafā'*. (ed. by H. Al-Dimirdāsh). Makkah : Maktabat Nizār Muṣṭafā al-Bāz.
al-Ṭabarī, M. ibn J. (1968). *Tārīkh al-Ṭabarī : Tārīkh al-Umam wa-al-Mulūk*. Bayrūt : Dar al-Turāth.
———. (2000). *Jāmi' al-Bayān fī Ta'wīl Āy al-Qur'ān*. (ed. by A. M. Shākir). Bayrūt : Mu'assasat al-Risālah.
al-Ṭabarsī, al-F. ibn al-H. (1983). *Majma' al-Bayān fī Tafsīr al-Qur'ān*. Qum, Īrān : Maktabat Āyat Allāh al-'Uẓmā al-Mar'ashī al-Najafī.
al-Tirmidhī, M. ibn 'Īsā. (1975). *Sunan al-Tirmidhī wa-Huwa al-Jāmi' al-Ṣahīḥ*. (ed. by A. etc Shakir) (2nd ed.). al-Qāhiah : Muṣṭafā al-Bābī al-Ḥalabī.
al-Wāḥidī, A. al-H. 'Alī ibn A. (1992). *Asbāb al-Nuzūl*. (ed. by 'Iṣām ibn 'Abd al- Muḥsin Al-Ḥumaydān). al-Dammām : Dār al-Iṣlāḥ.
al-Zamakhsharī, M. ibn 'Umar. (1986). *al-Kashshāf 'an Ḥaqā'iq al-Tanzīl wa-'Uyūn al-Aqāwīl fī Wujūh al-Ta'wīl* (3rd ed.). Bayrūt : Dār al-Kitāb al-'Arabī.
al-Zarkashī, M. ibn B. (1957). *al-Burhān fī 'Ulūm al-Qur'ān*. (ed. by M. A. al-F. Ibrahim). Bayrūt : Dār Iḥyā' al-Kutub al-'Arabīyah ; al-Qāhirah : 'Īsā al-Bābī al-Ḥalabī.
———. (1994). *al-Baḥr al-Muḥīṭ fī Uṣūl al-Fiqh*. al-Qāhirah : Dār al-Kutubī.

2 研究書（アラビア語）

'Abduh, 'Īsā. (1970). *al-Fā'idah 'alá Ra's al-Māl Ṣūrah min Ṣuwar al-Ribā*. Bayrūt : Dār al-Fat'ḥ.
———. (1977). *Bunūk bi-lā Fawā'id*. al-Qāhirah : Dār al-I'tiṣām.
Abū Zahrah, M. (1985). *Taḥrīm al-Ribā Tanẓīm Iqtiṣādī*. Jiddah : Al-Dār al-Sa'ūdīyah lil-Nashr wa-al-Tawzī'.
———. (1987). *Buḥūth fī al-Ribā*. al-Qāhirah : Dār al-Fikr al-'Arabī.
Abū Zayd, 'Abd al-'Azim Jalāl. (2004). *Fiqh al-Ribā : Dirāsah Muqāranah wa-Shāmilah lil-Tatbīqāt al-Mu'āṣirah*. Bayrūt : Muassasat al-Risalah

Nashirun.

Abū Zayd, B. ibn ʻAbd A. (1988). al-Murābaḥah lil-āmir bi-al-shurā' : bay' al-mawā'idah al-murabaḥah fī al-maṣārif al-Islāmīyah wa-ḥadīth "Lā tab' mā laysa 'indaka."*Majallat Majma' al-Fiqh al-Islāmī.* Jeddah : Saudi Arabia.

al-Afghānī, S. (1974). *Aswāq al-'Arab fī al-Jāhilīyah wa-al-Islām* (3rd ed.). Dimashq : Dār al-Fikr.

'Ajlūnī, I. ibn M. (2000). *Kashf al-Khafā' wa-Muzīl al-Ilbās 'Ammā Ishtahara min al-Aḥādīth 'alā Alsinat al-Nās.* Ṣaydā : al-Maktabah al-'Aṣrīyah.

al-Albānī, M. N. al-D. (1995). *Silsilat al-Aḥādīth al-Ṣaḥīḥah wa-Shay' min Fiqhihā wa-Fawā'dihā* (1st ed.). al-Riyāḍ : Maktabat al-Ma'ārif lil-Nashr wa-al-Tawzī'.

'Alī, J. (2001). *al-Mufaṣṣal fī Tārīkh al-'Arab Qabla al-Islām.* Bayrūt : Dār al-Sāqī.

al-Ālūsī, M. ibn 'Abd A. (1995). *Rūḥ al-ma'ānī fī Tafsīr al-Qur'ān al-'Aẓīm wa-al-sab' al-Mathānī.* Bayrūt : Dār Iḥyā' al-Turāth al-'Arabī.

al-'Arabī, M. 'Abd A. (1965). *al-Mu'āmalāt al-Maṣrifīyah al-Mu'āṣirah.* Majma' al-Buḥūth al-Islāmīyah.

Asad, N. al-D. (1962). *Maṣādir al-Shi'r al-Jāhilī wa-Qīmatuhā al-Tārīkhīyah.* Miṣr : Dār al-Ma'ārif.

Ashqar, U. 'Umar S. (2006). *al-Taswīq al-Shabakī min al-Manẓūr al-Fiqhī. Majallat al-Zarqā' lil-Buḥūth wa-al-Dirāsāt al-Insānīyah*, 1.

Badrī, M. (1996). *Ḥikma al-Islām fī Taḥrīm al-Khamr : Dirāsah Nafsīyah Ijtimā'īyah.* Hīrindun, Fīrjīniyā, al-Wilāyāt al-Muttaḥidah al-Amrīkīyah : al -Ma'had al-'Ālamī lil-Fikr al-Islāmī.

Bārr, M. 'Alī. (1986). *Asrār al-Tibbīyah wa-al-Aḥkām al-Fiqhīyah fī Taḥrīm al-Khinzīr.* al-Dammām : al-Dār al-Su'ūdīyah.

Darāz, M. 'Abd A. (n.d.). *al-Ribā fī Naẓar al-Qānūn al-Islāmī.* al-Qāhirah : al-Ittiḥād al-Dawlī lil-Bunūk al-Islāmīya.

Daqir, M. N. (1994). *Rawā'i' al-Ṭibb al-Islāmī.* Dimashq : Dār al-Ma'ājim.

Dawabah, A. M. (2010). *al-Iqtiṣād al-Islāmī, Madkhal wa-Manhaj.* al-Qāhirah : Dār al-Salām.

Ḍuḥayyān, ‘Abd al-Raḥmān ibn Ibrāhīm.（2002）. *al-Nuẓum al-Islāmīyah wa-ḥājat al-Basharīyah ilayhā : al-Namūdhaj al-Sa‘ūdī.* al-Madīnah : Dār al-Ma’āthir.

Erman, A. : A.-M. A.-B. M. A. S. transl.（1960）. *Diyānat Miṣr al-Qadīmah : Nash’atuhā wa-Taṭawwuruhā wa-Nihāyatuhā fī Arba‘at Ālāf Sanah.* Miṣr : Sharikat Maktabat wa-Maṭba‘at Muṣṭafā al-Bābī al-Ḥalabī.

Fanjarī, M. S.（2010）. *al-Madhhab al-Iqtiṣādī fī al-Islām : Hal fī al-Islām Madhhab Iqtiṣādī Mu‘ayyan?* al-Qāhirah : al-Hay’ah al-Miṣrīyah al-‘Āmmah lil-Kitāb.

al-Ghazzālī, A. H. M. ibn M.（1982）. *Iḥyā’ ‘ulūm al-Dīn.* Dār al-Ma‘rifah. Bayrūt : Dār al-Ma‘rifah.

————.（1993）. *al-Mustaṣfá fī ‘ilm al-Uṣūl*（ed. by M. ‘Abd al-S. ‘Abd Al-Shāfī）. Bayrūt : Dār al-Kutub al-‘Ilmīyah.

Ḥakīm, M. T.（2002）. Ri‘āyat al-Maṣlaḥah wa al-Ḥikmah fī Tashrī‘ Nabī al-Raḥmah. *al-Jāmi‘ah al-Islāmīyah bi-al-Madīnah al-Munawwarah*, 116（40）.

Ḥammūd, S. H. A.（1982）. *Taṭwīr al-A‘māl al-Maṣrifīyah bi-Mā Yattafiqu wa-al-Sharī‘ah al-Islāmīyah.* ‘Ammān : Maṭba‘at al-Sharq wa-Maktabatuhā.

Ḥarīrī, M. ibn ‘Alī ibn H.（1418）. Aḥādīth Ribā al-Fadl wa-Atharuhā fī al-‘Illah wa-al-Ḥikmah fī Taḥrīm al-Ribā. *Majallat al-Buḥūth al-Islāmīyah*, 52（52）, 227–278.

Ḥasan, A.（1999）. *al-Awrāq al-Naqdīyah fī al-Iqtiṣād al-Islāmī : Qīmatuhā wa-Aḥkāmuhā.* Dimashq, Bayrūt : Dār al-Fikr.

Ḥasan, I. H.（1962）. *an-Nuẓum al-Islāmīya.* al-Qāhirah : Maktabat al-Nahḍah al-Miṣrīyah.

Ḥasanī, A. H. A.（1989）. *Taṭawwur al-Nuqūd fī Ḍaw’ al-Sharī‘ah al-Islāmīyah : ma‘a al-‘Ināyah bi-al-Nuqūd al-Kitābīyah.* Jiddah : Dār al-Madanī.

Ḥazwānī, M.（2006）. *al-Taswīq al-Shabakī : Dirāsat Ālīyāt al-Taswīq ‘Abra al-Intarnit wa-Ḥukmihā fī al-Fiqh al-Islāmī.* Dimashq : Dār al-Nahḍah.

al-Ḥājj Sālim, M.（2014）. *Min al-Maysir al-Jāhilī ilā al-Zakāh al-Islāmīyah : Qirā’ah Ināsīyah fī Nash’at al-Dawlah al-Islāmīyah al-Ūlā.* Bayrūt : Dār

al-Madār al-Islāmī.
Ibn ʻĀbidīn, M. A. ibn ʻUmar. (1992). *Ḥāshiyat Ibn ʻĀbidīn : Radd al-muḥtār ʻalá al-Durr al-mukhtār.* Bayrūt : Dar al-Fikr.
Ibn ʻAṭīyah, ʻAbd al-Ḥaqq ibn Ghālib. (2001). *al-Muḥarrar al-wajīz fī tafsīr al-Kitāb al-ʻAzīz* (ed. by ʻAbd al-Salām ʻAbd al-Shāfī Muḥammad). Bayrūt : Dar al-Kutub al-'Ilmiyah.
Ibn-Ḥabīb, M. (1970). *Kitāb al-Muḥabbar* (ed. by I. Lichtenstadter). Bayrūt : Dār al-Āfāq al-Jadīdah.
Ibn Jaʻfar, Q. (1981). *al-Kharāj wa-Ṣināʻat al-Kitābah.* Baghdād : Dār al-Rashīd.
Ibn Saʻd, M. I. (1990). *al-Ṭabaqāt al-Kubrá* (ed. by ʻAbd-al-Qādir ʻAṭā). Bayrūt : Dār al-Kutub al-ʻIlmīya.
Ibrāhīm, G. M. & Qaḥf, M. M. (2000). *al-Iqtiṣād al-Islāmī : ʻilm am Wahm?* Bayrūt : Dār al-Fikr al-Muʻāṣir.
al-Kharābishah, M. (2011). al-Tijārah fī Bilād al-Shām fī al-ʻAṣr al-Bizanṭī. *al-Majallah al-Urdunīyah lil-Tārīkh wa-al-āthār: majallah ʻilmīyah ʻālamīyah muḥakkamah,* 5 (2), 1–22.
al-Kuwayt-Wizārat al-Awqāf wa-al-Shu'ūn al-Islāmīyah, A. (1427). *al-Mawsūʻah al-Fiqhīyah al-Kuwaytīyah.* ELEC, al-Kuwayt : Wizārat al-Awqāf wa-al-Shu'ūn al-Islāmīyah.
Maghrāwī, M. ibn M. (1997). *al-Risālah al-Fiqhīyah.* Bayrūt : Dār al-Gharb al-Islāmī.
Majmaʻ al-Fiqh al-Islāmī (Organisation of Islamic Conference). (2020). *Qarārāt wa-tawṣīyāt Majmaʻ al-Fiqh al-Islāmī : min al-Dawrah al-Thānīyah ḥattá al-ʻāshirah, 1406-1441 H/1985-2019 M, Raqm 1-98.* Majmaʻ al-Fiqh al-Islāmī. Jeddah : Saudi Arabia.
————. (2009). *Majallat Majmaʻ al-Fiqh al-Islāmī.* Jeddah : Saudi Arabia.
al-Maqrīzī, A. ibn ʻAlī. (1999). *Imtāʻ al-Asmāʻ : bi-mā lil-Rasūl min al-Anbā' wa-al-Amwāl wa-al-Ḥafadah wa-al-Matāʻ.* Bayrūt : Dār al-Kutub al-ʻIlmīyah.
Markaz al-Imārāt lil-Dirāsāt wa-al-Buḥūth al-Istrātījīyah, A. Z. (2013). *al-Tamwīl al-Islāmī wa-al-Iqtiṣādīyāt al-Muʻāṣirah.* Abū Ẓaby : Markaz al-

Imārāt lil-Dirāsāt wa-al-Buḥūth al-Istrātījīyah.
al-Maudūdī, A.-'l-A. (1987). *al-Ribā*. Jiddah: al-Dār al-Sa'ūdīyah lil-Nashr wa-al-Tawzī'.
Mīrah, H. ibn H. ibn M. 'Alī. (2011). *'Uqūd al-Tamwīl al-Mustajaddah fī al-Maṣārif al-Islāmīyah: Dirāsah Ta'Sīlīyah Taṭbīqīyah*. al-Riyāḍ: al-Mīmān lil-Nashr wa-al-Tawzī'.
Miṣrī, R. Y. (1981). *al-Islām wa al-Nuqūd*, Jeddah: King Abdulaziz University.
———. (1987). *Masrif al-Tanmiyah al-Islami, aw, Muhawalah Jadidah fi al-Riba wa-al-Fa'idah wa-al-Bank*. Bayrūt: Mu'assasat al-Risalah.
———. (1991). *al-Jāmi' fī Uṣūl al-Ribā*. Dimashq: al-Dār al-Shāmīyah; Bayrūt: Dār al-Qalam.
———. (2009). *al-Ribā wa-al-Ḥasm al-Zamanī fī al-Iqtiṣād al-Islāmī*. Dimashq: Dār al-Maktabī.
Mubārakfūrī, M. 'Abd al-R. ibn 'Abd al-R. (2005). *Tuḥfat al-Aḥwadhī*. Bayrūt: Dār al-Kutub al-'Ilmīyah.
Muqātil ibn Sulaymān, A.-B. (2002). *Tafsīr Muqātil ibn Sulaymān*. Bayrūt: Dār Iḥyā' al-Turāth al-'Arabī.
Mutrak, 'Umar ibn 'Abd al-'Azīz. (1418). *al-Ribā wa-al-Mu'āmalāt al-Maṣrifīyah fī Naẓar al-Sharī'ah al-Islāmīyah*. al-Riyāḍ: Dār al-'Āṣimah lil-Nashr wa-al-Tawzī'.
Mu'nis, H. (1988). *Tārīkh Quraysh: Dirāsah fī Tārīkh Aṣghar Qabīlah 'Arabīyah Ja'alahā al-Islām A'ẓam Qabīlah fī Tārīkh al-Bashar*. Jiddah: al-Dār al-Su'ūdīyah lil-Nashr wa-al-Tawzī'.
Najjār, A. M. 'Abd al-'Azīz. (1972). *Bunūk bi-lā Fawā'id: ka-Istirājīyah lil-Tanmiyah al-Iqtiṣādīyah wa-al-Ijtimā'īyah fī al-Duwal al-Islāmīyah*. al-Qāhirah: Jāmi'at al-Malik 'Abd al-'Azīz.
———. (1980). *al-Madkhal ilā al-Naẓarīyah al-Iqtiṣādīyah fī al-Manhaj al-Islāmī*. al-Qāhirah: al-Ittiḥād al-Dawlī lil-Bunūk al-Islāmīyah.
al-Nābulusī, S. (2002). *al-Māl wa-al-Hilāl: al-Mawāni' wa-al-Dawāfi' al-Iqtiṣādiyyat li-Ẓuhūr al-Islām*. Lundun: Dār al-Sāqī.
Qaḥf, M. M. (2000). *al-Iqtiṣād al-Islāmī: 'Ilm Am Wahm?* Bayrūt: Dār al-

Fikr al-Mu'āṣir.

al-Qarārī, 'Abd Al-Laṭīf Ḥamzah. (2016). *al-Maṣārif al-Istithmārīyah Bayna al-Wāqi' wa-al-Taṭbīq*. UK : Oxford Higher Academy.

al-Qaraḍāwī, Y. (1973). *Fiqh al-Zakāh : Dirāsah Muqāranah li-Aḥkāmihā wa-Falsafatihā fī Ḍaw' al-Qurān wa-al-Sunnah*. Bayrūt : Mu'assasat al-Risālah.

———. (1987). *Bay' al-Murābaḥah lil-Āmir bi-al-Shirā' ka-mā Tujrīhi al -Maṣārif al-Islāmīyah : Dirāsah fī Ḍaw' al-Nuṣūṣ wa-al-Qawā'id al-Shar 'īyah*. 'Ābidīn (al-Qahira) : Maktabat Wahbah.

———. (2001). *Fawā'id al-Bunūk, Hiya al-Ribā al-Ḥarām*. al-Qāhirah : Maktabat Wahbah.

al-Qarah'dāghī, A. M. al-D. (2010). *Ḥaqībat Ṭālib al-'Ilm al-Iqtiṣādīyah*. Bayrūt : Dar al-Bashā'ir al-Islāmīyah.

———. (2010). *al-Madkhal ilā al-Iqtiṣād al-Islāmī : Dirāsah Ta'ṣīlīyah Muqāranah bi-al-Iqtiṣād al-Waḍ'ī 'alā ḍaw' al-Kitāb wa-al-Sunnah wa-Maqāṣid al-Sharī'ah wa-Turāthinā al-Fiqhī*. Bayrūt : Dar al-Bashā'ir al-Islāmīyah.

Qūsh, S. 'Umar. (n.d.). *Ḥikmat wa-Asbāb Taḥrīm Laḥm al-Khinzīr fī al-'Ilm wa-al-Dīn*. (ed. by M. M. al-D. Aṣfar). al-Qāhirah : Dār al-Bashīr lil-Ṭibā 'ah.

Rashīd Riḍā, M. (1934). *al-Manār*. (Vol. 34).

———. (2007). *al-Ribā wa-al-Mu'āmalāt fī al-Islām*. Miṣr : Dār al-Nashr lil-Jāmi'at al-Miṣrīyah.

Rashwānī, S. 'Abd al-R. (2009). *Manhaj al-Tafsīr al-Mawḍū'ī lil-Qur'ān al-Karīm : Dirāsah Naqdīyah*. Ḥalab : Dār al-Multaqá.

al-Raysūnī, A. (2013). *Maqāṣid al-Maqāṣid : al-Ghāyāt al-'Ilmīyah wa-al-'Amalīyah li-Maqāṣid al-Sharī'ah*. Bayrūt : al-Shabakah al-'Arabīyah lil-Abḥāth wa-al-Nashr.

Saḥḥāb, F. (1992). *Īlāf Quraysh : Riḥlat al-Shitā' wa-al-Ṣayf*. Bayrūt : al-Markaz al-Thaqafī al-'Arab.

Sālūs, 'Alī Aḥmad. (2002). *Mawsū'at al-Qaḍāyā al-Fiqhīyah al-Mu'āṣirah wa-al-Iqtiṣād al-Islāmī*. Bilbīs, Miṣr : Maktabat Dār al-Qur'ān ; al-Dūḥah,

Qaṭar : Dār al-Thaqāfah.
————. (2003). *Mawsū'at al-Qaḍāyā al-Fiqhīyah al-Mu'āṣirah wa-al-Iqtiṣād al-Islāmī*. Bilbīs, Miṣr : Maktabat Dār al-Qur'ān.
Sharabi, H. (1981). *Al-Muṯaqqafūn al-'Arab wa-al-Gharb* (2nd ed.). Bayrūt : Dār An-Nahār.
al-Sha'rāwī, M. M. (1997). *Tafsīr al-Sha'rāwī : Khawāṭir Faḍīlat al-Shaykh Muḥammad Mutawallī al-Sha'rāwī Ḥawla al-Qur'ān al-Karīm*. al-Qāhirah : Akhbār al-Yawm.
al-Shāfi'ī, M. Z. (1962). *Muqaddimah fī al-Nuqūd wa-al-Bunūk*. al-Qahira : Dār al-Nahḍah al-'Arabīyah.
al-Shirbīnī, M. ibn A. (1994). *Mughnī al-Muḥtāj ilā Ma'rifat Ma'ānī Alfāẓ al-Minhāj*. Bayrūt : Dar al-Kutub al-'Ilmīyah.
Shābrā, M. 'Umar, Sukkar, M.,& Al-Miṣrī, R. (1987). *Naḥwa Niẓām Naqdī 'Ādil : Dirāsah lil-Nuqūd wa-al-Maṣārif wa-al-Siyāsah al-Naqdīyah fī Ḍaw' al-Islām*. (ed. by R. Al-Miṣrī). Herndun : al-Ma'had al-'Ālamī lil-Fikr al-Islāmī.
al-Sibā'ī, A. (1999). *Ta'rīkh Makkah : Dirāsāt fī al-Siyāsah wa-al-'Ilm wa-al-Ijtimā' wa-al-'Umrān*. al-Riyāḍ : al-Amānah al-'Āmmah lil-Iḥtifāl bi-Murūr Mi'at 'Ām 'alá Ta'sīs al-Mamlakah.
al-Ṣābūnī, M. 'Alī. (1980). *Rawā'i' al-Bayān : Tafsīr Āyāt al-Aḥkām min al-Qur'ān*. Dimashq : Maktabat al-Ghazzālī.
Ṣiddīq Khān, M. (2003). *al-Rawḍah al-Nadīyah : Sharḥ al-Durar al-Bahīyah*. (ed. by N. al-D. Albānī). al-Riyāḍ : Dār Ibn al-Qayyim lil-Nashr wa-al-Tawzī' ; al-Qāhirah : Dār Ibn 'Affān lil-Nashr wa-al-Tawzī.
al-Suddī , I. ibn 'Abd al-R. (1993). *Tafsīr al-Suddī al-Kabīr* (ed. by M. 'Aṭā Yūsuf). al-Manṣūrah : Dār al-Wafā'.
al-Suyūṭī, J. al-D. (n.d.). *al-Durr al-Manthūr fī al-Tafsīr al-Ma'thūr*. Bayrūt: Dar al-Fikr.
al-Taftāzānī, M. ibn 'Umar. (n.d.). *Sharḥ al-Talwīḥ 'Alā al-Tawḍīḥ li-Matn al-Tanqīḥ fī Uṣūl al-Fiqh*. al-Qahira : Maktabat Ṣubayḥ bi-Miṣr.
Tawfīq Riḍā, H. (1400). Ikhtilāf Ribā al-Dayn fī al-Islām 'an Ribā al-Yahūd. *Majallat al-Buḥūth al-Islāmīyah*, 5, 191–226.

Tha'ālibī, 'Abd al-Raḥmān ibn Muḥammad. (1418). *al-Jawāhir al-Ḥisān fī Tafsīr al-Qur'ān*. (M. 'Alī Muḥammad etc., Ed.). Bayrūt : Dar Iḥyā' al-turāth al-'Arabī.

———. (2002). *al-Kashf wa-al-Bayān : al-Ma'rūf Tafsīr al-Tha'labī*. (ed. by A. M. I. Āshūr). Bayrūt : Murāja'at wa-Tadqīq Naẓīr al-Sā'idī.

Thānvī, Z. A. 'Usmānī. (1993). *I'lā' al-Sunan*. Karātishī : Idārat al-Qur'ān wa-al-'Ulūm al-Islāmīyah.

'Ukkāz, F. A. (1982). *al-Khamr fī al-Fiqh al-Islāmī : Dirāsah Muqāranah*. Jiddah : Sharikat Maktabāt 'Ukkāẓ.

'Umar, A. M. (2008). *Mu'jam al-Lughah al-'Arabīyah al-Mu'āṣirah*. al-Qāhirah : 'Ālam al-Kutub.

'Uthaymīn, M. S. (1994). *Majmū' Fatāwā wa-Rasā'il Faḍīlat al-Shaykh Muḥammad ibn Ṣāliḥ al-'Uthaymīn : Fatāwā al-'Aqīdah*. al-Riyad : Dār al -Thurayyā lil-Nashr.

al-Wāḥidī, A. al-H. 'Alī ibn A. (1992). *Asbāb al-nuzūl* (ed. by 'Iṣām ibn 'Abd al-Muḥsin Al-Ḥumaydān). al-Dammām : Dār al-Iṣlaḥ.

al-Zabīdī, M. ibn M. M. (1965). *Tāj al-'arūs min Jawāhir al-Qāmūs*. al-Qāhirah : Dār al-Hidāyah.

Zayd, W. 'Āshūr A. (2011). Ḥukm al-Taswīq al-Shabakī fī Ḍaw' Maqāṣid al -Buyū'. *Majallat al-Wa'y al-Islāmī*, 553.

al-Ziriklī, K. al-D. (2002). *al-A'lām : Qāmūs Tarājim li-Ashhar al-Rijāl wa-al-Nisā' min al-'Arab wa-al-Musta'ribīn wa-al-Mustashriqīn*. Bayrūt : Dār al-'Ilm lil-Malāyīn.

al-Zuḥaylī, W. (1984). *al-Fiqh al-Islāmī wa-Adillatuh : al-Shāmil lil-Adillah al-Shar'īyah wa-al-Ārā' al-Madhhabīyah wa-Ahamm al-Naẓarīyāt al-Fiqhīyah wa-Taḥqīq al-Aḥādīth al-Nabawīyah wa-Takhrījihā Mulḥaqqan bi -hi Fahrasah Alfabā'īyah Shāmilah lil-Āyāt*. Dimashq : Dar al-Fikr.

———. (2007). *al-Maṣārif al-Islāmīyah*. Dimashq : Dar al-Fikr.

———. (2011). *al-Mu'āmilāt al-Mālīyah al-Mu'āṣirah : Buḥūth wa-Fatāwā wa-Ḥulūl*. Dimashq : Dar al-Fikr.

3 研究書（英語）

Abd al-Ahad, R. A.（1995）. Islamic Banking Methods for House Building Financing： A Case Study of India. *Islamic Banking Modes for House Building Financing*, 141-177.

Abu-Saud, M.（1957）. Islamic View of Ribaa（Usury and Interest）. *The Islamic Review,* 45（2）.

————.（1983）. *Money, Interest and Qard in Islam： Studies in Islamic Economics*. Leicester： The Islamic Foundation.

————.（1986a）. *About the Fiqh of Zakat*. Zakat & Research Foundation.

————.（1986b）. *Contemporary Economic Issues： Usury and Interest*. Zakat & Research Foundation.

————.（1988）. *Contemporary zakat*. Zakat and Research Foundation.

Afzalur Rahman.（1990）. *Economic Doctrines of Islam*. Islamic Publications.

Ahmad, A. & Hassan, M.（2007）. Riba and Islamic banking. *Journal of Islamic Economics, Banking and Finance*, 3（1）, 1-33.

Ahmad, K.（2003）. *The Challenge of Global Capitalism： An Islamic Perspective*（pp. 181-209）. https：//doi.org/10.1093/0199257019.003.0009

Ahmad Rahman, Khalid., Valie, Zahed A., Institute of Policy Studies（Islāmābād, Pakistan）, K.（1995）. *Elimination of Riba from the Economy.*

Ahmed, S. A., Pin, L. L., Raabe, C. A., Rozhdestvensky, T. S., & Hock, T. T.（2016）. *Contemporary Issues and Development in the Global Halal Industry*. In *A Combined Rapid DNA Extraction and Multiplex PCR for the Detection of Porcine DNA in Raw and Processed Food*, Springer.

Aida Abdul Rahman, N.（2020）. Halal Logistics and Supply Chain Management in Southeast Asia. In *Halal Logistics and Supply Chain Management in Southeast Asia*, Routledge.

Alam Rizvi, Syed Aun R., Alam., N.（2016）. *Islamic Capital Markets*. Palgrave Macmillan.

————.（2017）. *Islamic Banking Growth, Stability and Inclusion*. Springer International Publishing.

Ali, A. Y.（2015）. *The Meaning of the Holy Qur'an： Complete Translation*

with Selected Notes. The Islamic Foundation.

Alim, E. A. (2014). *Global Leaders in Islamic Finance : Industry Milestones and Reflections*. John Wiley & Sons.

Al-Omar, F. & Mohammed, A. H. (1996). *Islamic Banking, Theory, Practice and Challenges*. London : Oxford University.

Archer, Simon & Rifaat Ahmed Abdel Karim (2002), *Islamic Finance : Innovation and Growth*. London : Euromoney Books and AAOIFI.

Ariff, Mohamed, ed. (1982a). *Monetary and Fiscal Economics of Islam*. Jeddah : Intonational Center for Research in Islamic Economics, King Abdulaziz University.

———. (1982b), Monetary Policy in an Interest-Free Islamic Economy Nature and Scope. In Mohamed Ariff ed., *Monetary and Fiscal Economics of Islam*. Jeddah : International Center for Research in Islamic Economics, King Abdulaziz University, pp. 287–302.

Ayub, M. N. (2002). *Islamic Banking and Finance : Theory and Practice*. Karachi : SBP Press.

Azam, K. M. (1968). *Economics and Politics of Development : An Islamic Perspective*. Karachi : Royal Book Company.

Azmi, Sabahuddin. (2002). *Islamic Economics : Public Finance in Early Islamic Thought*. New Delhi : Good Word Books.

Bahrain Monetary Agency. (2002). *Islamic Banking and Finance in the Kingdom of Bahrain*. Manama : Bahram Monetary Agency.

Bank Markazi Jamhouli Islami Iran. (1983). *The Law for Usury Free Banking*. Tehran : Bank Markazi Jamhouri Iran.

Barnes, William. (2013). Islamic Finance Sits Awkwardly in a Modern Business School. *Financial Times*, July 21.

Bell, R. (n.d.). *Introduction to the Qur'ān*. Edingburgh University Press.

Bergeaud-Blackler, F., Fischer, J.& Lever, J. eds. (2016). *Halal Matters : Islam, Politics and Markets in Global Perspective*. London : Routledge.

Bin Id, M. A. al-Q. (1993). Towards an Islamic Stock Market. *Islamic Economic Studies*, 1 (1), 1–20.

al-Bukhārī, Khan, Muhammad Muhsin., M. ibn I. (2000). *Ṣaḥīḥ al-Bukhārī :*

the Translation of the Meanings of Sahih al-Bukhari : Arabic-English. Dar Ahya Us-Sunnah .

al-Būtī, R. M. S. (1991). *Qaḍāyā Fiqhīyah Mu'āṣirah*. Maktabat al-Farabi.

Chapra, M. U. (n.d.). *Towards a Just Monetary System : A Discussion of Money, Banking, and Monetary Policy in the Light of Islamic Teachings*. Islamic Foundation.

———. (1984). The Nature of Riba in Islam. *Hamdard Islamicus*, 7 (1), 3–24.

———. (1996). *What is Islamic Economics?* Jeddah : Islamic Development Bank, Islamic Research and Training Institute.

———. (2009). The global financial crisis : some suggestions for reform of the global financial architecture in the light of Islamic finance (Muhammad Umer Chapra ed.). Center for Islamic Area Studies at Kyoto University (KIAS).

Çizakça, M. (2000). *A History of Philanthropic Foundations : The Islamic World from the Seventeenth Century to the Present*. Istanbul : Bogazici University Press.

———. (2013). *Islamic Capitalism and Finance : Origins, Evolution and the Future*. Edward Elgar.

Cooper, J. (1987). *The Commentary on the Qur'ān : Vol. 1* (with an introduction and notes by J. C. ; general editors by Abū Ja'far Muḥammad b. Jarīr al-Ṭabarī ; being an abridged translation of Jāmi' al-bayān 'an ta'wīl āy al-Qur'ān W. F. Madelung, A. Jones ed.). Oxford University Press.

Counihan, C. & Van Esterik, P. (1997). *Food and Culture : a Reader*. Routledge.

Dukheil, Abdulaziz M. (1995). *The Banking System and its Performance in Saudi Arabia*. London : Saqi Books.

Eid, W. K. & Asutay, W. (2019). *Mapping the Risks and Risk Management Practices in Islamic Banking*. Singapore : John Wiley & Sons.

El-Ashker , Ahmed A. F. and Rodney Wilson. (2006). *Islamic Economics : A Short History*. Leiden : Brill.

El-Gamal, M. (2006). *Islamic Finance : Law, Economics, and Practice*.

Cambridge University Press.
———. (2011). An Economic Explication of the Prohibition of Ribā in Classical Islamic Jurisprudence. *Islamic Economic Studies*, 8.
Ernst & Young. (2013). *World Islamic Banking Competitiveness Report 2012–2013*. 1–108.
Esposito, J. L. & Akhavi, Shahrough. (2001). *The Oxford Encyclopedia of the Modern Islamic World*. Oxford University Press.
Evans, A. D. & Evans, S. (2012). *Halal Market Dynamics : An Analysis*. United Kingdom : Imarat Consultants UK.
Faridi, Fazlur Rahman. (1958). A Study of Commercial Interest in Islam. *Islamic Thought*, 5 (4&5), pp. 24–46.
———. (1964). Riba and Interest. *Islamic Studies*, pp. 1–43.
Farooq, M. O. (2009). Riba, Interest and Six Hadiths : Do We Have a Definition or a Conundrum? *Review of Islamic Economics*, 13 (1), 105–141.
Fischer, J. ed. (2011). *The Halal Frontier : Muslim Consumers in a Globalized Market*. New York : Palgrave Macmillan.
———. (2015). *Islam, Standards, and Technoscience : In Global Halal Zones*. London : Routledge.
Fuad, and Mohammed Abdel-Haq. (1996). *Islamic Banking : Theory, Practice, Challenges*. Karachi : Oxford University Press ; London : Zed Books.
Ghazali, Abdel Hamid. (1994). *Profit Versus Bank Interest in Economic Analysis and Islamic Law*. Jeddah : RTI/IDB.
Ghazanfar, S. M. (2003). Medieval Islamic Economic Thought : Filling the Great Gap in European Economics. In *Medieval Islamic Economic Thought : Filling the Great Gap in European Economics*. Routledge, Curzon.
Hakimi, Muhammad, Mohd Shafiai. (2013). *Islamic Finance for Agriculture Development in Malaysia*. Kyoto : Center for Islamic Area Studies, Kyoto University.
Halal Industry Development Corporation. (2012). *Halal Industry Foods and Figures*. Selangor : Halal Industry Development Corporation.

Haque, Zaiul. (1991). *Islam and Feudalism: The Economics of Riba Interest and Profit*. Srinagar: Gulshan Publishers.

Haque, Z. & Kazmi, A. A. (1993). The Nature and Significance of the Medieval and Modern Interpretations of "Riba". *The Pakistan Development Review*, 32 (4), 933–946. http://www.jstor.org/stable/41259707

Haron, Sudin & Norafifah Ahmad. (2000). The Islamic Banking System in Malaysia: Some Issues. In *Proceedings of the Fourth Harvard University on Islamic Finance: Islamic Finance: The Task Ahead*, Cambridge, MA: Center for Middle Eastern Studies, Harvard University, 155–163.

Harran, S. (1993). *Islamic Finance: Partnership Finance*. Kuala Lumpur: Pelanduk Publications.

Hashim, P. & Mat Hashim, D. (2013). A Review of Cosmetic and Personal Care Products: Halal Perspective and Detection of Ingredients. *Pertanika Journal of Science and Technology*, 21 (2), 281–292.

Hassan, Abdullah, Alwi Haji. (1997). *Sales and Contracts in Early Islamic Commercial law*. New Delhi: Kitab Bhawan.

Hassan, M. Kabir & M. Imtiaz Ahmed Mazumdar. (2000). Islamic Finance and Economic Stability: An Econometric Analysis. In *Proceedings of the Fourth Harvard University Forum on Islamic Finance*. Cambridge, Massachusetts: Harvard University, 13–25.

Hathaway, Lee, Wilson., Husain, Ishrat. (2004). *Islamization and the Pakistani Economy*. Woodrow Wilson International Center for Scholars, Asia Program, Washington, D.C.

Henry, C. & Wilson, R. ed. (2004). *The Politics of Islamic Finance*. Edinburgh: Edinburgh University Press.

Hunt-Ahmed, Karen ed. (2013). *Contemporary Islamic Finance: Innovations, Applications and Best Practices*. Hoboken, NJ: John Wiley & Sons.

Husain, R., Ghani, I. A., Mohammad, A. F. & Mehad, S. (2012). Current Practices among Halal Cosmetics Manufacturer in Malaysia. *Journal of Statistical Modeling and Analytic*, 3, 46–51.

Iberahim, H., Kamaruddin, R. & Shabudin, A. (2012). Halal Development System: The Institutional Framework, Issues and Challenges for Halal Lo-

gistics." In *2012 IEEE Symposium on Business, Engineering and Industrial Applications Halal*, 760–765.

Institute of Islamic Banking and Insurance. (1995). *Encyclopedia of Islamic Banking and Insurance*. London : Institute of Islamic Banking and Insurance.

International Association of Islamic Banks. (1997). *Dictionary of Islamic Banks and Financial Institutions*. Jeddah : International Association of Islamic Banks.

International Trade Center. (2015). *From Niche to Mainstream : Halal Goes Global*. Geneva : International Trade Center.

Iqbal, Munawar, David T. Llewellyn. (2002). *Islamic Banking and Finance : New Perspectives on Profit Sharing and Risk*. International Association of Islamic Economics, Islamic Development Bank, The Islamic Foundation.

Iqbal, Munawar, Ausaf Ahmad & Tariqullah Khan. (1998). *Challenges Facing Islamic Banks*. Jeddah : Islamic Research and Training Institute, Islamic Development Bank.

Iqbal, Z. & Mirakhor, A. (2006). An Introduction to Islamic Finance An Introduction to Islamic Finance. In *Sematic Scholar*. John Wiley & Sons (Asia) Pte. Ltd.

————. (2017). *Ethical Dimensions of Islamic Finance : Theory and Practice*. Springer Science and Business Media : Palgrave Macmillan.

Islamic Fiqh Academy. (2000). *Resolutions and Recommendations of the Council of the Islamic Fiqh Academy 1985–2000*. Jeddah : Islamic Development Bank, Islamic Research and Training Institute.

Ismail, Rifki. (2013). *Islamic Banking in Indonesia : New Perspectives on Monetary and Financial Issues*. Singapore : John Wiley & Sons.

Kahf, Monzer & Tariqullah Khan. (1992). *Principles of Islamic Financing*. Jeddah : Islamic Research and Training Institute, Islamic Development Bank.

Kamali, M. H. (1999). Prospects for an Islamic Derivative Market in Malaysia. *Thunderbird International Business Review*, 41 (4/5), 523–40.

————. (2000). *Islamic Law in Malaysia : Issues and Developments*.

Kuala Lumpur : Ilmiah Publishers.

Kamali, M. H. (2010). Constitutionalism and Democracy : An Islamic Perspective. *Islam and Civilisational Renewal*, 2 (1).

————. (2011). *Tourism and the Halal Industry : A Global Shariah Perspective*. July, 12–13.

————. (2013). *The Parameters of Halal and Haram in Shariah and the Halal Industry*. Kuala Lumpur : International Institute of Advanced Islamic Studies and London : The International Institute of Islamic Thought.

————. (2021). *Shariah and the Halal Industry*. New York : Oxford University Press.

Kazarian, Elias. (1991). *Finance and Economic Development : Islamic Banking in Egypt*. Lund, Sweden : University of Lund, Department of Economics.

Kamel, Saleh Abdullah. (1992), Islamic Banking in Practice : The Albaraka Group in Muslim Minority Countries. *Journal Institute of Muslim Minority Affairs*, 13 (2), 325–36.

Kennedy, Margrit (1990), *Interest and Inflation Free Money*. West Germany : Pennakulhr Publication.

Khalil, E. H. (2005). An Overview of the Sharia'a Prohibition of Riba. In *Interest in Islamic Economics : Understanding Riba*. https : //doi.org/10.4324/9780203481905

Khan, Feisal, (2010). How "Islamic" is Islamic Banking. *Journal of Economic Behavior and Organization*, 76, 805–820.

Khan, Mohammad Akram. (1980). *Inflation and Islam*. Lahore : Islamic Book Centre.

Khashan, Ammar. (2016). The Qur'an's Prohibition of Khamr (Intoxicants) : A Historical and Legal Analysis for the Sake of Contemporary Islamic Economics. *Kyoto Bulletin of Islamic Area Studies*, 9, 97–112.

Kosugi, Yasushi, ed. (2003). *CD–ROM Al-Manar 1898–1935*. Kyoto : COE-ASAFAS, Kyoto University.

Manan, S., Abd Rahman, F., & Sahri, M. (2016). Contemporary Issues and Development in the Global Halal Industry. In S. K. A. M. F. A. R. M.

Sahri ed., A *Combined Rapid DNA Extraction and Multiplex PCR for the Detection of Porcine DNA in Raw and Processed Food.*

Maghrebi, Akin, Tarik,, Iqbal, Zamir,, Mirakhor, Abbas,, N. (2020). *Handbook of Analytical Studies in Islamic Finance and Economics*. De Gruyter, Oldenbourg.

Maqrīzī A. I.-'Alī Allouche, Adel. (1994). *Mamluk Economics : A Study and Translation of al-Maqrīzī's Ighāthah*. Univ. of Utah Press.

Maurer, Bill. (2002). Anthropological and Accounting Knowledge in Islamic Banking and Finance : Rethinking Critical Accounts. *Journal of the Royal Anthropological Institute*, 8 (4), 645–667.

Kamal M. Amjad Mian & Hayes, S. L. (2000). Review of Islamic Law and Finance : Religion, Risk, and Return, by F. E. Vogel, *Journal of Law and Religion Journal of Law and Religion*, 15 (1/2), 475–479.

Mills, Paul S. & John R. Presley. (1999). *Islamic Finance : Theon and Practice*. London : Macmillan.

Mishra, Pankaj. (2012). *From the Ruins of Empire : The Revolt Against the West and the Remaking of Asia*. London : Allen Lane.

Mohammad, M. O. & Shahwan, S. (2013). The Objective of Islamic Economic and Islamic Banking in Light of Maqasid Al-Shariah : A Critical Review. *Middle East Journal of Scientific Research,* 13 (SPLISSUE), 75–84.

Molyneux Iqbal, M. P. (2016). *Banking and Financial Systems in the Arab World*. Palgrave Macmillan UK.

Moore, Philip. (1997). *Islamic Finance : A Partnership for Growth*. London : Euromoney Publications.

Morony, T. G. (1985). *The History of al-Ṭabarī* (*Ta'rīkh al-Rusul wa'l-Mulūk*). State University of New York Press.

Mustafa 'Afifi, A. H., Mohd Mahyeddin, M. S., Kamilah Wati, M., Asming, Y., Syed Mohd Najib, S. O., Asmidah, A., & Mohd Izhar Ariff, M. K. (2013). Consumer protection of halal products in Malaysia. *Middle East Journal of Scientific Research*, 16, 22–28.

Pliny & Rackham, H. (1938). *Natural History.* Harvard University Press.

Proceedings of the 3rd International Halal Conference 2016 (Issue Inhac). (2002).
Qadri, H. M.-D. & Bhatti, M. I. (2019). *The Growth of Islamic Finance and Banking : Innovation, Governance and Risk Mitigation.* Routledge.
al-Qurṭubī, Bewley, Aisha Abdurrahman, Bewley, A. (2018). *Tafsīr al-Qurṭubī : The General Judgments of the Qur'an and Classification of What it Contains of the Sunnah And Āyahs of Discrimination.* Diwan Press.
Ragab, A. (2021). Asbāb al-Nuzūl. *The Routledge Companion to the Qur'an*, 211–222.
Rahim, S. (2016). *A Model of Dostributive Justice in Islamic Economics. September*, 192.
Rahman, Fazlur (1964). Riba and Interest. *Islamic Studies*, 3 (1), 1–43.
Riaz, M. N.,& Chaudry, M. M. (2004). *Halal Food Production.* Boca Raton, Fla. : CRC Press.
Rippin, Andrew. Occasions of Revelation. *EI2*
Sadr, Seyed Kazem. (2016). *The Economic System of the Early Islamic Period : Institutions and Policies.* New York : Palgrave Macmillan.
Saeed, Abdullah (1995). The Moral Context of the Prohibition of Riba in Islam Revisited. *The American Journal of Islamic Social Sciences*, Winter 1995, 496–517.
———. (1999). *Islamic Banking and Interest, A Study of Prohibition of Riba and its Contemporary Interpretation*, 2nd ed. Leiden, New York : Koln E. J. Brill.
Shishti, S. U. (2009). Relative Stability of Interest-Free Economy. *Journal of Research in Islamic Economics*, 3 (1), 3–12.
Sakr, A. H. ed. (1996). *Understanding Halal Foods : Fallacies and Facts.* Lombard, IL 60148 : Foundation for Islamic Knowledge.
Sellheim, R. al-Wahidi. *EI2*.
Siddiqi, Mohammad Nejatullah. (1999). Some Economic Aspects of Mudarabah. *Islamic Economics*, 1 (2), 21–33.
———. (1981). *Muslim Economic Thinking.* Leicester : The Islamic Foundation.

———. (1983a), *Banking Without Interest*. Leicester : The Islamic Foundation.

———. (1983b). *Issues In Islamic Banking : Selected Papers*. Islamic Foundation.

———. (1983c). *Insurance in an Islamic Economy*. Leicester : the Islamic Foundation.

———. (1985). *Partnership and Profit-Sharing in Islamic Law*. Leicester : The Islamic Foundation.

———. (1991). Some Economic Aspects of Mudarabah. *Review of Islamic Economics*, 1 (2), 21–33.

———. (1996). *Role of State in the Economy : An Islamic Perspective*. Islamic Foundation. https : //archive.org/details/roleofstateineco0000sidd

———. (2005). *Riba, Bank Interest and the Rationale of its Prohibition*. Markazi Maktaba Islami Publishers.

Suharto, U. (2018). *Riba and interest in Islamic finance : semantic and terminological issue*.

al-Ṭabarī, Brinner, William M., A. G. M. I. G. (1991). *The history of al-Ṭabarī = Ta'rīkh al-Rusul wa'l-Mulūk : An Annotated Translation*. State University of New York Press.

al-Ṭabarī, Madelung, Wilferd,, Cooper, John,, M. b. G. al-. (1987). *The Commentary on the Qur'ān*. Oxford University Press.

Tacy, K. J. (2006). Islamic Finance : A Growing Industry in the United States. *N. C. Banking Inst*., 10 (1), 355.

Thomas, A. S. (2006). *Interest in Islamic Economics : Understanding Riba*. ELEC, London ; New York : Routledge.

Udovitch, Abraham. (1970). *Partnership and Profit in Medieval Islam, Princeton*. Princeton : Princeton University Press.

Uzair, M. (1955). *An Outline of Interestless Banking*. Raihan Publications.

Uzair, M. (1980). Some Conceptual and Practical Aspects of Interest-free Banking. *Studies in Islamic Economics : A Selection of Papers*, 15 : 4 (1976), 37–57.

Venardos, Venardos, Angelo M., A. M. (2009). *Islamic Banking and Fi-*

nance in South-East Asia : its Development and Future.

Venardos World Scientific (Firm), A. M. (2012). *Islamic Banking and Finance in South-East Asia its Development & Future.*

Vogel, Frank E. & Samuel L. Hayes, III (1998), *Islamic Law and Finance : Religion, Risk and Return*. The Hague : Kluwer Law International.

Watkins, J. S. (2020). Islamic Finance and Global Capitalism : an Alternative to the Market Economy. In *Islamic Finance and Global Capitalism.* Palgrave Macmillan.

Warde, Ibrahim. (2010). *Islamic Finance in the Global Economy*, 2nd ed. Edinburgh : Edinburgh University Press.

Watt, W. M. (1991). *Early Islam*. Edinburgh University Press.

———. (2011). *Muhammad at Medina*. Oxford University Press.

———. (2012). *Muhammad at Mecca*. Oxford University Press.

Wilson, Peter W. (1991). *A Question of Interest : The Paralysis of Saudi Banking*. San Francisco and Oxford : Westview Press.

Wilson, Rodney. (1997). *Economics, Ethics and Religion*. New York : New York University Press.

Wilson, R. (2008). Islamic Economics and Finance. *World Economics, Plantation Wharf, London, United Kingdom, January*. 9 (1), 177–195.

Wilson, R. & Wilson, R. (2012). Islamic Economics and Finance. *Islamic Economics and Finance*, 1.

Yahya, Hasni Abdul Aziz. (1995). The Experience of the Jordanian Islamic Bank in Financing Housing Projects. In Mahmoud Ahmed Mahdi, ed., *Islamic Banking Modes for House Building Financing*, Jeddah : Islamic Research and Training Institute, Islamic Development Bank, 77–117.

Yakin, Christians, Louis-Léon, A. U. (2021). *Rethinking Halal : Genealogy, Current Trends, and New Interpretations*. Brill.

Zada, N., Lahsasna, A., Mahomed, Z. & Saleem, M. Y. (2017). Islamic Finance Insolvencies under Secular Bankruptcy Laws : A Case Study of Arcapita Bank under US Chapter 11. In *Islamic Banking* (127–148).

Zarqa, Muhammad Anas. (1982). Capital Allocation, Efficiency and Growth in an Interest-Free Islamic Economy. *Journal of Economics and Admini-*

stration, 16, 43–55.
――――. (1983a). Stability in An Interest Free Islamic Economy : A Note. *Pakistan Journal of Applied Economics*, 11 (2), 181–88.
――――. (1983b). An Islamic Perspective on the Economics of Discounting in Project Evaluation. In Ziauddin Ahmed, Munawar Iqbal and M. Fahim Khan, eds., *Fiscal Policy and Resource Allocation in Islam*, Islamabad : Institute of Policy Studies, 203–234.

4 研究書（日本語）

ジャネット・L・アブー＝ルゴド. 2001. 『ヨーロッパ覇権以前――もうひとつの世界システム（上・下）』佐藤次高・高山博・斯波義信・三浦徹訳, 岩波書店.
新井政美. 2013. 『イスラムと近代化――共和国トルコの苦闘』講談社.
医王秀行. 1989. 「初期アッバース朝のカーディー職」『オリエント』32 (1), 1–19.
――――. 2012. 『預言者ムハンマドとアラブ社会――信仰・暦・巡礼・交易・税からイスラム化の時代を読み解く』福村出版.
大塚和夫ほか編. 2002. 『岩波イスラーム辞典』岩波書店.
加藤博. 2005. 『イスラム世界の経済史』NTT 出版.
――――. 2010. 『イスラム経済論』書籍工房早山.
――――. 2020. 『イスラーム世界の社会秩序――もうひとつの「市場と公正」』(Vol. 1–3) 詩想舎.
黒崎卓. 2006. 「コミュニティと経済発展――南アジアのフィールドから考える」『創文』488, 13–16.
河野正史. 1993. 「イスラーム・バンキング商業化の道程――サウジを中心にして（前・後）」『国際大学中東研究所紀要』7, 69–81 ; 8, 181–199.
北村歳治・吉田悦章. 2008. 『現代のイスラム金融』日経 BP 社.
小杉泰. 1994a. 「イスラームにおける啓典解釈学の分類区分――タフスィール研究序説」『東洋学報』76 (1), 112–138.
――――. 1994b. 「徴利論・リバー」『歴史学事典 1』弘文堂.
――――. 1994c. 『現代中東とイスラーム政治』昭和堂.

――――. 1994d. 『イスラームとは何か――その宗教・社会・文化』講談社.
――――. 2002. 『ムハンマド――イスラームの源流をたずねて』山川出版社.
――――. 2006. 『現代イスラーム世界論』名古屋大学出版会.
――――. 2009. 『「クルアーン」――語りかけるイスラーム』岩波書店.
――――. 2011. 『イスラーム　文明と国家の形成』京都大学学術出版会.
――――. 2016. 『イスラームを読む――クルアーンと生きるムスリムたち』大修館.
――――編訳. 2019. 『ムハンマドのことば――ハディース』岩波書店.
小杉泰・長岡慎介. 2010. 『イスラーム銀行――金融と国際経済』山川出版社.
小杉泰・林佳世子・東長靖編. 2008. 『イスラーム世界研究マニュアル』名古屋大学出版会.
後藤明. 2012. 『ムハンマド時代のアラブ社会』山川出版社.
後藤晃. 1980. 『ムハンマドとアラブ』東京新聞出版局.
小林寧子. 2008. 『インドネシア――展開するイスラーム』名古屋大学出版会.
齋藤純. 2017. 「アラブ首長国連邦――ビジョンの沙汰もアブダビ次第」『アジ研　ワールド・トレンド』256, 20–21.
櫻井義秀他編. 2012. 『叢書　宗教とソーシャル・キャピタル 1　アジアの宗教とソーシャル・キャピタル』明石書店.
『聖書』新改訳. 2017. 新日本聖書刊行会.
床呂郁哉・福島康博・西井凉子編. 2012. 『東南アジアのイスラーム』東京外国語大学出版会.
中東協力センター編. 1988. 『イスラミック・バンキングの現状と将来』中東協力センター.
長岡慎介. 2011. 『現代イスラーム金融論』名古屋大学出版会.
――――. 2006. 「リバー（利子）の禁止――イスラーム経済の歴史的展開と現代」小杉泰・江川ひかり編『イスラーム――社会生活・思想・歴史』新曜社, 157–162.

――――. 2006.「現代イスラーム金融研究のための分析枠組み――理論と実践の学際的総合をめざして」『アジア・アフリカ地域研究』5-2, 224-252.
――――. 2007.「金融機関の実践から見た現代イスラーム金融の理論――ムラーバハ契約の分析から考える」『日本中東学会年報』22-2, 1-27.
――――. 2010.「実体経済のパフォーマンスに依拠するイスラーム金融」『金融財政事情』61-1, 99-103.
――――. 2012.「書評：両角吉晃『イスラーム法における信用と「利息」禁止』」『法制史研究』61, 274-279.
――――. 2014.「現代世界におけるイスラーム経済の再興――その知的伝統とダイナミズム」イスラムビジネス法研究会・西村あさひ法律事務所編『イスラーム圏ビジネスの法と実務』経済産業調査会, 109-119.
――――. 2016.「何が／誰がイスラーム金融を作るのか――理念と現実をめぐるダイナミズムと多様性（シャリーアの現代的実践)」アジア法学会・孝忠延夫・高見澤磨・堀井聡江編『現代のイスラーム法』成文堂, 198-220.
――――. 2021.『資本主義の未来と現代イスラーム経済（上・下)』詩想舎.
田原一彦. 2009.「日本法制下のイスラーム金融取引」『イスラーム世界研究』2（2), 188-197.
ハシャン・アンマール. 2018.「イスラーム初期における社会・経済と宗教倫理――リバー禁止から新しい経済資源の形成へ」『イスラーム世界研究』11, 225-255.
ユミ・ズハニス・ハスユン・ハシム編. 2015.『ハラルをよく知るために』岡野俊介・森林高志・新井卓治訳，日本マレーシア協会.
畑中美樹. 2016.「油価低迷への対応策を打ち出すサウジアラビア, UAE, クウェート, カタール」『中東協力センターニュース』4.
林佳世子．2002.「ワクフ」大塚和夫他編『岩波イスラーム辞典』岩波書店, 1076-1078.
福田安志. 2009.「憲法と法体系」『サウジアラビア・ビジネスガイドブッ

ク』日本貿易振興機構アジア経済研究所.
――――. 2006.「イスラーム銀行の発展と銀行をめぐる問題――既存の体制との矛盾と高利回りへの志向」『イスラム世界』66, 74–96.
ベル，リチャード. 2003.『コーラン入門』医王秀行訳，ちくま学芸文庫.
森伸生. 2002.「サダカ」大塚和夫他編『岩波イスラーム辞典』岩波書店, 398–399.
両角吉晃. 2011.『イスラーム法における信用と「利息」禁止』羽鳥書店.
家島彦一. 1991.『イスラム世界の成立と国際商業――国際商業ネットワークの変動を中心に』岩波書店.
山根聡. 2003.「南アジア・イスラームの地平」小松久男・小杉泰編『現代イスラーム思想と政治運動』東京大学出版.
吉田悦章. 2016.『はじめてのイスラム金融』金融財政事情研究会・きんざい.
――――. 2008.『イスラム金融はなぜ強い』光文社.
――――. 2017.『グローバル・イスラーム金融論』ナカニシヤ出版.
吉田悦章・長岡慎介. 2010.「イスラーム金融の現在と変容する多様性」濱田美紀・福田安志編『世界に広がるイスラーム金融――中東からアジア，ヨーロッパへ』日本貿易振興機構アジア経済研究所, 255–273.
ワット，モンゴメリー. 1970.『ムハンマド――預言者と政治家』牧野信也訳，みすず書房.

5 オンライン

https : //www.alarab.qa
https : //www.aawsat.com
https : //www.nytimes.com
https : //www.iumsonline.org
https : //www.asahi.com
https : //iifa-aifi.org
https : //referenceworks.brillonline.com
https : //nikkei.com
https : //alriyadh.com

▩著者紹介

ハシャン・アンマール（Ammar Khashan）

1983年アレッポ（シリア）生まれ。2004年ダマスカス大学イスラーム法学部卒業。2008年同大学院修士課程修了（ハディース学）。2017年京都大学大学院アジア・アフリカ地域研究研究科修了。博士（地域研究）。京都大学，同志社大学，龍谷大学の講師等を経て，現在，立命館大学立命館アジア・日本研究機構准教授。著作：『中東地域研究のためのアラビア語——実践文法と用例』〔共著〕（京都大学イスラーム地域研究センター，2018年），*Asia and Japan Now: Researchers' Essays at the Arrival of an New COVID Era*〔共著〕（Asia-Japan Research Institute, Ritsumeikan University, 2020），"The Quran's Prohibition of Khamr (Intoxicants): A Historical and Legal Analysis for the Sake of Contemporary Islamic Economics",（*Kyoto Bulletin of Islamic Area Studies*, 2016），他。

イスラーム経済の原像
——ムハンマド時代の法規定形成から現代の革新まで——

2022年2月23日　初版第1刷発行

著　者　ハシャン・アンマール
発行者　中　西　　良

発行所　株式会社　ナカニシヤ出版
〒606-8161　京都市左京区一乗寺木ノ本町15
TEL（075）723-0111
FAX（075）723-0095
http://www.nakanishiya.co.jp/

印刷／製本・亜細亜印刷
＊乱丁本・落丁本はお取り替え致します。
ISBN978-4-7795-1636-8　Printed in japan